SENECAS TRAGÖDIEN

SPRACHLICHE UND STILISTISCHE UNTERSUCHUNGEN

MNEMOSYNE

BIBLIOTHECA CLASSICA BATAVA

COLLEGERUNT

A. D. LEEMAN • H. W. PLEKET • C. J. RUIJGH

BIBLIOTHECAE FASCICULOS EDENDOS CURAVIT

C. J. RUIJGH, KLASSIEK SEMINARIUM, OUDE TURFMARKT 129, AMSTERDAM

SUPPLEMENTUM CENTESIMUM QUINTUM

MARGARETHE BILLERBECK

SENECAS TRAGÖDIEN
SPRACHLICHE UND STILISTISCHE
UNTERSUCHUNGEN

SENECAS TRAGÖDIEN

SPRACHLICHE UND STILISTISCHE UNTERSUCHUNGEN

VON

MARGARETHE BILLERBECK

E.J. BRILL
LEIDEN • NEW YORK • KØBENHAVN • KÖLN
1988

Gedruckt mit Unterstützung des Hochschulrates der Universität Freiburg, Schweiz

LIBRARY OF CONGRESS
Library of Congress Cataloging-in-Publication Data

Billerbeck, Margarethe.
 Senecas Tragödien: sprachliche und stilistische Untersuchungen /
Margarethe Billerbeck.
   p.   cm.—(Mnemosyne, bibliotheca classica Batava.
Supplementum; 105)
   ISBN 90-04-08631-5 (pbk.)
   1. Seneca, Lucius Annaeus, ca. 4 B.C.-65 A.D.—Tragedies.
2. Seneca, Lucius Annaeus, ca. 4 B.C.-65 A.D.—Style. 3. Latin
language—Style. 4. Tragedy. I. Title. II. Series.
PA6685.B54   1988
872'.01—dc19   88-4114
                                                                      CIP

ISSN 0169-8958
ISBN 90 04 08631 5

© *Copyright 1988 by E. J. Brill, Leiden, The Netherlands*

PRINTED IN THE NETHERLANDS BY E. J. BRILL

INHALTSVERZEICHNIS

VORWORT

Die vorliegenden Untersuchungen sind aus der langjährigen Beschäftigung mit den Tragödien Senecas hervorgegangen. Die Erfahrung, ein Seneca-Stück zu kommentieren, hat gezeigt, dass manche Probleme der Sprache und des Stils im Rahmen eines Kommentars nicht befriedigend behandelt werden können. Hier hingegen erstrecken sich solche Fragen auf alle echten Dramen und vermögen daher zum Verständnis und zur Beurteilung des Tragikers Seneca im gesamten beizutragen. In den anfänglichen Überlegungen, wie eine solche Studie anzulegen sei, unterstützte mich mein Zürcher Kollege Professor H. Tränkle mit seinem Rat. Förderliche Anregungen und Verbesserungen durfte ich von Professor J. A. Richmond, einem feinen Kenner der lateinischen Dichtersprache, entgegennehmen. Ermutigenden Zuspruch, die Ergebnisse dieser Arbeit der Öffentlichkeit vorzulegen, erfuhr ich von Professor R.G.M. Nisbet, der das Manuskript in seinen Hauptteilen gelesen hat. Ihnen allen sei an dieser Stelle herzlich gedankt, besonders aber meinem Mann, Bruce Karl Braswell, dessen wohlwollende Kritik diese Untersuchungen begleitete.

Freiburg (Schweiz), im Mai 1987   M.B.

EINLEITUNG

§ 1. Eine Untersuchung über Sprache und Stil der Tragödien Senecas lässt sich auf zweifache Weise anlegen. Entweder behandelt sie Seneca im Hinblick auf seine poetischen Vorbilder oder sie zeigt auf, was der Dichter Neues in seinen Werken eingebracht hat. Methodisch würde der erste Weg sich schnell als äusserst problematisch herausstellen. Dass Senecas Dramen nicht an die gattungsgeschichtliche Tradition anknüpfen, vom Einfluss der altrömischen Tragödie also sozusagen unberührt sind, wäre zwar bald festgestellt; in welchem Mass sie hingegen den augusteischen Dichtern, vor allem Vergil, Horaz und Ovid, verpflichtet sind, dürfte sich im einzelnen kaum mit Sicherheit ausmachen lassen. Abhängigkeit, Inspiration und Umformung erweisen sich als derartig ineinander verwoben, dass eine solche Untersuchung über eine Similiensammlung oder einen Imitationskommentar nicht hinauskäme. Nicht dass diese Arbeitsweise als solche sinnlos wäre, im Gegenteil. Anwendung und Berechtigung findet sie aber weniger in einem Sprach- und Stilbuch als in einem philologischen Kommentar, wo sie für die Einzelinterpretation unentbehrlich ist.

Anzugehen ist das Problem also von der andern Seite. Stellen wir die Frage, worin sich Senecas poetische Diktion von Sprache und Stil der Augusteer unterscheidet, dann bleibt nach Aussonderung und Vergleich des Gemeinsamen ein Restteil, welcher als Senecas eigene Zutat gelten darf. Nach diesem eliminatorischen Prinzip wurden die vorliegenden Untersuchungen angelegt. In Betracht kommen grundsätzlich nur die echten Seneca-Tragödien. Der Hercules Oetaeus und die Octavia weisen ihre eigenen sprachlichen Probleme auf, die nach der hier angewandten Methode zu untersuchen und für die Datierungsfrage der Stücke auszuwerten Ziel der beiden Anhänge ist (§§ 260-318). Für die Beurteilung der Sprache Senecas geben sie nichts aus, es sei denn, man verfolge deren Imitation.

§ 2. Grundlage des Teils über den Wortschatz bildet ein zu diesem Zweck verfertigter vollständiger analytischer Wortindex (ohne Eigennamen), der das Vokabular der Seneca-Tragödien mit jenem von Vergil, Horaz und Ovid vergleicht.[1] Von insgesamt 3876 Wörtern entfallen auf

---

[1] In diesem Index habe ich mit Hilfe von J. Denooz, Lucius Annaeus Seneca, Tragoediae. Index Verborum. Relevés lexicaux et grammaticaux (Hildesheim 1980) 460-576, und unter Berücksichtigung von W. A. Oldfather-A. S. Pease-H. V. Canter, Index verborum quae in Senecae fabulis necnon in Octavia praetexta reperiuntur (Hildesheim ²1964) sowie R. Busa-A. Zampolli, Concordantiae Senecanae (Hildesheim 1975) den

Seneca allein nur 184; mit Vergil teilt er 3195, mit Horaz 2767 und mit Ovid 3370. In aller Deutlichkeit bestätigt sich der Eindruck: Senecas Diktion ist durch die grossen Augusteer vorgeformt. Einzelbeispiele im ersten Kapitel der Untersuchung illustrieren die Macht dieses Vorbildes.

Gegenstand philologischer Betrachtungsweise bilden die rund 5% der Wörter, welche Seneca teils aus der sonstigen Dichtersprache, teils aus der Prosa oder in geringerem Umfang als Neubildungen einbringt.

§ 3. Vergleiche in Syntax und Stil bleiben notgedrungen selektiv und müssen sich auf Charakteristisches beschränken. Dieses liegt bei Seneca im Kasusgebrauch, vor allem beim Ablativ. Ablativkonstruktionen, besonders die absoluten, häufen sich bereits bei Ovid; in eigentlicher Verdichtung treten sie jedoch erst bei Seneca auf. Weiterentwicklung ovidischer Syntax zeigen auch einzelne Verbalkonstruktionen, so z.B. *induere*.

§ 4. Am weitesten von seinen augusteischen Vorbildern entfernt sich Seneca im Stil. Doch auch hier gilt es nicht, tabellarisch die Abweichungen oder Unterschiede zu verzeichnen, sondern anhand von Einzelerscheinungen auf stilistische Eigenheiten Senecas aufmerksam zu machen. Dies ist umso wichtiger, als selbst die moderne Senecakritik immer noch daran krankt, zwischen Überlieferung und vermeintlichem Originaltext Diskrepanzen zu sehen, die nur durch konjekturale Eingriffe zu beheben seien. Neigung zu Variation und Abundanz, zum Beispiel, ist ein Hauptmerkmal von Senecas tragischem Stil. Mangelndes Verständnis für diese Stileigenheit und philologische Hyperkritik führten seit Bothe (1822)[2] wiederholt dazu, sprachlich, metrisch und stilistisch einwandfreie Verse als Interpolationen auszusondern. Ihr einziger »Anstoss« lag darin, dass sie einen eben formulierten Gedanken sprachlich variieren. Zwar hatte schon Leo (1878) mit Recht auf den stark rhetorischen Zug in den Tragödien aufmerksam gemacht (was ihn freilich nicht hinderte, rund 60 Verse für unecht zu erklären), aber die Jagd nach Interpolationen scheint auch heute, über hundert Jahre nach Leos Ausgabe, noch nicht zur Ruhe zu kommen. Manches bleibt zu tun, um

---

gesamten Wortschatz der Seneca-Tragödien aufgenommen und ihn mit jenem der genannten Augusteer, nach ihren Werken aufgeschlüsselt, verglichen. Die Auskünfte für Vergil stützen sich auf M. N. Wetmore, Index verborum Vergilianus (Hildesheim ³1961), H. Merguet, Lexikon zu Vergilius (Hildesheim ²1969) und H. H. Warwick, A Vergil Concordance (Minneapolis 1975), für Horaz auf L. Cooper, A Concordance of the Works of Horace (Cambridge ²1961), E. Staedler, Thesaurus Horatianus (Berlin 1962) und D. Bo, Lexicon Horatianum (Hildesheim 1965/66) sowie für Ovid auf R. J. Deferrari-M. I. Barry-M. R. P. McGuire, A Concordance of Ovid (Hildesheim ²1968). Irrtümer wurden stillschweigend korrigiert.

² Als talentvoll aber tollkühnen Veränderer charakterisiert ihn Gottfried Hermann, Opuscula VI (Leipzig 1835) 97.

Senecas Stil gerecht zu werden. Carlssons Abhandlungen[3] und Axelsons frühe Arbeiten zu Senecas Prosa[4] haben den Weg gewiesen, auf welchem zu gehen ist. Die zehn stilistischen Kapitel dieser Untersuchung greifen dieses Anliegen wieder auf und zeigen, wie aus der vertieften Beobachtung und Vergleichung der Phänomene sichere Entscheidungskriterien gewonnen werden.

§ 5. Für die Zitate aus den Seneca-Tragödien wurde die Ausgabe von Otto Zwierlein (Oxford 1986) zugrundegelegt.[5] Für die gängigen Hilfsmittel sowie die benutzte Sekundärliteratur zu den Tragödien sei auf das Literaturverzeichnis verwiesen. Die Frequenzangaben zu den neronisch-flavischen Epikern stützen sich auf die entsprechenden Wortlisten und Konkordanzen: Lucan (G. W. Mooney, Dublin 1927; R. J. Deferrari-M. W. Fanning-A. S. Sullivan, Hildesheim [2]1965), Valerius Flaccus (W. H. Schulte, Hildesheim [2]1965), Statius (R. J. Deferrari-M. C. Eagan, Hildesheim [2]1966; J. Klecka, Hildesheim 1983) und Silius (N. D. Young, Hildesheim [2]1964).

---

[3] Die Überlieferung der Seneca-Tragödien (1926), Zu Senecas Tragödien. Lesungen und Deutungen (1929), Seneca's Tragedies: Notes and Interpretations (1949).

[4] Senecastudien. Kritische Bemerkungen zu Senecas Naturales Quaestiones (1933), Neue Senecastudien. Textkritische Beiträge zu Senecas Epistulae Morales (1939).

[5] Kleinere Abweichungen werden nicht verzeichnet. Wo Zwierleins Verszählung von der herkömmlichen abweicht, ist diese in Klammer beigestellt.

ERSTER TEIL

SPRACHLICHES

A. WORTSCHATZ

I. *Die Tradition der Dichtersprache*

§ 6. Wie sehr der tragische Wortschatz Senecas in der augusteischen Dichtersprache wurzelt, haben die eingangs gegebenen Zahlenwerte eindrücklich belegt (§ 2). Dem gehobenen Stil des Genus entsprechend, deckt sich die Hauptmasse der Wörter mit dem epischen Wortschatz Vergils und Ovids; Übereinstimmung mit Horaz ist im Bereich der Oden am grössten, wobei weniger stilistische Gründe als die Iambentauglichkeit zahlreicher Wörter ausschlaggebend gewesen sein dürfte. Aus den Bedürfnissen des iambischen Metrums erklären sich wohl auch die Übereinstimmungen mit den altrömischen Szenikern, den Tragikerübersetzungen Ciceros und den kleinen Gedichten Catulls. In dieselbe Richtung weisen ferner die lexikalischen Ähnlichkeiten mit Phaedrus.

Jeglicher Form von Archaismus grundsätzlich abgeneigt, meidet Seneca das obsolete Wort. Wo Altertümliches eingeflossen ist, gehört es entweder zum festen Bestand der Dichtersprache (Poetismen) oder erweist sich als resistentes Element aus der Umgangssprache. Die Wortwahl bei Seneca bestimmen in erster Linie Synonymik und metrische Bequemlichkeit; stilistische Erwägungen rangieren offensichtlich erst an zweiter Stelle.

In den Neologismen lehnt sich Seneca an die herkömmlichen (bes. ovidischen) Kompositionstypen an. Und was er an metrischen Alternativformen einführt, geht über die Technik der daktylischen Dichter, hier freilich dem Iambus angepasst, nicht hinaus. Auf eine vereinfachte Formel gebracht liesse sich sagen, Seneca habe in seinen Tragödien den epischen Wortschatz in einen dramatischen umgesetzt.

1. *Die augusteischen Vorbilder*

§ 7. Wer in den Tragödien Senecas liest, bemerkt bald, wieviel dieser Dichter seinen augusteischen Vorbildern verdankt. Unverkennbar ist die Nähe zu Vergil, Horaz und Ovid, welche seine Diktion am nachhaltigsten geprägt haben. Aus dem analytischen Index, welcher dem ersten Teil dieser Untersuchungen zugrundeliegt (s. § 2), geht hervor, dass sich Senecas Wortschatz (ohne Eigennamen) zu 95% mit jenem der drei genannten Augusteer überschneidet (d.h. ein Wort bei einem oder zwei oder allen drei vorkommt). Verteilt auf die einzelnen Autoren ergibt sich folgendes Bild:

Vergil   82%
Horaz   71%
Ovid   87%

Unterschiede zeigen sich auch im Einfluss der einzelnen Werke, was nicht überrascht, wenn wir die Eigenart und den Umfang derselben bedenken. Wörter aus der Aeneis sowie, mit einem gewissen Abstand, aus den Georgica sind weit häufiger als solche aus den Eklogen. Bei Horaz verzeichnen wir einen Überhang der Oden gegenüber den Satiren und Episteln, und bei Ovid stechen die Metamorphosen deutlich ab, gefolgt von den Fasti, den Heroides und der Exilliteratur (mit leichtem Vorsprung der Tristia).

Inspiration, Imitation und Variation dieser Vorbilder sind bei Seneca derart ineinander verschlungen und verwoben, dass oft nur schwer zu entscheiden ist, wo bewusste Anspielung und wo unbewusste Anleihe vorliegt. Schliesslich haben gerade Vergil, Horaz und Ovid entscheidend zur Schaffung einer poetischen Gemeinsprache beigetragen, aus welcher Seneca seine Bausteine holt. Direkter Einfluss auf das Vokabular Senecas lässt sich am ehesten dort geltend machen, wo ein Wort nur bei einem der drei Autoren vorkommt und der Zusammenhang, aus welchem es genommen wurde bzw. bei unserem Dichter erscheint, seine unmittelbare Herkunft aus dem augusteischen Vorbild verrät.

a. Vergil

§ 8. Von den rund 70 Wörtern, welche Seneca mit Vergil allein gemeinsam hat, lässt etwa ein Drittel direkte Übernahme aus der Aeneis (in einem Fall aus den Georgica) erkennen; es handelt sich dabei vorwiegend um Substantive und Adjektive. Bei den Verben ist die Herkunft im allgemeinen weniger präzis nachzuweisen, doch fällt die stattliche Zahl der gemeinsamen Komposita auf: *advolvere, aggerere, conflare, convolvere, effulgere, eructare, exoptare, exportare, expromere, extollere, impendēre, indigere* (s. Axelson, Unp. Wörter 69), *inflammare,*[1] *ingruere, integrare, obtegere, obtendere, oppetere, praefulgere, proclamare.* Zu Senecas Vorliebe für Verbalkomposita im allgemeinen s. § 150.

----

[1] An den einschlägigen Vergilstellen (Aen. 3,330 und 4,54) ist die Überlieferung allerdings zwischen dem Kompositum und dem Simplex (*flammare*) gespalten; s. Austin zu 4,54.

α. Substantive

§ 9. *contus*

HF 768   regit ipse longo portitor conto ratem
Oed. 167-69   durus senio navita crudo,
                vix assiduo bracchia conto
                          lassata refert

Beide Passagen sind direkt Vergil nachgebildet

Aen. 6,302-4   ipse ratem conto subigit velisque ministrat
                et ferruginea subvectat corpora cumba,
                iam senior, sed cruda deo viridisque senectus.

Neben *contus* verzeichnen wir noch folgende wörtliche Übereinstimmungen mit Vergil: *portitor* (298), *ratem* (302), *cruda* (304) und *navita*
(315).[2]

§ 10. *gaesum*

Den *terminus technicus* für den schweren gallischen Wurfspiess überliefert
Caesar (Gall. 3,4,1); Glossenwert hat das Wort bei Vergil, der damit der
Beschreibung des Galliersturms auf dem Schild des Aeneas ethnisches
Kolorit verleiht,

Aen. 8,661f.   duo quisque Alpina coruscant
            gaesa manu.

Direkt auf Vergil zurück geht wohl nicht nur Properz 4,10,42 (*fundere
gaesa*), sondern auch

Phae. 111   et rigida molli gaesa iaculari manu.

Allerdings verwendet Seneca den Begriff ohne Beziehung auf die Gallier,
wie nach ihm dann die flavischen Epiker Statius und Silius (je 3mal).

§ 11. *oestrus*

Oed. 442f.   iam post laceros Pentheos artus
                thyades oestro membra remissae

Metaphorischer Gebrauch von *oestrus* (= *furor*) findet sich auch in der
Ciris, 184 *fertur et horribili praeceps impellitur oestro*. Während dort direkte
Abhängigkeit von Calvus' Io nicht ausgeschlossen wird (s. Lyne ad loc.),
dürfte Seneca sich an Vergil inspiriert haben,

---

[2] Zur Ekphrasis über die Unterwelt (HF 662ff.) und ihrer vergilischen Vorlage s.
meinen Komm. zu HF ad loc.

georg. 3,147ff.   cui nomen asilo
                          Romanum est, oestrum Grai vertere vocantes,
152   hoc quondam monstro horribilis exercuit iras
                          Inachiae Iuno pestem meditata iuvencae.

Auf Vergil als Vorbild weist auch die Assoziation im Mythos: wie Io
gehört Bacchus' Ziehmutter Ino (446) zu den Opfern von Junos Rache.
Nur durch einen Sprung ins Meer vermochte sie sich mit ihrem Söhn-
chen Palaemon vor Athamas und dessen (von Juno gesandtem) Wahnsinn zu retten.[3]

§ 12. *optutus*

Die vergilische Phrase in

Aen. 1,495   dum stupet obtutuque haeret defixus in uno

bildete offensichtlich den Ausgangspunkt für die gekünstelte Wendung

Ag. 238   iacensque vultu languido optutus stupet.

Noch deutlicher ist die Anlehnung an Vergil in Senecas einziger prosai-
scher Verwendung von *optutus*, dial. 5,4,1 *oculis ... in uno obtutu defixis et
haerentibus.*

§ 13. *pistrix*

Phae. 1048f.   talis extremo mari
                      pistrix citatas sorbet aut frangit rates.

Das von Neptun gesandte Meerungeheuer wird mit einem phantasti-
schen Walfisch[4] verglichen, der wie Skylla und Charybdis die Schiffe
verschlingt oder sie zermalmt. Diese Züge stammen offenkundig aus
Vergils Beschreibung jener Seemonstren,

Aen. 3,420ff.   laevum implacata Charybdis
                     obsidet, atque imo barathri ter gurgite vastos
                     sorbet in abruptum fluctus ...
424   at Scyllam ...
                     ora exsertantem et *navis in saxa trahentem.*
                     prima hominis facies et pulchro pectore virgo
                     pube tenus, postrema immani corpore *pistrix.*[5]

---

[3] In epist. 58,1f. zieht Seneca die Vergilpassage heran, um am Beispiel des Gräzismus
oestrus die *sermonis egestas* zu illustrieren.
[4] Zu *pistrix / pristis* s. D. W. Thompson, A Glossary of Greek Fishes (London 1947)
219.
[5] Anklänge an Vergil enthalten bereits die Verse Phae. 1046-48 *tum pone tergus ultima
in monstrum coit / facies et ingens belua immensam trahit / squamosa partem.*

§ 14. *regnator*

Phae. 671   magne regnator deum
      945   regnator freti

Das poetische *regnator* ist bereits im Altlatein belegt (stets gegen Versanfang), Naev. carm. 9 Bü. (= 12 M.) 2f. *fratrem Neptunum / regnatorem marum*; Plaut. Amph. 45 *deorum regnator*; Acc. trag. 32 R² *deum regnator*. Aufgenommen wurde das Wort von Vergil, jeweils in versschliessendem Ausdruck,

Aen. 2,779   superi regnator Olympi
     7,558   summi regnator Olympi
     8,77   regnator aquarum
    10,437   magni regnator Olympi

Versendstellung hat die Phrase auch bei Seneca, der zur metrischen Anpassung die dreisilbigen Schlusswörter seines Vorbilds, *Olympi* und *aquarum*, durch zweisilbige Synonyma, *deum* und *freti*, ersetzt.

§ 15. Anzuschliessen sind hier zwei Substantive, deren direkte Übernahme aus Vergil sehr wahrscheinlich ist:

affatus

Vor Seneca ist *affatus* nur einmal bei Vergil belegt, danach bürgert es sich im epischen Wortschatz ein (Val. Fl. 2mal, Stat. 9mal, Sil. 1mal).

Aen. 4,283f.   heu quid agat? quo nunc reginam ambire furentem
                audeat adfatu?

Aeneas quält sich, wie er Dido den Befehl der Götter, nach Italien aufzubrechen, nahebringen soll. Dass er die geistige Verfassung seiner Geliebten kennt und ihre Reaktion auf eine solche Nachricht erahnt, deutet der Dichter unmissverständlich an.
     Bei Seneca erscheint *affatus* in einem Zusammenhang, der an Medeas Wut und Fassungslosigkeit über Iasons Treuebruch keinen Zweifel lässt; Creon beschreibt die Herannahende:

Med. 186f.   fert gradum contra ferox
               minaxque nostros propius affatus petit.

Inspiration durch Vergil dürfte auch beim Gebrauch des seltenen Supins *fatu* vorliegen; aus

Aen. 12,25f.   sine me haec haud mollia fatu
               sublatis aperire dolis

gewinnt Seneca die Variationen

Ag. 416	acerba fatu poscis[6]
Oed. 293	quod tarda fatu est lingua

β. Adjektive

§ 16. *aequaevus*

Das Wort ist eine Neubildung Vergils, das ausser bei Statius (5mal) nur beschränkt nachwirkte.

Ag. 637-42	Secura metus Troica pubes
(638-43)	sacros gaudet tangere funes.
	hinc aequaevi gregis Astyanax,
	hinc Haemonio desponsa rogo
	ducunt turmas, haec femineas,
	ille viriles.

Zwei Vergilpassagen haben Senecas Darstellung des jugendlichen Astyanax und seiner Altersgenossen inspiriert:

Aen. 2,238f.	*pueri* circum innuptaeque *puellae*
	sacra canunt *funemque* manu contingere *gaudent.*
5,450-52	consurgunt studiis Teucri et Trinacria *pubes*;
	it clamor caelo primusque accurrit Acestes
	aequaevumque ab humo miserans attollit amicum.

§ 17. *impexus*

HF 766	impexa pendet barba

Auch dieser Zug in der Beschreibung Charons (s. § 9) stammt aus Vergil: mit der passenden Phrase aus georg. 3,366 *stiriaque impexis induruit horrida barbis* variiert Seneca seine unmittelbare Vorlage, Aen. 6,299f. *Charon, cui plurima mento / canities inculta iacet.*

§ 18. *inaccessus*

HF 606f.	vidi inaccessa omnibus,
	ignota Phoebo

sagt Hercules, der soeben aus der Unterwelt ans Licht heraufgestiegen ist. Der erklärende Zusatz *ignota Phoebo* weist darauf hin, dass Seneca, der in seinem ganzen Schrifttum das Kompositum nur hier gebraucht, die

---

[6] Vgl. Ausonius 211,23 p. 68 Pei. *dulcia fatu verba.*

vergilische Neubildung an seiner Quelle, nämlich der Schilderung von Cacus' Höhle, geholt hat,

> Aen. 8,193-95   hic spelunca fuit vasto summota recessu,
> semihominis Caci facies quam dira tenebat
> solis inaccessam radiis.[7]

§ 19. *inremeabilis*

> HF 548   audax ire vias inremeabiles

Inspiriert ist der Vers wohl durch Euripides, Herc. 431/33 τὰν δ' ἀνόστιμον ... βίου κέλευθον, doch gewinnt er durch das Epitheton vergilische Färbung, Aen. 6,425 *inremeabilis undae* (sc. *Stygis*);[8] ähnlich bei Statius, Theb. 1,96 *Taenariae limen ... inremeabile portae.*

§ 20. *luctificus*

Das Kompositum ist zuerst in Ciceros Aischylosübersetzung (F 193 R) belegt, Tusc. 2,25 v. 24 (= carm. fr. 33,26 Bü.) *luctifica clades*, doch geht

> HF 102f.   Megaera ... luctifica manu
> vastam rogo flagrante corripiat trabem

eindeutig auf Vergil, Aen. 7,324 *luctificam Allecto* zurück. In anderem Zusammenhang gebraucht Seneca das Adjektiv auch in Phoe. 132 (*verba*), Phae. 995 (*vocem*), Oed. 3 (*flamma*), 632 (*Auster*).

§ 21. *noctivagus*

> Oed. 253f.   sororque fratri semper occurrens tuo,
> noctivaga Phoebe

Hinter der Verbindung *noctivaga Phoebe* steht wohl die Zusammenstellung des Tages- und Nachtgestirns in

---

[7] Vgl. Serv. auct. Aen. 8,195 *quaeritur quis hoc ante Vergilium dixerit*; dazu Norden ad 6,66. Das Adjektiv erscheint bei Vergil nochmals Aen. 7,11; ferner Stat. Ach. 1,599 und silv. 5,5,6; Silius 3,516. 10,80. 15,304. Eine ähnlich Neubildung Vergils ist *inausum* (Aen. 7,308. 8,205), das Seneca ebenfalls aufgenommen hat (Tro. 669, Phae. 824; dial. 11,16,5; epist. 91,15), auch als Subst. neutr. (Thy. 20 *inausa audeat*). Zu Senecas Vorliebe für Partizipialadjektive mit privativem *in-* s. § 51.

[8] 5,591 *inremeabilis error*. Das Adjektiv ist vor Vergil nicht belegt. Mit Vergil allein teilt Seneca ferner den Gebrauch von *implacabilis* (Oed. 395), *inextricabilis* (Phoe. 133) und *intractabilis* (Phae. 229. 271. 580), doch ist bei diesen Adjektiven, welche Seneca im Gegensatz zu *inremeabilis* auch in den Prosaschriften verwendet, direkte Übernahme aus Vergil nicht sicher nachweisbar. Über Senecas Vorliebe für Adjektive mit privativem *in-* s. M. Müller, Quaestiones criticae 8; ferner s. § 51.

Aen. 10,215f.   iamque dies caelo concesserat almaque curru
                  noctivago Phoebe medium pulsabat Olympum

Vergil wiederum zeigt Einfluss des Lukrez, welcher als Schöpfer des
Kompositums gelten darf, 5,1191 *noctivagaeque faces caeli flammaeque volantes*; vgl. auch 4,582 *noctivago strepitu*, und s. § 88.

§ 22. *primaevus*

Phae. 620   tu qui iuventae flore primaevo viges

Phaedras Anrede an den in jugendlicher Kraft stehenden Hippolytus
enthält eine deutliche Reminiszenz an Vergils Beschreibung der latini-
schen Jugend, die sich vor den Mauern der Stadt ertüchtigt,

Aen. 7,162f.   ante urbem pueri et *primaevo flore iuventus*
                  exercentur equis.

§ 23. *recidivus*

Tro. 472   recidiva ponas Pergama

Bei *recidiva Pergama* handelt es sich um einen Vergilianismus, Aen. 4,344;
7,322; 10,58.

§ 24. Erwähnt sei hier noch ein Adjektiv, das so, wie es einhellig über-
liefert ist, auf vergilischen Einfluss hindeutet, das im Kontext von Seneca
aber von Axelson als Korruptel entlarvt wurde:

Phae. 548f.   crista procul / galeae comantes

Zu vergleichen sind Aen. 2,391f. *comantem ... galeam* und 3,468 *conum
insiginis galeae cristasque comantis*. Mit Recht machte Axelson (s. Zwierlein,
Krit. Komm. 197) geltend, dass *procul* ein Verb des Glänzens verlange,
welches mit *micantes* oder *nitentes* gegeben wäre. Dass Claudian, carm.
20,108f. *subrisit crudele pater cristisque micantem / quassavit galeam* die Verbindung hier (*crista ... galeae micantes*) aufs schönste stützt, scheint freilich
unbemerkt geblieben zu sein.

γ. Verben

§ 25. *immugire*

Phae. 1025f.   en totum mare / immugit
Oed. 383   immugit aris ignis
Thy. 681f.   immugit specus / vocem deo solvente

Die Verbindung *immugit specus* (Thy. 681) zeigt den direkten Einfluss der vergilischen Neubildung, Aen. 3,674 *curvis ... immugiit Aetna cavernis.* Vgl. auch Aen. 11,38 *maestoque immugit regia luctu* mit Oed. 383, wo freilich das unmittelbar vorausgehende *territi r e s o n a n t g r e g e s* die Assoziation mit *(im)mugire* gefördert haben dürfte; Vorbild ist letztlich Homer, Od. 12,395f. κρέα δ᾽ ἀμφ᾽ ὀβελοῖς ἐμεμύκει, / ὀπταλέα τε καὶ ὠμά· βοῶν δ᾽ ὡς γίνετο φωνή.

§ 26. *plicare*

> Med. 689f.   tumidumque nodis corpus aggestis plicat
>   cogitque in orbes

Hinter der Beschreibung der Schlange steht Vergils Schlangengleichnis,

> Aen. 5,278f.   pars vulnere clauda retentat
>   nexantem nodis seque in sua membra plicantem.

§ 27. *serenare*

> Ag. 519-21   quisquis es, nondum malis
>   satiate tantis, caelitum, tandem tuum
>   numen serena

Tarrant ad loc. hat zu Recht den einmaligen Gebrauch von *serenare* mit

> Aen. 1,254f.   olli subridens hominum sator atque deorum
>   vultu, quo caelum tempestatesque serenat

in Verbindung gebracht.

b. Horaz

§ 28. Im Gegensatz zu Vergil und Ovid sind direkt nachweisbare Wortübernahmen aus Horaz relativ selten. Dies besagt freilich nicht, dass der Einfluss des Horaz auf Seneca bedeutend geringer gewesen wäre als jener der beiden andern Augusteer. Doch vollzieht sich die *imitatio* der horazischen Dichtung, wie sie besonders in den Chorliedern im Bezug auf die Oden hervortritt, in erster Linie auf der gedanklichen Ebene.[9] Dazu kommt, dass Horaz selbst die Originalität seiner Sprachkunst weniger in der lexikalischen Neuerung als in der sinnreichen Fügung suchte und die Wahrscheinlichkeit, bei Seneca Wörter aus Horaz zu finden, die nicht auch bei Vergil oder Ovid vorkommen, eher gering ist.

---

[9] Dazu s. die Sammlung von J. Spika, De imitatione Horatiana in Senecae canticis chori (Progr. Wien 1890).

Davon ausgenommen sind natürlich jene horazischen Wörter in den Seneca-Tragödien, die nur ihrer metrischen Form wegen bei den daktylischen Dichtern fehlen, z.B. *ambitus, apparatus, castitas, necessitas, nuptiae*; ferner die Adjektive *bellicosus, inhospitalis, innocens, inquietus, insepultus, inrepertus, militaris, obstinatus, pertinax, pestilens, scelestus.*

§ 29. Auffälliger ist, dass Seneca mit Horaz einige Wörter teilt, die sonst als unpoetisch gelten, nämlich:

cena	Thy. 800; carm. 2,14,28. 3,29,15; sat. 12mal; epist. 5mal; Axelson, Unp. Wörter 107.[10]
flagitium	Med. 236, Ag. 279; carm. 3,5,26. 4,9,50; sat. 2,4,82; Axelson, Unp. Wörter 111.
pernicies	Med. 670, Ag. 229; carm. 2,13,4. 3,5,16; sat. 1,4,130; epist. 1,15,31; Axelson, Unp. Wörter 103.
prorsus	Tro. 668, Phae. 853. 909, Thy. 515; sat. 1,5,70; Axelson, Unp. Wörter 95.
recreare	Phae. 731; carm. 1,22,18. 2,13,36. 3,4,40. 3,20,13. 3,24,16; sat. 2,2,84. 2,4,58; epist. 1,1,37; Axelson, Unp. Wörter 101.

§ 30. In den folgenden beiden Fällen ist eine direkte Übernahme aus Horaz wahrscheinlich:

a) *germinare*

HF 698   non prata viridi laeta facie germinant

Das Thema des ganzen Abschnitts (698-706), nämlich die Unfruchtbarkeit der Unterwelt, ist eine Umkehrung des Bildes, welches Horaz in epod. 16,41ff. von den fruchtbaren Inseln der Seligen zeichnet. *Germinare*, das vor Horaz nicht belegt ist, wird auf den Ölbaum angewendet, 45 *germinat et numquam fallentis termes olivae*; Seneca überträgt es dann auf die immergrünenden Wiesen, die es im Orcus nicht gibt.[11]

b) *praenitere*

Med. 93f.   haec cum femineo constitit in choro,
                       unius facies praenitet omnibus.

---

[10] Mag sein, dass Seneca hier Assoziationen mit der *Cena Thyestis* erwecken will (so Axelson). Gedanklich näher liegt die horazische Vignette vom reinlichen Mahl des Kleinen Mannes (carm. 3,29,14f.), an dessen Stelle Seneca den Landmann gesetzt hat.

[11] Das Motiv begegnet ähnlich bei Tibull 1,10,35 *non seges est infra, non vinea culta*; vgl. auch das Seneca zugeschriebene Epigramm Anth. 229 Sh. B. (= 237 Riese).

Im übertragenen Sinn (mit Schönheit die andern überstrahlen) begegnet *praenitere* nur noch bei Horaz, carm. 1,33,3f. *cur tibi iunior / laesa praeniteat fide.* Im Lobpreis von Braut und Bräutigam ist Seneca letztlich von Sappho (fr. 34 L-P) inspiriert, doch zeigt die Diktion der ganzen Passage (vgl. auch Phae. 743-48) deutlich horazischen Einfluss, vgl. carm. 1,12,46-48 (mit Nisbet-Hubbard ad loc.); s. ferner C. K. Kapnukajas, Die Nachahmungstechnik Senecas in den Chorliedern des Hercules furens und der Medea (Diss. Leipzig 1930) 90ff.

c. Ovid

§ 31. Von den drei grossen augusteischen Vorbildern hat Ovid die poetische Diktion Senecas am stärksten beeinflusst. Dies zeigt sich deutlich im Wortschatz, der rund 170 Wörter enthält, welche Seneca mit Ovid allein gemeinsam hat. Die Hauptgruppe bilden die Verben (41%), allen voran die zusammengesetzten (besonders mit *ex-*, *per-* und *re-*). In einigem Abstand folgen die Adjektive (29%) und die Substantive (23%), dann die Adverbien (7%). Direkter Rückgriff auf Ovid lässt sich am wahrscheinlichsten bei den Neologismen nachweisen, so bei einer Reihe von Adjektiven auf *-fer*.[12]

α. Substantive

§ 32. *corytus*

HF 1126-28

(1127f.)   telum Scythicis / leve corytis / missum

Während bei Homer (Od. 21,54) γωρυτός den Bogenbehälter bezeichnet, gebrauchen die römischen Dichter das Wort im Sinn von Köcher. Hier verrät *Scythicus* das ovidische Vorbild, in welchem die Sarmaten und Geten beschrieben werden,

trist. 5,7,15f.   in quibus est nemo, qui non coryton et arcum
                        telaque vipereo lurida felle gerat.

§ 33. *firmamen*

HF 1250f.   unicum lapsae domus / firmamen

Das Wort ist offenbar eine Neubildung Ovids, met. 10,491 *longi firmamina trunci*, und kommt nur an diesen beiden Stellen vor.

---

[12] Dazu vgl. auch § 77.

§ 34. *terrigena*

Med. 470   terrigena miles mutua caede occidit

Der Vers variiert nur geringfügig den ovidischen Hexameter

met. 7,141   terrigenae pereunt per mutua vulnera fratres.

β. Adjektive

§ 35. Folgende Adjektive auf *-fer* (und *-ger*) sind bei Ovid zuerst belegt:

armifer   8mal bei Ovid; Seneca verwendet es in Med. 468.
980, Phae. 909, doch zeigt keine dieser Stellen direkten Einfluss Ovids.

bacifer   am. 2,16,8 *baciferam Pallada* (Ölbaum); bei Seneca, Oed. 414f. *hedera ... bacifera*.

sceptrifer   fast. 6,480 *sceptriferas Servi ... manus*; Med. 59 *sceptriferis ... Tonantibus* sind die beiden einzigen Belegstellen für das Adjektiv.

belliger   ars 2,672 *belligeras ... manus*; trist. 3,11,13 *belligeris a gentibus*. Nähe zu den ovidischen Verbindungen zeigen Phoe. 472 *capitis ... belligeri* und Med. 64 *belligeris ... gentibus*. HF 901 *belligera Pallas* ist eine Variation von Ovids *bellica Pallas* (met. 5,46); mit Phae. 808 *Martis belligeri* vgl. Phae. 550 *bellicus Mavors* und Ov. fast. 3,1f. *bellice ... Mars*; ähnlich Phae. 188 *Gradivus ... belliger*. Das Adjektiv bürgert sich dann in der epischen Sprache ein (Lucan. 2mal; Val. Fl. 1mal; Stat. Theb. 6mal, Ach. 2mal, silv. 8mal; Sil. 24mal).

securiger   epist. 4,117 *securigeras ... puellas* geht auf die Amazonen; Ag. 217f. *securigera manu / peltata Amazon*; Oed. 471 (im gleichen geographischen Raum) *securigeri ... Lycurgi*.

Die folgenden zwei Adjektive sind zwar keine ovidischen Neubildungen, doch dürfte ihre Aufnahme bei Seneca durch Ovid inspiriert sein:

horrifer

met. 1,64f.   Scythiam Septemque triones
                  horrifer invasit Boreas

Elemente daraus finden wir in Senecas Beschreibung des äussersten Nordens,

Phae. 934   horrifera celsi regna transieris poli
     936f.   gelidi frementes liqueris Boreae minas
                    post te furentes.

ignifer

met. 2,59f.   non tamen ignifero quisquam consistere in axe
                    me valet excepto.

Vom Sonnenwagen spricht auch Medea

Med. 33f.   committe habenas, genitor, et flagrantibus
                    ignifera loris tribue moderari iuga.[13]

§ 36. *cristatus*

HF 216f.   gemina cristati caput
                    angues ferebant ora

Ovid gebraucht als erster *cristatus* von Schlangen,[14]

met. 4,599   lubrica permulcet cristati colla draconis.

§ 37. *innuba*

Ovid, der als erster *innuba* in der Dichtung verwendet, verbindet damit
gern die Vorstellung von geweihter Jungfräulichkeit, so bei Atalante
(met. 10,567) und der Sibylle (14,142). Auch bei Seneca ist dieser Aspekt
zu Beginn des Dankhymnus der argivischen Mädchen hervorgehoben,

Ag. 312-14   tibi virgineas laurum quatiens
   (312-15)   de more comas
                    innuba fudit stirps Inachia.

§ 38. *maritalis*

Das Adjektiv begegnet zuerst in ars 2,258 *maritali ... veste*. In seinem einmaligen Gebrauch verbindet Seneca es mit *oculi*,

Oed. 956f.   hi maritales statim
                    fodiantur oculi.[15]

---

[13] Vgl. *flammifer*, § 77 mit Anm. 88.
[14] Vgl. Plaut. Amph. 1108 *angues iubatae*, Drac. Rom. 4,4 (wohl von Seneca inspiriert)
serpentum cristata manus.
[15] Dass an der Überlieferung nicht herumzudeuten ist (*di maritales* Madvig, *di maritales,
satin?* Leo), hat W. Schulze, Untersuchungen zur Eigenart der Tragödien Senecas (Diss.
Halle 1937) 23f., überzeugend nachgewiesen und aufgezeigt, wie *maritales oculi* Oedipus'
Aufrechnung von Verbrechen und Strafe (938 *patri*, 939 *matri*, 940 *gnatis*, 941 *patriae*)
abrundet.

§ 39. *multifidus*

Senecas einmaliger Gebrauch des Adjektivs, Med. 111 *multifidam iam tempus erat succendere pinum*, variiert die ovidische Junktur *multifidas ... faces* (met. 7,259; 8,644; dann auch Lucan 2,687).

§ 40. *multiforus*

> Ag. 347f. (358f.)   tibi multifora tibia buxo
> sollemne canit

Direktes Vorbild dafür ist

> met. 12,157f.   non illos carmina vocum
> longave multifori delectat tibia buxi.

§ 41. *pervigil*

Das Kompositum ist zuerst bei Ovid belegt (5mal) und beschreibt (3mal) den Drachen, der das goldene Vliess bewacht,

> epist. 6,13   pervigilem spolium pecudis servasse draconem
> 12,60   ante meos oculos pervigil anguis erat
> met. 7,149   pervigilem superest herbis sopire draconem

Auch Seneca verbindet *pervigil* mit dem Drachen,

> HF 531f.   cum somno dederit pervigiles genas
> pomis divitibus praepositus draco
> Med. 703f.   tu quoque relictis pervigil Colchis ades,
> sopite primum cantibus, serpens, meis.

Ausgeweitet wird der Gebrauch des Attributs auf Cerberus (HF 809) und Bacchus (Thy. 467).

§ 42. *saxificus*

Ist eine Bildung Ovids,

> met. 5,217   saxificos vultus ... tolle Medusae
> Ib. 551   saxificae videas infelix ora Medusae

Seneca bezieht *saxificus* dann auf das Gorgoneion,

> HF 901f.   belligera Pallas, cuius in laeva ciet
> aegis feroces ore saxifico minas.[16]

---

[16] Ähnlich Lucan. 9,669f.; vgl. ferner Sil. 10,177.

§ 43. *vulnificus*

    Phae. 346f.   tunc vulnificos acuit dentes / aper

variiert die Beschreibung des kalydonischen Ebers, met. 8,359 *vulnificus sus*.

γ. Verben

§ 44. *dissaepire*

    Med. 335   bene dissaepti foedera mundi

Der Gedanke, dass die Argo die unantastbaren Schranken der Natur durchbrochen hat, stammt wohl aus Horaz, carm. 1,3,21ff., doch weist der Wortlaut auf Ovids Beschreibung von der Entstehung des Kosmos,

    met. 1,69   vix ita limitibus dissaepserat omnia certis.

§ 45. *obliquare*

    met. 7,412f.   obliquantem oculos nexis adamante catenis
                        Cerberon abstraxit

Dass Seneca die ganze Passage wohl präsent hatte, ergibt sich aus HF 813ff. und Ag. 859-62. Den Ausdruck *obliquare oculos* selbst verwendet er in Thy. 160 (Tantalus) *obliquat ... oculos oraque comprimit*, und in leichter Abwandlung des Nomens in Oed. 339 *trepidus ... vultum obliquat et radios fugit*.[17]

§ 46. *praetemptare*

    Oed. 656f.   reptet incertus viae,
                  baculo senili triste praetemptans iter

Die Beschreibung des sich tastenden Oedipus zeigt wörtliche Übereinstimmung mit

    Ib. 257-60   id quod Amyntorides videas trepidumque ministro
                  praetemptes baculo luminis orbus *iter*.
                  nec plus aspicias quam quem sua filia rexit,
                  expertus scelus est cuius uterque parens.

2. *Vermeintliche Archaismen und altertümliche Wörter*

§ 47. Im Teil des Wortschatzes, der sich nicht mit jenem von Vergil, Horaz und Ovid deckt, fallen einige Wörter durch ihre altertümliche

---

[17] Zum Motiv im allgemeinen s. § 224.

Tönung auf, dies umso deutlicher, als sie bei einem Autor vorkommen, der aus seiner Abneigung gegen altertümelnden Sprachgebrauch keinen Hehl machte. So kritisiert Seneca im 114. Luciliusbrief nicht nur den gezierten Stil des Maecenas, sondern rechnet auch mit jenen ab, die dem Archaismus huldigen.[18] Entsprechend abfällig äussert er sich über die *grammatici*, welche die Literatur nach veralteten Formen und Wörtern durchstöbern.[19] Er missbilligt selbst Ciceros Vorliebe für Ennius und rügt dessen Zugeständnisse an den altertümelnden Geschmack des Publikums, ein Tadel, den unter den Archaisten ihm besonders Gellius übelnahm.[20] Etwas zurückhaltender urteilt Seneca über die Ennianismen Vergils, obwohl er sich auch dort des leisen Spotts, vom *Ennianus populus* zu sprechen, nicht enthalten kann.[21] Senecas Ablehnung der altlateinischen Dichter ist offenkundig; diese hinderte ihn freilich nicht, gelegentlich Sentenzen und Bonmots aus ihnen zu holen.[22]

---

[18] Epist. 114,10 Cum adsuevit animus fastidire quae ex more sunt et illi pro sordidis solita sunt, etiam in oratione quod novum est quaerit et modo antiqua verba atque exoleta revocat ac profert. ... 13 Multi ex alieno saeculo petunt verba, duodecim tabulas loquuntur; Gracchus illis et Crassus et Curio nimis culti et recentes sunt, ad Appium usque et Coruncanium redeunt.

[19] Epist. 58,5 Non id ago nunc hac diligentia ut ostendam quantum tempus apud grammaticum perdiderim, sed ut ex hoc intellegas quantum apud Ennium et Accium verborum situs occupaverit. 108,35 Sed ne et ipse, dum aliud ago, in philologum aut grammaticum delabar, illud admoneo, auditionem philosophorum lectionemque ad propositum beatae vitae trahendam, non ut verba prisca aut ficta captemus.

[20] Gell. 12,2,3-9 (= Sen. epist. pp. 540-41 Reynolds = frg. 110-112 Haase) deridiculos versus Q. Ennium de Cetego antiquo viro fecisse ... dicit. ... 'Admiror eloquentissimos viros et deditos Ennio pro optimis ridicula laudasse. Cicero certe inter bonos eius versus et hos refert.' Atque id etiam de Cicerone dicit: 'Non miror' inquit 'fuisse, qui hos versus scriberet, cum fuerit, qui laudaret; nisi forte Cicero summus orator agebat causam suam et volebat suos versus videri bonos.' Postea hoc etiam addidit insulsissime: 'Aput ipsum quoque' inquit 'Ciceronem invenies etiam in prosa oratione quaedam, ex quibus intellegas illum non perdidisse operam, quod Ennium legit.' ... Deinde adscribit Ciceronem haec ipsa interposuisse ad effugiendam infamiam nimis lascivae orationis et nitidae. Hierzu sowie zur Beurteilung Senecas durch Fronto s. W. Trillitzsch, Seneca im literarischen Urteil der Antike (Amsterdam 1971) 69-75; immer noch heranzuziehen ist A. Gercke, Seneca-Studien. Jahrbb. für class. Philologie, Suppl. 22 (Leipzig 1895) 133-51.

[21] Gell. 12,2,10 (= Sen. epist. p. 541 Reynolds = frg. 113 Haase) 'Vergilius quoque noster non ex alia causa duros quosdam versus et enormes et aliquid supra mensuram trahentis interposuit, quam ut Ennianus populus adgnosceret in novo carmine aliquid antiquitatis.' Freilich stammen in Senecas Prosaschriften die meisten Dichterzitate aus Vergil.

[22] Aufschlussreich für diese Haltung ist der Ausspruch, den Gellius überliefert, 12,2,11 (= Sen. epist. p. 541 Reynolds = frg. 114 Haase) 'Quidam sunt' inquit 'tam magni sensus Q. Ennii, ut, licet scripti sint inter hircosos, possint tamen inter unguentatos placere'; zum Bild der *rusticitas* vgl. auch epist. 114,14.
Eine nützliche Zusammenstellung der Dichterzitate in Senecas Prosaschriften gibt G. Mazzoli, Seneca e la poesia (Milano 1970) 295-303; s. dort auch die Ausführungen über Senecas Verhältnis zur altlat. Dichtung 182ff.

Im Widerspruch zu dieser unmissverständlichen Stellungnahme wurde wiederholt die Ansicht vertreten, Seneca habe in seinen Tragödien, gleichsam im Zugzwang des literarischen Genus, Archaismen durchaus gebilligt, das Altertümliche zuweilen gar gesucht.[23] Doch bevor wir das Problem neu angehen, ist es unerlässlich, den Begriff 'Archaismus' zu klären und seinen Anwendungsbereich abzustecken.

Als Archaismus im eigentlichen Sinn kann nur ein Wort bezeichnet werden, das Seneca bewusst und direkt aus der altlateinischen Dichtersprache (des Epos und des Dramas) aufgegriffen hat, um den Effekt der Altertümlichkeit zu erzielen.[24] Anhand dieser Bestimmung werden anschliessend die Wörter untersucht, die vor Seneca allein im altlat. Drama oder Epos belegt sind.

§ 48. *thyrsiger*

| Med. 110 | thyrsigeri ... Lyaei |
| Phae. 753 | thyrsigera Liber ab India |

Das für Bacchus und seinen Kult kennzeichnende *thyrsiger* lässt sich nur noch in einem Fragment aus dem Lycurgus des Naevius nachweisen, 35 R² *thyrsigerae Bacchae*; dies ist wohl dem Griechischen nachgebildet (vgl. Eur. Cycl. 64 Βάχχαι ... θυρσοφόροι). Adjektive auf *-ger* und *-fer* sind in der Sprache der altrömischen Tragödie üblich;[25] auch Seneca verwendet sie relativ häufig.[26] Trotzdem wäre es verfehlt, darin einen altertümelnden Zug zu sehen; vielmehr knüpft er (wie die flavischen Epiker nach ihm) an die Dichtersprache Ovids an, welcher diese beiden Kompositionstypen neu belebt hatte.[27] Dass wir in Senecas zweifacher Verwendung von *thyrsiger* nicht mit einem bewussten Rückgriff auf Naevius zu rechnen haben, sondern mit einer erneuten Bildung des Kompositums, ergibt sich aus dem Vergleich mit Ovid, am. 3,15,17 *corniger increpuit thyrso graviore Lyaeus*. Seneca variiert sein Vorbild und gewinnt daraus die

---

[23] Zuerst von B. Schmidt, RhM 16 (1861) 589 Anm., dann ausführlicher von Carlsson, Überlieferung 57-62. Neuere englischsprachige Kommentatoren der Tragödien verweisen gern auf »archaisms«, allen voran Tarrant in seinen Kommentaren zu Ag. 137. 289. 300. 305. 380. 636; Thy. 244. 305. 973. 1034; Fantham, Seneca's *Troades* 92.

[24] Grundlegendes zur Begriffsbestimmung s. bei Leumann, MH 4 (1947) 125f. (= Kl. Schr. 142f.), Hofmann-Szantyr 768-71. Erhellend für die Terminologie sind auch die einführenden Bemerkungen bei W. D. Lebek, Verba prisca. Hypomnemata 25 (Göttingen 1970) 11-22, bes. 12f.

[25] H. Ploen, De copiae verborum differentiis inter varia poesis Romanae antiquioris genera intercedentibus (Diss. Strassburg 1882) 62; Jocelyn zu Enn. trag. 24-25.

[26] 27 auf *-fer*, 8 auf *-ger*.

[27] Siehe §§ 77 und 80.

Verbindungen *cornigerum caput* (Phae. 756)[28] und *thyrsigeri Lyaei* (Med. 110) sowie *thyrsigera India* (Phae. 753). Das Bild vom thyrsusschwingenden Weingott gehört in dieselbe Vorstellungswelt wie Ovids *racemifer Bacchus* (met. 15,413; vgl. 3,666 und fast. 6,483).

§ 49. *blandiloquus*

Ag. 289-90   quid voce blandiloqua mala
                  consilia dictas?

Das Kompositum ist vor Seneca nur einmal belegt, Plaut. Bacch. 1173 *ut blandiloquast!* (als Ausruf des Nicobulus, der den Reizen der Bacchis zu erliegen droht). Bildungen auf *-loquus* sind bei Plautus häufig (*confidentiloquus, falsiloquus, largiloquus, mendaciloquus, multiloquus, planiloquus, stultiloquus, vaniloquus*) und fehlen auch nicht in der Sprache des altlat. Epos und der Tragödie, Enn. ann. 593 Sk. (= 582f. V²) *oratores doctiloqui*, Trag. inc. 114 R² *versutiloquas malitias*; vgl. ferner die Nebenformen *blandiloquens* (Laber. mim. 106 R²), *suaviloquens* (Enn. ann. 304 Sk. [= 303 V²]). Der Kompositionstypus ist später nur vereinzelt nachweisbar, *terriloquus* (Lucr. 1,103), *grandiloquus* (Cic. Tusc. 5,89; als Stilbegriff in orat. 20), *fatiloquus* (Liv. 1,7,8), *vaniloquus* (Liv. 35,48,2; *vaniloquentia* 34,24,1); er dürfte aber in der Volkssprache lebendig geblieben sein.[29]

Dass Seneca, der an anderer Stelle Cicero wegen seiner Ennianismen *suaviloquens* und *breviloquens* tadelte, hier bewusst archaisiert, ist unwahrscheinlich.[30] Viel näher liegt die Vermutung, Ovids *magniloquo ore* (met. 8,396) habe Seneca angeregt, die geläufige Verbindung *blanda voce* durch das fülligere *voce blandiloqua* zu variieren.[31]

§ 50. *impos*

Ag. 117-18   coniunx perfida atque impos sui
                  amore caeco

Die Verbindung *impos* + Gen. begegnet vor Seneca 5mal bei Plautus (*inpos animi* Bacch. 615, Cas. 629, Men. 110; *animi inpos* Trin. 131, Truc.

---

[28] *Corniger* als Attribut des Bacchus begegnet nicht vor Ovid; auch hierin ein deutlicher Hinweis auf Senecas unmittelbares Vorbild!

[29] Dafür spricht auch der Umstand, dass manche Bildung auf *-loquus* im Spätlatein wieder auftritt, s. Mannheimer, Alt- und Spätlatein 129, 153ff. Durchaus umgangssprachlichen Charakter hat auch das einmalige, bei Cicero (Att. 7,20,1) belegte *breviloquens*. Zum Kompositionstypus s. ferner Tränkle, WS n.F. 2 (1968) 122.

[30] Gell. 12,2,7 (= Sen. epist. pp. 540-41 Reynolds = frg. 112 Haase). Ebensowenig archaisierend ist *tardiloquus* in epist. 40,14.

[31] Im Gegensatz zu den übrigen altlat. Bildungen auf *-loquus* (s. Anm. 29) hat *blandiloquus* auch in der spätlat. Poesie nachgewirkt, z.B. Sidon. carm. 9,262; für die Nachwirkung von *magniloquus* vgl. Stat. Theb. 3,192; silv. 5,3,62; Martial 2,43,2; Tac. Agr. 27,1.

828) und 1mal bei Accius (287 R² *inpos consili*).[32] Danach finden wir *impos* erst wieder bei Sueton (Aug. 19,2 *impos mentis*) und dem Archaisten Apuleius (met. 3,12 *inpos animi*). Dass es sich im vorliegenden Fall kaum um einen Archaismus handelt, lehrt die Parallele aus epist. 83,10 *ait enim 'ebrium' duobus modis dici, altero cum aliquis vino gravis est et i n p o s sui, altero si solet ebrius fieri et huic obnoxius vitio est.* Hier hat Seneca *impos sui* anstatt des üblichen *impotens sui* (dial. 3,1,2. 5,1,3; nat. 6,1,3) der Klausel (–∪––∪–) wegen gewählt.[33] Metrische Bequemlichkeit dürfte auch in Ag. 117 den Ausschlag für das seltenere *impos* gegeben haben.[34] Das kretische *impotens* steht in der Tragödie gewöhnlich am Schluss des Trimeters mit Synaloephe in der 5. Hebung (nach Spondeus Tro. 215, Med. 143, Phae. 186; nach Troch. HF 966; nach Molossus HF 1180; nach Viersilbler Tro. 266, Med. 958).[35]

§ 51. *impiare*

Phae. 1185-86   coniugis thalamos petam
         tanto impiatos facinore?

Vor Seneca ist *impiare* 2mal, in reflexiver Konstruktion, bei Plautus belegt, Rud. 192 *erga parentem aut deos me inpiavi*, Poen. 384. Das Verb, das für die hexametrische Dichtung ungeeignet ist, erscheint dann erst wieder bei den Archaisten Fronto und Apuleius, allerdings wie bei Seneca nur als Part. Perf. Pass. Nun sind gerade die PPP Formen von Verben mit privativem *in-* in den Seneca-Tragödien häufig,[36] z.B. *illicitus, imparatus, impunitus, inauditus, inauspicatus, inhumatus, innuptus, insepultus, insuetus, intemptatus.* Aufschlussreich ist ferner, dass die metrisch gleichwertigen Wörter *imparatus* und *insepultus* ebenfalls die zweite Position (nach der 1. Hebung) im Trimeter einnehmen (Phae. 994, Phoe. 98; vgl. auch Thy. 753). Analogiebildung also, nicht etwa altertümliches Kolorit,[37] war der Grund, weshalb Seneca in einer Tragödie, in welcher *impius* ein zentraler Begriff ist, ein variierendes *impiatus* wagte. Die Mög-

---

[32] Laevius frg. 12,1f. Bü. ist <*animi*> / *impos* Konjektur von Baehrens.
[33] Auf ähnliche klauselbedingte Scheinarchaismen verweist Axelson, Senecastudien 96 Anm. 32.
[34] Verstechnisch und inhaltlich vergleichbar ist Tro. 675 *armata thyrso terret a t q u e expers sui.*
[35] Über Senecas Vorliebe für diesen Trimeterschluss s. Strzelecki, De trimetro iamb. 18-22; Zwierlein, Prolegomena 225-27.
[36] Dieselbe Vorliebe zeigt Ovid, s. E. Linse, De P. Ovidio Nasone vocabulorum inventore (Diss. Tübingen 1891) 49-50; Kenney, The Style of the *Metamorphoses* 124. Für die Adjektive mit privativem *in-* s. § 20 Anm. 8.
[37] So hingegen Mannheimer, Alt- und Spätlatein 41.

lichkeit, den Bedeutungsinhalt des Denominativs voll auszuschöpfen, machte die sprachliche Neuerung zusätzlich attraktiv.[38]

§ 52. *addecet*

> Oed. 293-94   quod tarda fatu est lingua, quod quaerit moras,
> haut te quidem, magnanime, mirari addecet.

Das unpersönliche *addecet* ist eine Eigentümlichkeit der plautinischen Sprache und dient (als Nebenform zu *decet*) der metrischen Bequemlichkeit.[39] In 12 der insgesamt 16 belegten Fälle steht *addecet* am Versende nach elidierbarer kurzer Silbe (vorzugsweise nach einem Infinitiv). Diesen metrischen Vorteil hat Seneca sich sonst nirgends zunutze gemacht. Im iamb. Trimeter erscheint *decet* 13mal im Versausgang, davon 7mal nach Wortende auf *-m*, 3mal nach langem Vokal, Med. 175 *aptari decet*, HF 990 *mitti decet*, Tro. 619 *luctu decet*. Diese drei Fälle sind besonders aufschlussreich, weil Seneca trotz seiner ausgesprochenen Vorliebe für kretischen Versschluss mit Verschleifung einer Länge in der 5. Hebung an *decet* festhält. Metrische Gründe, weshalb der Dichter in Oed. 294 *mirari addecet*, in Med. 175 aber *aptari decet* schrieb, können demnach nicht den Ausschlag gegeben haben. Aber auch Stil und Inhalt bieten keinen Anhaltspunkt, weshalb Seneca hier bewusst eine (allein metrisch begründete) Spracheigentümlichkeit des Plautus aufgegriffen haben sollte. Es bleibt daher zu erwägen, ob aus dem merkwürdigen Kompositum nicht besser wieder das einfache *decet* herzustellen sei, das dem Sprachgebrauch Senecas in jeder Beziehung entspricht.

§ 53. In den Tragödien Senecas lassen sich, wie die Untersuchung zeigt, keine eigentlichen Archaismen nachweisen. Dennoch verbleiben einige altertümliche Wörter, welche im altlat. Drama oder Epos vorkommen und auch sonst belegt sind, in der späteren Dichtersprache sich jedoch nicht eingebürgert haben. Ob Seneca sie allein um der altertümlichen Wirkung willen aufgriff, soll im folgenden untersucht werden.[40]

---

[38] Gewöhnlicher in den Tragödien aber inhaltlich allgemeiner sind *maculare* (10mal) und *inquinare* (2mal). Unserer Stelle gedanklich nahe steht Oed. 19-21 *pro misera pietas* (*eloqui fatum pudet*), / *thalamos parentis Phoebus et diros toros* / *gnato minatur impia incestos face*.

[39] So auch Publil. 434 R²; im trag. Enniusfragment 254 J (= 257 R²) ist *addecet* Carrions Konjektur.

[40] Unberücksichtigt bleiben hingegen Wörter, die in die Dichtersprache eingegangen sind und bei Seneca ihr altertümliches Kolorit bereits verloren haben, so *astus* (Verg. 2mal, Ov. 3mal), *cassus* (Verg. 3mal, Hor. 1mal, Ov. 2mal), *grates* (Verg. 3mal, Ov. 17mal), *parma* (Verg. 8mal, Ov. 3mal). Unzutreffend ist also die Bezeichnung »archaism« bei Fantham, Seneca's *Troades* 92; Tarrant zu Ag. 380, 634.

§ 54. *aerumna*

Das Wort ist geläufig sowohl in der Komödie (18mal bei Plautus, bei Terenz 4mal, bei Caecilius 3mal) als auch in der Tragödie (Ennius 2mal, Pacuvius 2mal, Accius und Trag. inc. je 1mal). Danach erscheint es in der Dichtersprache nur vereinzelt (Lukrez 3mal; Hor. epist. 2,2,27; Ov. trist. 4,6,25); hingegen wird es in der Prosa (besonders in der Rede) gern gebraucht, um Erhabenheit oder emotionellen Effekt zu erzielen, z.B. Sall. Cat. 51,20; Iug. 14,7. 23; 24,10; 49,3; Liv. 29,16,7; zum pathetischen Gebrauch bei Cicero s. Krebs, Antibarbarus I 117f. Wegen des altertümlichen Charakters, auf den bereits Cicero hinweist,[41] scheint Quintilian das Wort abzulehnen (inst. 8,3,26), wie auch Persius *aerumna* bloss in Parodie des Tragödienstils anbringt.[42] Umso auffallender ist Senecas Vorliebe für dieses Wort, das er in den Tragödien 13mal, in den Prosaschriften 7mal (*aerumnosus* 3mal) verwendet. Sein ausgeprägtes Interesse für die Affekte und ihre Äusserung sowie seine Neigung zum dichterischen Pathos mochten in *aerumna* einen geeigneten Ausdruck gefunden haben.[43]

§ 55. *altisonus*

Phae. 1134-35   tremuit telo Iovis altisoni
                 Caucasus ingens
Ag. 581-82   redde iam Grais, pater
             altisona quatiens regna, placatos deos.

Das feierliche *altisonus* begegnet zuerst bei Ennius, ann. 586 Sk. (= 575 V²) *altisonum cael*, trag. 88 J (= 82 R²) *saeptum altisono cardine templum*, 188-89 J (= 177-78 R²) *in altisono / caeli clipeo*. Seneca greift hier aber kaum auf Ennius zurück, sondern, wie die Verbindung *Iovis altisoni* zeigt, auf Cicero (carm. frg. 20,1 Bü. = 7,1 M.).[44] Nachgewirkt hat die

---

[41] Fin. 2,118 *Herculis perpeti aerumnas. Sic enim maiores nostri labores non fugiendos tristissimo tamen verbo aerumnas etiam in deo nominaverunt.* Die Bezeichnung *aerumnae Herculis* (neben *labores Herculis* war formelhaft, Plaut. Epid. 179, Persa 2; Petron. 48,7; Fronto p. 151,11 van den Hout. In seiner Übersetzung von Sophokles' Teukros (F 576 R) übersetzt Cicero κακῶς πράσσοντι mit *aliorum aerumnam* (carm. frg. 35,2 Bü.).

[42] 1,76-78 '*est nunc Brisaei quem venosus liber Acci, / sunt quos Pacuviusque et verrucosa moretur / Antiopa aerumnis cor luctificabile fulta*'. Dazu s. J. C. Bramble, Persius and the Programmatic Satire (Cambridge 1974) 174-79.

[43] Vgl. Cic. Tusc. 4,18 *aerumna [est] aegritudo laboriosa.*

[44] Vgl. auch die Variation von Enn. ann. 554 Sk. (= 541 V²) *Iovis altitonantis* bei Cicero, carm. frg. 6,36 Bü. (= 11,36 M.) *pater altitonans* und dann Seneca, Ag. 581-82 *pater / altisona quatiens regna*, bzw. HO 530 *parenti... altisono*. Um Anleihen beim Poeten Cicero handelt es sich möglicherweise auch bei *stellifer* und *squamifer* (§ 77 Anm. 91 und 92). Über Seneca und sein (zwiespältiges) Verhältnis zu Ciceros Dichtung vgl. dial. 5,37,5. 10,5,1; epist. 107,10.

Verbindung bei Claudian, carm. min. 31,27; zum feierlichen Ton des Adjektivs vgl. auch Iuv. 11,180f. *Maronis altisoni*.

§ 56. *autumare*

Die altlat. Szeniker verwenden das Verb häufig, allen voran Plautus (rund 30mal, Terenz hingegen nur 1mal, ebenso Atta); dann Pacuvius (6mal) und Accius (1mal). Je einmaligen Gebrauch davon machen ferner Lucilius und, nicht ohne spöttischen Unterton, Catull (44,2)[45] und Horaz (sat. 2,3,45). Das Wort verschwindet aus dem klass. Wortschatz und taucht erst wieder bei den Archaisten auf.

Ohne Zweifel hatte *autumare* für Autoren der silbernen Latinität einen ausgesprochen poetischen Klang; Velleius Paterculus jedenfalls verwendet es neben einem hochgestochenen *Graius* (1,6,4). Bei Seneca begegnet es 2mal,

> Phae. 256-57   dignam ob hoc vita reor
> quod esse temet autumas dignam nece.

Hier kommt es dem Dichter in erster Linie darauf an, *reor* sinnspielend abzuwandeln.[46] Dass *autumare* als dem Stil der Tragödie angemessen empfunden wurde, lehrt Quintilian (inst. 8,3,26) '*reor*' *tolerabile*, '*autumo*' *tragicum*.

> Oed. 765-67   obisse nostro Laium scelere autumant
> superi inferique, sed animus contra innocens
> sibique melius quam deis notus negat.

Als Gegensatz zu *negare* drängte sich in der dramatischen Sprache *autumare* geradezu auf, Plaut. Pseud. 929f. *ipsus sese ut neget esse eum qui siet / meque ut esse autumet qui ipsus est*. Ter. Haut. 18f. *factum id esse hic non negat / neque se pigere et deinde facturum autumat*. Pacuv. 372-73 R² *sunt autem alii philosophi, qui contra Fortunam negant / esse ullam, sed temeritate res regi omnis autumant*.

§ 57. *clepere*

> HF 797-99   solvit a laeva feros
> tunc ipse rictus et Cleonaeum caput
> opponit ac se tegmine ingenti clepit[47]

---

[45] Dazu s. H. Heusch, Das Archaische in der Sprache Catulls (Bonn 1954) 70-72.

[46] Zur Unterscheidung der beiden Bedeutungen von *autumare*, (1) »sagen«, »behaupten«, »nennen«, und (2) »meinen« vgl. Gell. 15,3,6 '*autumo*' *enim non id solum significat* '*aestumo*', *sed et* '*dico*' *et* '*opinor*' *et* '*censeo*'; zur sekundären Bedeutung »meinen« s. A. Ernout, Latomus 1 (1937) 75.

[47] *Clepit* A, *tegit* E (Leo, Peiper-Richter, Moricca). Mit Recht hat Carlsson (Überlieferung 43f.) *clepit* als die *lectio difficilior* verteidigt. Das banale *tegit* dürfte auf eine Glosse zurückgehen.

Med. 155-56   levis est dolor qui capere consilium potest
                 et clepere sese

Das Verb ist mehrfach bei den altrömischen Szenikern belegt, Plaut.
Pseud. 138 *rape, clepe, tene.* Pacuv. 185 R² *sermonem ... ex occulto clepsit.*
Acc. 212, 292 R² und 534-36 R² *[ignem] dictus Prometheus / clepsisse dolo poe-*
nasque Iovi / Fato expendisse supremo. Im Zusammenhang der Prome-
theussage verwendet es auch Manilius, 1,25-27 *quem* [sc. *mundum*] *primum*
interius licuit cognoscere terris / munere caelestum. quis enim condentibus illis /
clepsisset furto mundum, quo cuncta reguntur? Seines altertümlichen Charakters wegen hielt sich *clepere* in der Gesetzessprache, Cic. leg. 2,18 *sunt certa*
legum verba, Quinte, neque ita prisca, ut in veteribus duodecim sacratisque legibus,
et tamen, quo plus auctoritatis habeant, paulo antiquiora quam hic sermo est. 22
'*sacrum sacrove commendatum qui clepsit rapsitve parricida esto.*'[48] Vgl. auch
Liv. 22,10,5.
    Die Bedeutungserweiterung von »heimlich stehlen« zu »sich weg-
stehlen«, »(sich) verbergen« ist vor Seneca schon bei Varro nachweisbar,
Men. 342 Astb. *postquam avida libido rapere ac comedere coepit / seque opificio*
non probiter clepere. Was in HF 799 für *clepere* (A) gegen *tegere* (E) den Ausschlag gibt, ist der implizierte Gedanke der Täuschung: Hercules ver-
birgt sich unter dem Löwenfell, um den Höllenhund zu schrecken.[49] In
den Medeaversen hingegen dient *clepere* in erster Linie der stilistischen
Variation: 153 *ira quae tegitur nocet*; 155f. *levis est dolor, qui ... potest ... cle-*
pere sese: magna non latitant mala.

§ 58. *facessere*

Ag. 300-301   facesse propere ac dedecus nostrae domus
                 asporta ab oculis: haec vacat regi ac viro.

Clytemestras barsche Worte an Aegisth *facesse propere* (»mach, dass du
fortkommst, aber schnell«) sind formelhaft und als solche bereits in der
altlat. Tragödie und (meist als Jussiv) in der Komödie belegt, Enn. 145
J (= 136 R²) *vos ab hoc facessite,* Pacuv. 326 R² *facessite omnes hinc: parumper*
tu mane, Plaut. Rud. 1062, Ter. Phorm. 635, Titinius 53 R², Afranius
202,203 R². Der umgangssprachliche Charakter der Aufforderungsfor-
mel, nicht so sehr ihr altertümliches Kolorit,[50] erhellt auch aus ihrer Verwendung bei den Historikern, Liv. 1,47,5. 4,58,7 (*ni facesserent propere ex*

---

[48] Die Verbindung *rapere — clepere* ist offenbar formelhaft, so schon bei Plautus (loc.
cit.), dann auch bei Cicero, rep. 4,3.
[49] Zum Gedanken der Heimlichkeit vgl. Varro, ling. 7,94 *clepere, id est corripere, quorum*
origo a clam; Non. p. 20,7 M. *clepsisset est furari: tractum a* κλοπῆ. Ähnlich verwendet Seneca
furari in Ag. 914 *germane, vultus veste furabor tuos.*
[50] Vgl. dagegen Tarrant zu Ag. 300 »The phrase has clear archaic overtones«.

urbe); 6,17,8 (*facesserent propere ex urbe*), Curt. 10,2,27 (*facessite hinc ocius*) und Tac. ann. 16,34,2 (*facessere propere ... hortatur*).

§ 59. *actutum*

Phae. 623-24   summus hoc omen deus
                         vertat. aderit sospes actutum parens.

Das Adverb entstammt der Alltagssprache und ist häufig bei Plautus (aber nur 2mal bei Terenz belegt), besonders in verstärkender Verbindung mit einem Ausdruck des Befehls (»flugs«, »geschwind«). 3mal finden wir es zudem bei den Tragikern, Naev. 25 R² und Acc. 508 R² (*ite actutum*), Pacuv. 118 R² (*hic adfore actutum autumo*), dann vereinzelt in der epischen Sprache, Verg. Aen. 9,255, Ov. met. 3,557 (auch epist. 12,207),[51] Stat. Theb. 1,386 und Silius 15,801f. (*dum nostris manibus adsit / actutum vindex*). Nach dem Vorbild von Vergil und Ovid wählt Seneca *actutum* für das gewöhnlichere (hier aber metrisch ungeeignete) *protinus*.[52]

§ 60. Anschliessend noch einige Wörter, die als altertümlich gelten.[53] Sie sind in der altlat. Dichtersprache nachweisbar, kommen aber in der Folgezeit fast nur in der Prosa vor.

a) *indere*

Tro. 584-85   ferrum inditum
                   visceribus ustis carceris caeci lue[54]

Bemerkenswert an *indere* ist der prosaische Charakter, nicht die altertümliche Färbung.[55] Häufig bei Plautus (aber nie bei Terenz) und einmal in der Tragödie (Enn. 99 J [= 65 R²]) belegt, wurde der Gebrauch des Verbs schon früh auf die Prosa beschränkt. Verwendung fand es vor allem bei den Fachschriftstellern, so bei Cato in De agricultura, dann

---

[51] Dazu s. Kenney, The Style of the *Metamorphoses* 120.
[52] Zum einmaligen *actutum* bei Livius (29,14,5) s. Tränkle, WS n.F. 2 (1968) 122.
[53] S. Anm. 38, 40 und 41.
[54] Überliefert ist *visceribus ustis* (A: *istis* E: *ipsis* Wertis, Zwierlein), *carceris caeci luem*. Sowohl Wertis (S. 117) als besonders Zwierlein (WJA, N.F. 2 [1976] 204) begründen die angebliche Richtigkeit von *ipsis* damit, dass es dem Ausdruck die erwartete Steigerung verleihe. Wenn aber der Schwertstoss in den Leib den Höhepunkt der Marter bedeutet, dann muss sich das Anhängsel *carceris caeci luem* unweigerlich wie eine Antiklimax ausnehmen. Dass *ustis* (A) jedoch die richtige Lesart ist und zudem durch das Folgende ausgedeutet wird (»drohe mir ... mit dem Schwert, versenkt in Eingeweide, die vom Siechtum in dunklem Kerker entzündet sind«), ergibt sich aus Oed. 858f. *vulneri innatus tumor / puerile foeda corpus u r e b a t lue.* Wie an unserer Stelle (*luem* A E) hat auch dort *lue* (A) in E (*lues*) falsche Konstruktionsangleichung erfahren.
[55] Fantham, Seneca's *Troades* 92, klassifiziert das Verb als »archaism«.

auch bei Celsus, Columella und dem älteren Plinius. Bei Seneca erscheint es (meist in der Form des PPP) in den Naturales quaestiones (1,7,2. 1,17,8. 2,45,3. 6,19,2. 7,1,7), ferner in dial. 8,4,2 und epist. 90,29. 95,52.

Hier, in der Sprache der Tragödie, dient *indere* der metrischen Bequemlichkeit: *ferrum inditum* bildet den von Seneca bevorzugten kretischen Versschluss mit Synaloephe in der 5. Hebung (s. Anm. 35) und ersetzt die entsprechende, metrisch unbequeme Form von *induere* (*indūtum*), das in diesem Zusammenhang sonst gewöhnlich ist, Phoe. 180 *manum cerebro indue*, HF 1028 *pectus en telo indue* (dazu § 210), 1312 *ferro pectus impresso induam*, Oed. 341 *iuvenca ferro semet imposito* (E: *opposito* A, Zwierlein) *induit*.

b) *pessumdare*

> Ag. 137-38   fessus quidem et deiectus et pessumdatus
>   pudor rebellat.

Das Verb mit seinen verwandten Bildungen *pessum* (*ab*)*ire, p. subsidere* (Lucr. 6,589f.), *p. sidere* (Lucan. 3,674) stammt aus der Seemannssprache.[56] Gut in der Komödie belegt (6mal bei Plautus, 1mal bei Caecilius, 2mal bei Terenz) und 1mal in der Tragödie (Pacuv. 320 R²), wird es in der späteren Dichtersprache rar (Ov. trist. 3,5,45; Lucan. 5,616f.; Sil. 8,286). Häufiger dagegen erscheint es in der Prosa, so bei Sallust (Iug. 1,4. 42,4), Petron (43,6), Tacitus (ann. 1,9,4. 3,66,4; *p. ire* 1,79,2), Florus (epit. 3,12,8). Prosaisch verwendet es auch Seneca, epist. 14,13 *iam non agitur de libertate: olim pessum data est*. Aufgenommen wird das Verb aber nicht wegen seiner Altertümlichkeit,[57] sondern wegen der starken Aussagekraft, die es selbst bei übertragener Bedeutung bewahrt. In Ag. 137 bringt *pessumdatus* in der Reihe der wachsenden Glieder in jeder Hinsicht den gewünschten rhetorischen Effekt.

c) *ilico*

> Oed. 598-99   ilico, ut nebulae leves,
>   volitant et auras libero caelo trahunt.

---

[56] Vgl. ferner das Cicerofragment bei Quint. 8,6,47 (= frg. B 13 Mü.) *hoc miror, hoc queror, quemquam hominem ita pessumdare alterum velle ut etiam navem perforet in qua ipse naviget.* Die ursprüngliche Bedeutung zeigt sich auch bei Lukrez und Lucan.

[57] Vgl. Tarrant zu Ag. 137, der von einem »archaism« spricht; ähnlich auch Syme, Tacitus I 352 Anm. 5 über das Verb bei Tacitus, dagegen richtig Goodyear zu ann. 1,79,2.

Häufig in der Komödie und 3mal in der Tragödie belegt, wird das Adverb von den altrömischen Szenikern sowohl im lokalen als auch im temporalen Sinn gebraucht, wobei der letztere schon bei Plautus überwiegt (lokal hingegen bei Enn. 293 J [= 303 R²], Acc. 373 R²; temporal bei Pacuv. 235 R²). Die daktylische Dichtung (zumindest vor dem 4. Jh.) vermeidet das kretische Wort, bzw. ersetzt es durch das metrisch bequemere *ilicet*. Hingegen finden wir *ilico* gelegentlich in der klass. Prosa, so je 1mal bei Sallust (Iug. 108,2) und bei Livius (39,15,8 in einer Rede; bezeichnenderweise fehlt *ilico* in den jüngeren Hss.). Wiederholt gebraucht es Cicero, und zwar nicht nur in den Briefen (Att. 2,12,2; ad fam. 8,8,2), sondern auch in den Reden (Cluent. 37; Mur. 22; Quinct. 48), in den rhetorischen und selbst philosophischen Schriften (inv. 2,2; ac. 2,125; fat. 28; rep. 1,65; Tusc. 2,50).[58] Dass das Wort als obsolet oder ausgesprochen vulgär empfunden wurde, ist bei der weiteren Verbreitung in der kaiserzeitlichen Fach- und Kunstprosa kaum anzunehmen, Celsus (7,5,3), Plinius (nat. 21,12. 24,2. 27,12), Tacitus (ann. 2,8,4. 13,52,2; hist. 4,34,2), Sueton (Iul. 82,1; Cal. 51,2. 57,1; Claud. 21,5; Nero 32,3). Freilich verwendet Seneca sonst *statim*, sowohl in der Prosa als auch in der Tragödie (stets am Versende, s. § 145). Hier empfahl die metrische Bequemlichkeit das gesuchtere *ilico*.[59]

d) *hoc* (= *huc*) und *illo* (= *illuc*)

Neben 49 eindeutig überlieferten *huc* schwankt die Überlieferung viermal zwischen *hoc* (E) und trivialisierendem *huc* (A):

Ag. 142-43   quocumque me ira, quo dolor, quo spes feret,
              hoc ire pergam

Offensichtlich ist die Form *hoc* wegen der Korrelation zu *quocumque* gewählt, vgl. Phae. 702 *quacumque gressus tuleris hac amens agar*, und 1070f. *quacumque rabidos pavidus evexit furor, / hac ire pergunt*.

Thy. 710-11   flectit hoc rictus suos,
              illo reflectit et famem dubiam tenet

Zur Verbindung *hoc ... illo* vgl. benef. 5,6,5; epist. 84,2; nat. 2,11,2; 5,1,1; 6,14,4; Petron. 39,8.

---

[58] Dies ist festzuhalten gegenüber Hofmann, Umgangssprache 84 (der nur die Briefstellen anführt) »Bereits Cicero verschmähte das Wort als zu vulgär ..., es fehlt bei Petron und war im Spätlatein ... nicht vor dem Untergang zu schützen.« Zum letzteren s. jedoch Haffter, ThLL VII 1,331,22ff. Einseitig ist auch die Beurteilung durch Axelson, Senecastudien 96 (mit Anm. 31), der Krolls konjiziertes *ilico* allerdings zu Recht ablehnt.

[59] Vergleichbar ist der Gebrauch bei Phaedrus, der 4mal *statim* (davon 3mal am Versende) und 1mal *ilico* (ohne Elision) verwendet (app. 15,18).

Gedanklich und sprachlich miteinander vergleichbar sind die beiden folgenden Passagen:

HF 1223-25   si quod exilium latet[59a]
                    ulterius Erebo, Cerbero ignotum et mihi,
                    hoc me abde, Tellus

Zur Konstruktion von *abdere* mit dem Richtungsakkusativ vgl. Thy. 994 *noxque se in noctem abdidit*, dial. 7,20,6; epist. 68,5; ferner Petr. 89,8f. (poet.) *huc ... irata virtus abditur.* Häufiger in den Seneca-Tragödien ist hingegen der Ablativ, Phae. 147f. *Lethaeo abditum / Thesea profundo*, Oed. 327, Ag. 727. *Exilium* im Sinn von »Ort der Verbannung« ist bei Seneca geläufig, HF 93, Thy. 1019 (Gronovius, *exitia* codd.).

Thy. 1013-16   si quid infra Tartara est
                    avosque nostros, hoc tuam immani sinu
                    demitte vallem nosque defossos tege
                    Acheronte toto

Der Ablativ *immani sinu* ist am besten modal aufzufassen (»dahin lass das Tal in ungeheurem Schlund absinken«);[60] erhellt wird der Ausdruck durch Oed. 582f. *subito dehiscit terra et immenso sinu / laxata patuit*, Tro. 178 *tum scissa vallis aperit immensos specus*; vgl. die ähnliche Vorstellung in Phoe. 144f. Dass *vallis* die Ekphrasis der unheimlichen Örtlichkeit (Thy. 650ff., 651 *alta ... valle*) evoziert, ist wahrscheinlich.

In HF 719 *hoc umbris iter* hingegen ist *hoc* wohl nicht als *huc* aufzufassen (so jedoch Zwierlein, krit. App.), sondern als *hŏc*; zur Längung an gleicher Versstelle s. 1268 *hoc unum meum est*.

Die Form *hoc* (für *huc*) findet sich auch in Senecas Prosaschriften, dial. 5,21,3. 6,11,2 und besonders in Verbindung mit *illo* (vgl. oben zu Thy. 710f.; s. ferner O. Rossbach, De Senecae philosophi librorum recensione et emendatione [Breslau 1888] 113-15). B. Rehm (ThLL VI 3,3072,75f.) sieht darin einen altertümelnden Zug Senecas, da *hoc* vornehmlich der älteren Latinität angehöre (häufig bei Plautus und Terenz, aber auch bei

---

[59a] Zwierleins Konjektur *patet* (WJA, N.F. 6a [1980] 190) überzeugt nicht; hervorgehoben wird hier nicht die Ausdehnung des Ortes, sondern die Tatsache, dass er abgeschlossen und verborgen ist (vgl. *ignotum* und *abde*).

[60] *Tuam ... demitte vallem* nimmt den Gedanken von 1006-9 *sustines tantum nefas / gestare, Tellus? non ad infernam Styga / te nosque mergis rupta et ingenti via / ad chaos inane regna cum rege abripis?* wieder auf, der natürlich nicht zerstört werden darf, indem man in V. 1008 mit Bernhard Schmidt (Observ. crit. 9; gefolgt von Leo, Peiper-Richter, Tarrant) das eindeutig überlieferte *te nosque* wegkonjiziert (*tenebrasque*) und dafür die stilistische Härte, *tantum nefas* auch als Objekt von *mergis* zu verstehen (Tarrant ad loc.), noch in Kauf nimmt.

Accius, trag. 292 R²); zum einmaligen Gebrauch bei Vergil (Aen. 8,423) s. Fordyce ad loc. Dass *hoc* in der Umgangssprache fortlebte, ergibt sich aus der Korrespondenz (8mal) an Cicero (der es selbst hingegen vermied), so z.B. in einem Brief des Pompeius (Att. 8,12C,2 mit Shackleton Bailey ad loc.); regelmässig gebraucht *hoc* auch der Verfasser des Bellum Hispaniense (s. Ed. Wölfflin, ALL 7 [1892] 332). Deutlich fassbar ist das Phänomen im Schrifttum der Kaiserzeit, so beim älteren Seneca (contr. 1,3,4 *hoc … illo*; 9,6,4. 9,6,11), bei Petron (26,10 bei Müller getilgt; 39,8; s. Petersmann, Petrons urbane Prosa 28 Anm. 2) und auch in der Poesie, Lucan (2,625), Statius (silv. 1,1,94. 1,6,46). *Hoc* für *huc*, so zeigt sich also, ist hier nicht ein altertümelnder Zug, sondern eine zeitgenössische Spracherscheinung. Deutlicher wird dies noch beim adverbiellen *illo*.

In den Tragödien verwendet Seneca 13mal *illuc*, 3mal *illo*,

HF 864	sera nos illo referat senectus
Thy. 636-38	ferte me insanae procul,
	illo, procellae, ferte, quo fertur dies
	hinc raptus.

Die Korrelation *illo … quo* entspricht der Verbindung *quo … hoc* in Ag. 142f. (s. oben).

Thy. 710f.   (s. oben)

An keiner der drei Stellen liegt Verszwang (Elision) vor. In den Prosaschriften ist das Frequenzverhältnis umgekehrt, 44mal *illo* gegenüber 14mal *illuc* (davon 10mal mit *huc*, 1mal mit *illinc* kombiniert). *Illo* ist häufig bei Plautus, aber nur 1mal bei Terenz belegt (And. 362, in Elision). Cicero gebraucht die Form 2mal in frühen Reden (Verr. 1,147, Caecin. 46) und 2mal in den Briefen (ad fam. 1,10; Att. 1,6,2); für den Briefstil ist sie auch sonst belegt (Plin. 5,6,6; Traian. Plin. epist. 10,18,1). *Illo* fehlt in der augusteischen Dichtersprache, aber wir finden es 1mal bei Lucan (3,550) und 6mal bei Statius (4mal in der Thebais, 2mal in den Silven).

§ 61. Die Untersuchung hat deutlich gezeigt, dass Seneca altertümliche Wörter nicht des Altertümelns wegen aufgreift. Einen Ausdruck wählt er in erster Linie wegen seiner Bedeutung und mit Rücksicht auf die metrische Bequemlichkeit; ob sein Charakter poetisch, umgangssprachlich, prosaisch oder eben altertümlich sei, erweist sich als sekundär. Archaisieren als Stilprinzip kennt Seneca in seinen Tragödien ebenso wenig wie in seinen Prosaschriften.[61]

3. Neologismen

§ 62. Als Neubildung wird hier ein Wort bezeichnet, das in den Seneca-Tragödien zuerst sicher belegt ist. Im Vergleich zu den Prosaschriften weist Senecas poetischer Wortschatz relativ wenige Neologismen auf;[62] diese sind hauptsächlich nominal und folgen den gängigen Kompositionstypen, so den Nomina agentis auf -tor (-sor) / -trix und den Adjektiven auf -ficus, -fer, -ger. Zu den weiteren Analogiebildungen gehören Komposita mit numeralem Praefix (multi-, dec-) sowie Partizipialadjektive mit privativem in- Praefix. Im Formalen schliesst sich Seneca also eng an Vergil und besonders Ovid an;[63] dass jedoch metrischer Zwang oft über die poetische Inspiration den Vorrang hatte, lehren die zahlreichen *Hapax legomena* und die geringe Nachwirkung mancher Wörter.

a. Nomina agentis auf -tor (-sor) / -trix

§ 63. Die Nomina agentis sind in der lat. Dichtersprache seit ihren Anfängen reich vertreten.[64] Zuwachs an Neubildungen verzeichnen wir

---

[61] Dass Senecas Prosastil in Einklang steht mit seiner erklärten Antipathie gegen den Archaismus, ist schon von Axelson, Senecastudien 96, und Neue Senecastudien 11f., hervorgehoben worden. Die Meinung, Seneca habe die altlat. Tragödie als literarisches Vorbild ignoriert, vertraten Friedrich Leo (Plautinische Forschungen [Berlin ²1912] 26f.) und besonders sein Schüler F. Strauss, De ratione inter Senecam et antiquas fabulas Romanas intercedente (Diss. Rostock 1887). Weniger kategorisch beurteilen das Problem J. Dingel, Seneca und die Dichtung (Heidelberg 1974) 48-58; R. Tarrant, Senecan Drama and its Antecedents, HSPh 82 (1978) bes. 256-58.
Welchen stilistischen Wert Seneca den Archaismen zumass, erhellt deutlich aus der paratragödischen Verseinlage in der Apokolokyntosis (7,2). Um Claudius, der vor der Himmelstür steht und Einlass begehrt, tüchtig einzuschüchtern, schlägt Hercules einen hochdramatischen Ton an (7,1 *quo terribilior esset, tragicus fit et ait*). Die Absicht, parodistische Wirkung zu erzielen, verrät schon der erste Vers, 'exprome propere, sede qua genitus cluas.' Das Verb *cluere* ist bei Seneca nur hier belegt und zwar zum ersten Mal sicher in der 3. Konjugation (Acc. praetext. 39 R² ist *cluat* Konjektur zu Palmerius, *ciat* codd., *siet* Warmington). Der 2. Konj. zugehörig, begegnet es seit Ennius (praetext. 1 R²), ferner Pacuv. trag. 194 R², Acc. trag. 533 R², inc. inc. fab. 42 R², mehrfach bei Plautus (bes. in den lyrischen Partien und Langversen; jedoch nie bei Terenz) und bei Lukrez (9mal, z.T. im Sinn von *esse*). Dem klass. Wortschatz ist das Verb abhanden gekommen (Varro verwendet es nur in der Satire, Men. 356 Astb.), doch kommt es unter den Archaisten wieder auf (Fronto, p. 57,10 van den Hout) und bürgert sich dann in der spätlat. Dichtersprache ein; dazu s. Mannheimer, Alt- und Spätlatein 21, 35, 58.
[62] Vgl. Bourgery, Sénèque prosateur 249-86.
[63] Dazu s. Cordier, Vocabulaire épique dans l'Enéide, bes. 215ff.; Kenney, The Style of the *Metamorphoses* 122.
[64] Zur Bildung s. Leumann, Laut- und Formenlehre § 319; zur Verbreitung vgl. auch Stolz, HG 550-51; Brink zu Hor. ars 163.

besonders in der Silbernen Latinität, eine Tendenz, die sich auch bei Seneca beobachten lässt. Von den 50 in den Tragödien ausgemachten Wörtern sind 35 entweder bei Vergil, Horaz oder Ovid belegt. Ebenfalls schon vor Seneca finden wir in der Dichtung *dominator*[65] und *excubitor* (vgl. § 135); hingegen nur bei Seneca kommen dichterisch vor *aestimator*,[66] *assensor*,[67] *donator*,[68] *stuprator*,[69] *subsessor*.[70] Bei ihm überhaupt zuerst belegt sind folgende 6 Bildungen:

§ 64. *deceptor*

Thy. 139-40   proditus occidit
                  deceptor domini Myrtilus

Das Nomen erscheint erst wieder im Spätlatein, ebenso das abgeleitete Adjektiv *deceptorius*, das Seneca einmal bildet (dial. 12,5,6). Die Antithese *proditus — deceptor* wurde von Claudian nachgeahmt, carm. min. 30,167f. *nam perfidus obice regis / prodidit Oenomai deceptus Myrtilus axem.*

§ 65. *mactator*

Tro. 1002   perge, mactator senum

So sagt Hecuba zu Pyrrhus. Seneca hat eine Vorliebe für *mactare* (insgesamt 15mal in den Tragödien); allein in den Troades erscheint es 5mal. Demnach nimmt sich das Hapax, besonders neben *perge*, nicht sonderlich aus.

---

[65] Eleg. in Maecen. 1,87 *dominator Olympi*; ein bevorzugtes Wort Senecas, HF 1181, Med. 4, Phae. 1039. 1159, Thy. 1078; vgl. auch epist. 107,11 (in der Übersetzung von Kleanthes' Versen, SVF I 527), ferner Sil. 14,79; Carm. epigr. 1237,15. Dagegen ist *dominatrix* (Phae. 85) vor Seneca nur in der Prosa belegt, Cic. inv. 1,2; vgl. aber Prud. apoth. 88.

[66] Das Wort ist 7mal in den Prosawerken Senecas belegt. Tro. 545f. *est quidem iniustus dolor / rerum aestimator* steht gedanklich nahe den Äusserungen in dial. 5,5,7 und bes. 5,12,3 *nunc facit nos iracundos iniqua nostri aestimatio.*

[67] Phae. 1207 *tuque semper, genitor, irae facilis assensor meae.* Seneca verwendet sonst nur *adsentator* (benef. 5,7,4; dial. 4,21,7), das hier wegen der Bedeutungsnuance (»Schmeichler«; vgl. Brink zu Hor. ars 420) weniger angebracht ist. Metrische Bequemlichkeit dürfte das dreisilbige Wort noch zusätzlich empfohlen haben; vgl. HF 731, Tro. 1002.

[68] Phae. 1217. Das Wort ist hier zwar zuerst belegt, doch handelt es sich wohl um einen Begriff der Rechtssprache, s. ThLL V 1, 1991,66ff.; vgl. Berger, Dictionary of Roman Law 442f.

[69] Phae. 896f. *hic dicet ensis, quem tumultu territus / liquit stuprator civium accursum timens.* Das Wort ist zuerst beim älteren Seneca nachweisbar, contr. 7,6,13; möglich, dass es wie *donator* (s. Anm. 68), ebenfalls der Rechtssprache entstammt, vgl. Hofmann-Szantyr 81* Anm. 2; Berger, Dictionary of Roman Law 719.

[70] Phae. 52. Zu diesem Terminus der Jägersprache s. Stähli-Peter, Die Arie des Hippolytus 147f. (wo allerdings übersehen wird, dass das Wort schon vorher begegnet, Sen. contr. 2,1,20; Val. Max. 2,1,5; 7,2 ext. 1).

§ 66. *peremptor*

Oed. 221   et quis peremptor incluti regis fuit?

Das Nomen kommt nachher erst wieder bei Apuleius (met. 3,9; 7,24; 8,13) vor. Hingegen gehört *peremptorius* der Rechtssprache an; vgl. Berger, Dictionary of Roman Law 627. Hier ist, wie der Zusammenhang zeigt, *peremptor* kaum mehr als eine metrische Variante zu *interemptor* (epist. 70,14), vgl. Oed. 218 *interemptum Laium ulcisci iubet*, ferner auch 243f. (OED.) *quaerit peremptum nemo quem incolumem timet. /* (CREO) *Curam perempti maior excussit timor.*

§ 67. *sortitor*

Tro. 981-82   quis tam impotens ac durus et iniquae ferus
                     sortitor urnae regibus reges dedit?

Ob *sortitor* zur Rechtssprache gehörte, ist nicht auszumachen, da weitere Belege für das Nomen fehlen.[71] Dass es sich um eine Analogiebildung zum Amtsbegriff *quaesitor* handelt, ist denkbar, vgl. Ag. 24 *quaesitor urna Cnosius versat reos*, und ausführlicher HF 731f. *alta sede quaesitor sedens / iudicia trepidis sera sortitur reis*, hinter welchen beiden letztlich Verg. Aen. 6,432 *quaesitor Minos urnam movet* steht.

§ 68. *machinatrix*

Med. 266   tu, tu malorum machinatrix facinorum

Das Hapax ist wohl aus Tro. 750 *o machinator fraudis et scelerum artifex* weiterentwickelt.[72]

§ 69. *miratrix*

Phae. 742   fama miratrix senioris aevi

Während *mirator* schon seit Horaz, sat. 1,2,36 belegt ist und auch 2mal in Senecas Prosa vorkommt (dial. 7,8,3; 12,9,8), finden wir die Femininbildung hier zum ersten Mal, dann bei Lucan 4,654f. *famosa vetustas, / miratrix ... sui* und Juvenal 4,62.

b. Adjektive auf *-ficus*

---

[71] In Cic. dom. 50 ist Halms *sortitione* dem von Madvig konjizierten *sortitore* vorzuziehen; zum Begriff der Losung s. Ehrenberg, RE XIII 1495f.

[72] Die Verbindung *machinator ... artifex* ist sinnfällig bei Cicero, S. Rosc. 132 (*architectum et machinatorem*) vorgebildet. Vgl. ferner Phae. 1220f. *leti artifex, / exitia machinatus insolita effera* (wo wir den Prosaismus *machinari* notieren). Ähnlich hat Seneca in De beneficiis das Hapax *exprobratrix* (7,22,2) aus *exprobrator* (1,1,4) abgeleitet.

§ 70. Die Bildung ist in der altlat. Szenikersprache verbreitet. Beliebt sind die Adjektive auf *-ficus*, der literarischen Neigung entsprechend, auch bei Cicero, während sie in der klass. Sprache sonst eher sparsam angewendet werden.[73] In seiner ausgesprochenen Vorliebe für den Kompositionstypus folgt Seneca wohl weniger Cicero als Ovid, der selbst 3 Neubildungen beisteuerte: *portentificus* (met. 14,55), *saxificus* (s. § 42) und *sacrificus* (met. 12,249. 13,590. 15,483; fast. 1,130. 6,803; aufgenommen von Sen. HF 893, Med. 38, Ag. 166. 584; dann bei Lucan 9,478, Val. Fl. 4,110. 8,243; Stat. Theb. 4,552. 5,638; Sil. 3,27. 13,495).[74] Von Ovid oder älteren Vorgängern übernimmt Seneca auch *laetificus* (Tro. 596), *luctificus* (s. § 21), *magnificus* (Tro. 575, Med. 223), *maleficus* (Tro. 752), *tabificus* (Oed. 79), *terrificus* (HF 82, Oed. 384) und *vulnificus* (s. § 43). Neu dazugebildet hat er die fünf folgenden Adjektive:

§ 71. *castificus*

Phae. 169   expelle facinus mente castifica horridum

Der Vers steht inhaltlich und sprachlich den Worten nahe, welche die Amme zu Beginn ihrer Rede an Phaedra richtet: 130 *nefanda casto pectore exturba ocius*. In dieser Tragödie ist *castus* ein zentraler Begriff, und auf den ersten Blick scheint *mente castifica* kaum mehr als eine Synonymenvariation von *casto pectore*. Abschwächung des verbalen Schlussgliedes und blosse Suffixbedeutung von *-ficus* finden wir bei *incestificus* (§ 72) und ist auch bei *superbificus* (§ 75) nicht auszuschliessen.[75] Anderseits stützt die Sentenz *mens impudicam facere, non casus, solet* (735) den faktitiven Sinn von *castificus*.[76] Das Adjektiv ist (ebenfalls mit faktitiver Bedeutung) später noch 2mal belegt, Carm. epigr. 1233,15 (*castifico ... cursu*), Paul. Nol. carm. 25,188 (*castifico ... lavacro*, von der Taufe).

---

[73] Zum Kompositionstypus s. P. S. Baecklund, Die lat. Bildungen auf *-fex* und *-ficus* (Uppsala 1914); eine (unkritische) Auflistung des Materials gibt A. Ernout, Notes de philologie latine. Hautes études du monde gréco-romain III 3 (Genève/Paris 1971) 19-34. Speziell für die altlat. Dichtersprache vgl. C. C. Coulter, Compound Adjectives in Early Latin Poetry, TAPhA 47 (1916) 153-72.

[74] Vgl. Baecklund (oben Anm. 73) 68; richtig dagegen F. Skutsch, Glotta 2 (1910) 160f. (= Kl. Schr. 386), der allerdings den ovidischen Gebrauch der Bildungen auf *-ficus* zu eng fasst.

[75] Des faktitiven Sinnes verlustig gegangen ist auch *laetificus* bei Stat. Theb. 8,260f. *Adrastus / laetificos tenui captabat corde tumultus* (vgl. 5,729 *laeto ... tumultu*); 12,521 *laetifici plausus* (6,897 *laetos ... plausus*). Zur Bedeutungsschwankung der Adjektive auf *-ficus* s. Baecklund (oben Anm. 73) 208-10; Bader, Composés nominaux §§ 246-47, 249-50.

[76] Grimal ad loc. paraphrasiert: »par un effort de volonté qui te purifie« und erklärt entsprechend »la volonté de Phèdre peut lui rendre sa pureté«.

§ 72. *incestificus*

Phoe. 222-24   ego castam manum
                   nefandus incestificus exsecrabilis
                   attrecto?

Das Hapax *incestificus* hat, wie der Zusammenhang zeigt, passiven Sinn
»durch Blutschande befleckt« und bedeutet kaum mehr als das Simplex
incestus.[77] Gebildet wurde das fülligere *in-cesti-ficus* unter dem Einfluss der
rahmenden Komposita *ne-fa-ndus* und *ex-secra-bilis*;[78] zudem nimmt es
castam antithetisch auf.

§ 73. *letificus*

Med. 577-78   vocetur Hecate. sacra letifica appara:
                 statuantur arae, flamma iam tectis sonet.

letifica E : *luctifica* A. Der Zusammenhang von Medeas Aufforderung an
die Amme, ihr bei der Zubereitung des tödlichen Zaubermittels zu helfen
(568ff.), empfiehlt das spezifische *letifica* gegenüber dem allgemeineren
luctifica.[79] Bemerkenswert ist, dass Lucan neben 8maligem *letifer* (Seneca
gebraucht nur *mortifer*, 6mal) einmal *letificus* aufgreift (9,901 *letifica dubios
explorant aspide partus*). Das Kompositum scheint danach wieder in Ver-
gessenheit geraten zu sein.

§ 74. *nidificus*

Med. 714   *quodcumque tellus vere nidifico creat*

Das Hapax ist offensichtlich eine Weiterentwicklung aus *nidificare*, das
freilich der Fachsprache angehört, Col. 8,8,3; Plin. nat. 9,81. 10,19.
30,33. Die poetische Vorstellung von der Frühlingszeit, da die Vögel ihre
Nester bauen, nährt sich wohl aus Vergil, georg. 4,305ff. (bes. 307 *nidum
suspendat hirundo*) und Horaz, carm. 4,12,1-12 (bes. 5f. *nidum ponit Ityn
flebiliter gemens / infelix avis*). Vgl. ferner Oed. 649f. *vere florifero virens /
reparabit herbas* mit Verg. Aen. 1,430f. *qualis apes aestate nova per florea rura
/ exercet ... labor*.

---

[77] Vgl. Anm. 75; Bader, Composés nominaux § 246 non pas »qui rend incestueux«,
mais »qui commet un inceste«. Zur Verbindung *castus — incestus* vgl. auch Phae. 1184f.,
1195.

[78] Senecas Tendenz zu volleren, gewichtigeren Formen zeigt sich analog bei *blandiloquus* (§ 49). Häufung von Negierungskomposita sind ein Kunstmittel der attischen Tragödiensprache und finden sich vor allem bei Euripides, z.B. Andr. 491, Hec. 669, Hel.
1148; s. ferner G. Meyer, Die stilist. Verwendung der Nominalkomposition im Griechischen. Philologus Suppl. 16 (1923) 103ff.

[79] Vgl. HF 102, Phoe. 132, Phae. 995, Oed. 3. 632; s. § 20.

§ 75. *superbificus*

HF 58-59   de me triumphat et superbifica manu
             atrum per urbes ducit Argolicas canem.

Es ist nicht auszuschliessen, dass *-ficus* hier zu einem blossen Suffix herabgesunken ist;[80] vgl. Med. 205 *sceptris superbas quisquis admovit manus*, Ag. 10 *superbā sceptra gestantur manu*. Freilich ist *manus* im HF ein Schlüsselwort und steht, mit entsprechenden Attributen, gern stellvertretend für den Charakter des Helden und seine Einstellung.[81] Das Hapax gewinnt, besonders neben *triumphat*, an Prägnanz, wenn die faktitive Bedeutung des Kompositums ausgeschöpft wird: »er triumphiert über mich und mit einer Hand, die ihn vor Stolz schwellen lässt, führt er den Höllenhund durch Argos' Städte«.

§ 76. Abschliessend ein Wort zu Senecas verstechnischer Verwendung der Adjektive auf *-ficus*. In insgesamt 20 Fällen steht das Kompositum 12mal an vorletzter Stelle des iamb. Trimeters, davon 10mal vor zweisilbigem Schlusswort (so die Neubildungen *superbificus* und *nidificus*; vgl. ferner HF 82. 102. 902, Med. 38, Phae. 995, Oed. 3. 384, Ag. 166), 2mal vor kretischem Schlusswort mit Synaloephe in der 5. Hebung (die Neubildungen *letificus* und *castificus*). 6mal begegnet es am Versanfang (Tro. 575, Phoe. 132, Med. 223, Oed. 79. 632, Ag. 584) und 3mal in der Versmitte (die Neubildung *incestificus*; vgl. ferner Tro. 752, Phae. 346 im anap. Dimeter). Es zeigt sich also, dass Seneca in den Neubildungen die Stellung gegen Ende des Verses eindeutig bevorzugt.

c. Adjektive auf *-fer* und *-ger*

§ 77. Die Bildungen auf *-fer* gehören seit dem Altlatein zur Dichtersprache, insbesondere des Epos und der Tragödie.[82] Entsprechend häufig finden wir sie in der Dichtung Ciceros (10), bei Lukrez (15) und Vergil (24), während Horaz und Tibull sie eher meiden.[83] Eine ausgesprochene Vorliebe für den Kompositionstypus zeigen Ovid (58) und in seiner Nachfolge Lucan (25), Statius (40)[84] und Silius (32). Seneca teilt

---

[80] So Baecklund (oben Anm. 73) 209. Vgl. auch *castificus* (§ 71).

[81] Dazu s. A. Gaheis, De troporum in L. Annaei Senecae tragoediis generibus poterioribus (Diss. Phil. Vind. 5,1895) 50f.; J.-A. Shelton, Seneca's Hercules Furens. Hypomnemata 50 (Göttingen 1978) 78-80.

[82] Vgl. den Index bei Coulter (oben Anm. 73).

[83] Die Frequenzangaben stützen sich auf J. C. Arens, *-fer* and *-ger*. Their extraordinary Preponderance among Compounds in Roman Poetry, Mnemosyne s. IV 3 (1950) 241-62.

[84] Eine Liste der *-fer* und *-ger* Adjektive bei Statius gibt R. D. Williams zu Theb. 10,28.

diese Neigung; von den 27 Komposita sind 18 bei Ovid belegt: *anguifer*, *armifer*,[85] *aurifer*,[86] *bacifer*, *caelifer*,[87] *flammifer*,[88] *frugifer*, *horrifer*, *ignifer*, *imbrifer*, *lucifer*, *mortifer*, *pestifer*, *pinifer*, *pomifer*, *sceptrifer*, *signifer*, *velifer*.[89] Vor Seneca nur bei Lukrez nachweisbar sind *florifer* und *rorifer*; *frondifer* kommt möglicherweise bei Naevius (trag. 25 R²) vor, dann bei Lukrez (3mal).[90] *Aestifer* erscheint bei Cicero, Lukrez und Vergil; *stellifer*[91] sowie *squamifer*[92] verwendet zuerst Cicero, und *gemmifer* ist offensichtlich eine Neubildung des Properz.[93] Folgende zwei Adjektive kommen bei Seneca neu hinzu:

§ 78. *luctifer*

HF 687-88   hic vultur, illic luctifer bubo gemit
              omenque triste resonat infaustae strigis.

Das Kompositum ist inspiriert durch Ovid, met. 5,549f. *venturi nuntia luctus, / ignavus bubo, dirum mortalibus omen*.[94] Die Verbindung des Adjektivs mit Tod und Unterwelt stützt in Med. 842 die alte Konjektur *luctifera* (recc., Herrmann, Viansino, Thomann) gegen das triviale (bei Seneca sonst nur positiv gebrauchte) *lucifera* der Überlieferung (Leo, Richter, Moricca, Giardina, Costa dub.), *ter latratus / audax Hecate dedit et sacros / edidit ignes face luctifera*. Das Kompositum wirkte kaum nach; in 3,454 variiert Valerius Flaccus mit *luctifer ... annus* das vergilische Vorbild *letifer annus* (Aen. 3,139), wobei er das Adjektiv durchaus nochmals gebildet haben könnte.

---

[85] In Med. 980 gibt das erklärende *fortis ... cohors* den Ausschlag für das allgemeinere *armiferi* (E P) gegen das spezifische *armigeri* (CSKQ) »Leibwache«; s. Costa ad loc.

[86] HF 240 *aurifera vigilis spolia serpentis tulit*. Hier ist *aurifera* gleichbedeutend mit *aurea* (sc. den goldenen Äpfeln der Hesperiden); s. meinen Komm. HF ad loc.

[87] Das Adjektiv ist ein stehendes Beiwort für Atlas (Verg. Aen. 6,796; Ov. fast. 5,83; Germ. 264; dann auch Stat. Theb. 5,430; silv. 1,1,60; Sil. 15,142). In HF 528 ist es auf Hercules übertragen und weist damit deutlich auf das Hesperidenabenteuer (530-32) voraus.

[88] HF 593 *curru ... flammifero* (sc. *Phoebi*), vgl. Sil. 1,210. 5,55. Senecas Verbindung variiert Ov. met. 2,59 *ignifero ... axe* (vom Sonnenwagen); Lucan hingegen bildet *flammigeros Phoebi ... currus* (1,48; vgl. auch 3,41).

[89] Das Epitheton wird gewöhnlich vom Schiff gebraucht; Seneca überträgt es kühn auf den Wind, Thy. 129 *veliferis ... Etesiis*.

[90] Oed. 276 *frondifera sanctae nemora Castaliae petens* kann ebensogut z.B. aus Verg. Aen. 1,191 *nemora ... frondea* herausgesponnen sein.

[91] Cic. rep. 6,18; Phae. 785 *stellifero ... polo*; aber vgl. Cic. Arat. 238 *orbes stelligeri*; HF 1204 *stelliger mundus*, Stat. Theb. 12,565 *stelligeri ... poli*; silv. 3,3,77 *stelligerum ... in axem*.

[92] Cic. Arat. 328 *exim squamiferi serpentes ludere Pisces*. Seneca, Med. 685 (vgl. auch 1023 *squamosa ... colla*) und Lucan 9,709 beziehen das Adjektiv auf Schlangen. Für Fische gewöhnlicher ist *squamiger*.

[93] Tränkle, Sprachkunst des Properz 58.

[94] Zum Gedanken vgl. auch Verg. Aen. 4,462f.; Ov. met. 10,452f., Lucan. 5,396; Stat. Theb, 3,511f.

§ 79. *monstrifer*

Phae. 687-89   o scelere vincens omne femineum genus,
                 o maius ausa matre monstrifera malum,
                 genetrice peior!

Vers 688 ist zu Unrecht von Bothe (Leo, Richter, Viansino) getilgt worden. Er dient der Variatio mit 689 und gibt *peior* erst seinen vollen Sinn.
So wie *monstrifera* hier auf Pasiphaes Vereinigung mit dem Stier anspielt,
nimmt Statius das Kompositum auf, um Iocastas inzestuöses Verhältnis
zu Oedipus zu charakterisieren, Theb. 10,796f. *non ego monstrifero coitu
revoluta notavi / pignora.* Auch sonst ist das Adjektiv in der neronisch-
flavischen Epik nicht unbekannt, allerdings meist auf Örtlichkeiten be-
zogen, Lucan 5,620 und Val. Fl. 2,498. 5,221; Stat. Theb. 1,453. 4,298.

§ 80. Obwohl den Bildungen auf *-fer* nahe verwandt, sind die Adjektive
auf *-ger* im allgemeinen weniger häufig. Bei Seneca finden sich deren 8
(gegenüber 27 auf *-fer*), unter welchen 5 bei Ovid belegt sind: *belliger*
(s. § 35), *corniger*,[95] *laniger*, *saetiger*,[96] *securiger* (s. § 35). Eine Neubildung
Vergils ist *aliger*;[97] *stelliger* (wie auch *stellifer*) dürfte auf Cicero
zurückgehen.[98]

Das Adjektiv *thyrsiger* ist eine Übersetzung von θυρσοφόρος und kommt
2mal bei Seneca vor (Med. 110, Phae. 753). Zwar ist das Kompositum
bei Naevius (trag. 35 R²) belegt, doch liegt bei Seneca wahrscheinlich
eine erneute Bildung vor (s. § 48).

d. Andere Neubildungen

α. Substantive

§ 81. *functus*

Sicher belegt ist das Simplex erst seit den Tragödien Senecas:[99]

adjektivisch: Oed. 240   funci ... regis[100]
substantivisch: Med. 999   iusta iam functis habent

---

[95] Ovid (13), Seneca (4), Statius (3), Silius (7). Phae. 1080f. *toto obvius / incurrit ore
corniger ponti horridus* ist nach Ov. met. 15,511 *corniger hinc taurus ruptis expellitur undis*
gemodelt. Zu *corniger* als Attribut des Bacchus s. § 48 Anm. 28.

[96] Med. 643f. *stravit Ancaeum violentus ictu / saetiger* ist wohl eine Reminiszenz an Ovid,
der in met. 8,376 *saetiger* ebenfalls substantivisch gebraucht.

[97] Vgl. Serv. auct. Aen. 1,663. In Aen. 12,249 (*agminis aligeri*) bezeichnet *aliger* das
Vogelgeschlecht, so auch in Phae. 338 *genus aligerum*.

[98] S. Anm. 91.

[99] Vielleicht bereits Consol. ad Liv. 393; s. E. Bickel, RhM 93 (1950) 212f.

[100] Hingegen Oed. 789 *genitor sine ulla caede defunctus iacet*.

Oed. 579   ut daret functis viam
Thy. 14f.   supplicia functis ... / disponis
749   ne tegat functos humus

In der Prosa hingegen verwendet Seneca *defunctus*, z.B. dial. 6,6,2. 13,2. 11,5,2; epist. 58,31. 122,10. In gleicher Weise unterscheidet Statius, der in der Thebais und in den Silven *functus*, in den Prosapraefationen derselben hingegen *defunctus* schreibt.[101]

§ 82. *iuridicus*

HF 581   flentes Eurydicen iuridici sedent

Das Wort ist analog zu *causidicus* gebildet, das allerdings meist geringwertende Bedeutung hat (so bei Cicero, de orat. 1,202; Sen. apocol. 7,5. 12,2). Als Amtsbezeichnung ist der Begriff erst unter Mark Aurel sicher belegt, s. Rosenberg, RE X 1147f.; vgl. aber Plin. nat. 3,7 *iuridici conventus*. Nicht Vermeidung des Sigmatismus,[102] wohl aber metrische Bequemlichkeit mag das choriambische *iuridici* hier im asklepiad. Vers angeregt haben. Nicht auszuschliessen ist ferner, dass Seneca ein etymologisierendes Wortspiel mit Εὐρυ-δίκη beabsichtigte.[103] In den Tragödien ist der Kompositionstypus noch durch *fatidicus* (Tro. 1100, Oed. 269. 302. 1042) und *veridicus* (Ag. 255) vertreten.

§ 83. *modulatus*

HF 263   struxit canoro saxa modulatu trahens

Die Neubildung des poetischen *modulatus* (neben prosaischem *modulatio*, dial. 4,2,4. 10,12,4; epist. 56,2. 114,15. 123,9) ist durch das Metrum suggeriert: an gleicher Versstelle stehen *equitatu* (Phoe. 545), *cruciatu* (Tro. 578), *laniatu* (Phae. 1246), *opposecu* (Phoe. 402). Diese »Stellungsregel« dürfte auch in Oed. 800 den Ausschlag für *admonitu* (E) gegen *monitu* (A, Zwierlein mit Krit. Komm. 250) geben. Poetisch ist *modulatus* nur noch 1mal belegt, Auson. 176,18 p. 41 Pei. *funereo modulatu*. Zu den Bildungen auf *-tus* und *-tio* s. §§ 112-115.

---

[101] Ähnlich bei Ausonius, der *functus* in den Gedichten, aber *defunctus* in der Praefatio zum Epicedion in patrem (p. 21 Pei.) gebraucht.
[102] Wie von Bader, Composés nominaux § 215, angenommen wird. Zum Sigmatismus bei Seneca s. Löfstedt, Syntactica² II 82 Anm. 1.
[103] Vgl. meinen Komm. HF ad loc.

§ 84. *sedamen*

Phae. 1188   o mors amoris una sedamen mali

Nomina auf *-men* sind bei Ovid sehr beliebt (17 Neubildungen!), besonders wegen ihrer geschmeidigen daktylischen Ausgänge im Abl. sing.
und Nom./Acc. plur.[104] Zahlreich sind die Bildungen auf *-men* auch in
den Tragödien Senecas. Von den insgesamt 26 Wörtern sind, ausser
sedamen, nur 4 nicht auch in seiner Prosa belegt: *firmamen, levamen, solamen, velamen*.[105] Das Hapax *sedamen* bietet eine metrische Variante zu
sedat, vgl. Thy. 677 *nec dies sedat metum*.[106] Beruhigung der Affekte
bezeichnet *sedare* ferner in epist. 89,23 *omnia ad mores et ad sedandam rabiem
adfectuum referens*. Inhaltlich nahe steht *levamen*, Tro. 961 *comes, levamen,
afflictae quies*.[107]

β. Adjektive

§ 85. *decennis*

Ag. 921   cecidit decenni Marte concussum Ilium

Diese Stelle gibt den ersten Beleg für den »zehnjährigen« (*decennis*) Troja-
krieg, dann Petron 89,8 (aus der Halosis Troiae) *decenni proelio*;[108] Quint.
inst. 8,4,22 *rex* (sc. Priamus) *decenni bello exhaustus*, Sidon. carm. 9,124
decenne bellum. Das Adjektiv ist analog zu *quinquennis* und *triennis* (Sen.
suas. 1,7; substantivisch Ov. met. 9,642) gebildet und fasst inhaltlich
Verg. Aen. 2,198 sowie 8,398f. zusammen.

§ 86. *inlicitus*

HF 595-96   da, Phoebe, veniam, si quid inlicitum tui
                   videre vultus

---

[104] Dazu s. Kenney, The Style of the *Metamorphoses* 149 Anm. 88; bes. J. Perrot, Les
dérivés latins en *-MEN* et *-MENTUM*. Etudes et Commentaires 37 (Paris 1961) 104ff.

[105] Eine Wortliste gibt Delhorbe, De Senecae tragici substantivis 18; *firmamen* ist sonst
nur noch bei Ovid, met. 10,491 belegt, die übrigen drei Nomina kommen jeweils bei
Vergil und Ovid vor; vgl. § 33.

[106] Die einzige metrisch gleichwertige Form in den Seneca-Tragödien, *solamen* (Med.
539), steht an gleicher Stelle im Vers.

[107] Der Ausdruck *afflictae quies* bildet eine metrische Einheit (nach der Hephthemimeres), die nicht durch Interpunktion zerrissen werden darf; dafür spricht auch das
euripideische Vorbild, Hec. 280f. ἥδ' ἀντὶ πολλῶν ἐστί μοι παραψυχή, / πόλις, τιθήνη,
βάκτρον, ἡγεμὼν ὁδοῦ. Vgl. ferner Tro. 440 *ignota tandem venit afflictae quies*; zum Vers-
aufbau s. auch Med. 21, Ag. 991.

[108] Zum Einfluss der Seneca-Tragödien auf Sprache und Stil der Verseinlagen bei
Petron s. H. Stubbe, Die Verseinlagen im Petron. Philologus Suppl. 25.2 (Leipzig 1933)
81-86; M. A. Cervellera, RCCM 17 (1975) 107-15.

Phae. 97-98   stupra et inlicitos toros
                    Acheronte in imo quaerit Hippolyti pater
Ag. 299   Venere ... inlicita

Das Adjektiv ist bei Seneca zuerst sicher belegt (Paul. Fest. p. 82,15 L.
gibt keinen festen chronologischen Anhaltsunkt). Auf seine ausgesprochene Vorliebe für PPP Formen mit Privativpraefix *in-* wurde bereits
hingewiesen (§ 51). Nach Seneca lebt das Kompositum in der Dichtung
fort, Lucan. 6,454. 10,76 (*inlicitos ... toros*), Val. Fl. 1,197 und 627; Stat.
Theb. 1,223. 8,96 (*venerem inlicitam*); Ach. 2,68; Sil. 14,244.

§ 87. *inobsequens*

Phae. 1068-69   inobsequentes protinus frenis equi
                 rapuere currum[109]

Das Adjektiv verwendet Seneca auch einmal in der Prosa, nat. 1 praef.
16 *id ... saepe inobsequens arti est*; die positive Form *obsequens* erscheint in
HF 811 und Phae. 132. Jeweils am Versanfang stehen auch die fünf-
silbigen Formen *in-saniendum* (HF 109) und *in-usitatum* (Phoe. 265); zur
Vorliebe Senecas für negierte Partzipialformen s. § 51. *Inobsequens* taucht
dann erst wieder bei den christlichen Schriftstellern (zuerst Tertullian)
auf.

§ 88. *multivagus*

HF 533   intravit Scythiae multivagas domos

Komposita mit dem Vorderglied *multi-* kommen auch sonst in den
Tragödien vor: *multifidus* (Med. 111, s. § 39), *multiforus* (Ag. 347 [358],
s. § 40), *multiplex* (Phae. 523), die alle bei Ovid belegt sind; an zusammengesetzten Adjektiven auf *-vagus* finden wir ferner *montivagus* (s. § 120)
und *noctivagus* (s. § 21). Alle drei Bildungen werden von Statius aufgenommen.
      Die Wohnwagen sind topisch in den Beschreibungen der Skythen;[110]
die Anregung zu *multivagas domos* dürfte aus Horaz, carm. 3,24,9f. *cam-
pestres melius Scythae, / quorum plaustra v a g a s rite trahunt d o m o s* gekommen
sein.

γ. Verben

---

[109] So die Paradosis, *cursum* Zwierlein mit späteren Hss. und Bentley. Zwierleins Ein-
wände gegen *currum* (Krit. Komm. 212f.) vermögen, besonders im Licht des ovidischen
Vorbilds (met. 15,515ff.), kaum zu überzeugen.
[110] Dazu s. meinen Komm. HF ad loc.

§ 89. *adstrepere*

Phae. 1025-26   en totum mare
immugit, omnes undique scopuli adstrepunt

Das eindeutig überlieferte Kompositum sticht die Variante *strepunt* in
jüngeren Hss. nicht bloss verstechnisch aus (s. Anm. 35), sondern bringt
im Praefix *ad-* auch die Bedeutungsnuance des Widerhalls zum Ausdruck.[111] Ähnlich wird *adstrepere* (+ Dat.) von Ausonius verwendet Mos.
167f. *adstrepit ollis / et rupes et silva tremens et concavus amnis.* Zur Konstruktion mit dem Akk. vgl. Calp. ecl. 4,2 *platano, quam garrulus adstrepit humor*,
und Plin. paneg. 26,2 *plerique inritis precibus surdas principis aures adstrepe-
bant.* Eine Vorliebe für das Kompositum im Sinn von »Beifall lärmen«
zeigt Tacitus (ann. 1,18,1; 2,12,3; 11,17,3; 12,34; hist. 2,90,2; 4,49,3).

§ 90. *praecommovere*

Thy. 300-302   liberos eius rudes
malisque fessos gravibus et faciles capi
praecommovebunt

So in A; *prece commovebo* E, Zwierlein; *preces movebunt* recc., *prece commove-
bunt* L. Müller. Das Hapax ist zu Recht von Tarrant (ad loc.) verteidigt
worden. Gegen *prece* und *preces* dürfte übrigens auch der Umstand
sprechen, dass beide Formen in den Seneca-Tragödien (total 33mal) nie
erste Position im iamb. Trimeter einnehmen. Verbale Doppelkomposita
begegnen sonst in den Tragödien nicht (vgl. jedoch *repercutere* in den
Prosaschriften), wohl aber nominale, so *inaccessus* (s. § 18), *inexpugnabilis*,
inextricabilis, *inremeabilis* (s. § 19).[112] Verbale Doppelkomposita mit *prae-*
hat Ovid mehrfach gebildet, *praecomponere* (fast. 6,674), *praeconsumere*
(met. 7,489; trist. 4,6,30), *praecontrectare* (met. 6,478), *praecorrumpere* (met.
9,295; 14,134) und *praedelassare* (met. 11,730).

e. Griechische Wörter

§ 91. Im Umgang mit griechischen Fremdwörtern verhält sich Seneca
ähnlich wie Cicero. Während er im allgemeinen in seinen philosophischen Schriften die fremden Ausdrücke umschreibt, legt er in den Brie-

---

[111] Dass Seneca hier möglicherweise durch seine griech. Vorlage (Eur. Hipp. 1198ff.)
angeregt wurde, ist nicht auszuschliessen, 1210ff. κἄπειτ' ἀνοιδῆσάν τε καὶ πέριξ ἀφρὸν /
πολὺν καχλάζον ποντίῳ φυσήματι / χωρεῖ πρὸς ἀκτάς, und 1215f. πᾶσα μὲν χθὼν φθέγματος
πληρουμένη / φρικῶδες ἀντεφθέγγετο.
[112] Dieser Typus ist vor allem in den Prosaschriften vertreten, z.B. *indefatigabilis*,
indepravatus, *inevitabilis*; weitere Beispiele bei Bourgery, Sénèque prosateur 270-74.

fen seine Zurückhaltung ab und gebraucht derlei Wörter freier.[113] Dem aufbrechenden Philhellenismus seiner Zeit folgend nimmt Seneca in den Tragödien neben den bereits durch die Augusteer sanktionierten Gräzismen weitere auf, die im Gegensatz zu vielen seiner lat. Neubildungen (vgl. § 62) fast alle in der neronisch-flavischen Dichtung fortleben.[114] Aus der Prosa in die Poesie eingeführt wurden *petra*[115] und *pirata*;[116] überhaupt zuerst in den Seneca-Tragödien belegt sind:

§ 92. *aedon*

> Ag. 670-72   non quae verno mobile carmen
> ramo cantat tristis aedon
> Ityn in varios modulata sonos

Die Nachtigall erscheint hier in einem Katalog klagender Vogelgestalten, die den Topos des *quis flere digne poterit ...?* illustrieren. Die Verse 670ff. weisen grosse Ähnlichkeit mit [Mosch.] Epit. Bionis auf, worin die Nachtigall ebenfalls erwähnt ist, 38 οὐδὲ τόσον ποκ' ἄεισεν ἐνὶ σκοπέλοισιν Ἀηδών.[117] Näher noch im Wortlaut als die hellenistische Vorlage ist Eur. Phaeth. 67-70 μέλπει δὲ δένδρεσι λεπτ- / ἀν ἀηδὼν ἁρμονίαν / ὀρθρευομένα γόοις / Ἴτυν Ἴτυν πολύθρηνον. Diese Vignette hat Seneca im ersten Chorlied des HF nachgeahmt, 146-51 *pendet summo stridula ramo / pinnasque novo tradere soli / gestit querulos inter nidos / Thracia paelex, / turbaque circa confusa sonat / murmure mixto testata diem.*[118] Nachahmung der Agamemnonpassage zeigt Oct. 914-16 *quis mea digne deflere potest / mala? quae lacrimis nostris questus / reddere aedon?* Eingebürgert hat sich *aedon* allem Anschein nach in der neronischen Dichtung, so verwenden es Petron (in einer Ekphrasis des *locus amoenus*) 131,8 *silvester aedon*, und Calpurnius, ecl. 6,8 *vocalem ...*

---

[113] Zu den Gräzismen in Senecas Prosa s. E. Bickel, ALL 14 (1906) 189-209; Bourgery, Sénèque prosateur 301-305; Hofmann-Szantyr 761.

[114] Allgemein zum lexikalischen Gräzismus in der lat. Dichtersprache s. Hofmann-Szantyr 759-64; H. H. Janssen, De kenmerken der Romeinsche dichtertaal (Nijmegen-Utrecht 1941) 28ff. (= A. Lunelli, La lingua poetica latina [Bologna 1974] 113ff.; mit ausführlicher Bibliographie).

[115] Ag. 468; Phae. 1023 *scelere petrae nobiles Scironides* (cf. Eur. Hipp. 1208 Σκίρωνος ἀκτάς); vgl. Stat. Theb. 1,333 *infames Scirone petras*, ferner 4,376. Dass Seneca hier nicht aus poetischer Tradition schöpft (Enn. ann. 358 Sk., Laev. carm. frg. 10 Bü.) sondern aus dem Prosagebrauch, ergibt sich aus der Verwendung des Wortes in den Naturales Quaestiones (3mal) sowie bei Columella und dem älteren Plinius.

[116] 8mal in Senecas Prosa; Oed. 459 *tum pirata freto pavidus natat.* Vgl. Lucan. 1,346. 2,578. 3,228. 6,422. 9,224 (ohne Zweifel legte Pompeius' Krieg gegen die Seeräuber die Verwendung des Wortes nahe), daraus dann auch Petr. 123,240.

[117] Vgl. Tarrant zu Ag. 670ff.

[118] Dass es sich hier um die Nachtigall handelt und nicht um die Schwalbe (wie Tarrant zu Ag. 670ff. annimmt), habe ich im Komm. HF zu 146-51 nachgewiesen.

aedona (ähnlich Nemes. ecl. 2,61). In Carm. epigr. 1549, 19 geht *planctus dabet Attica aedo*, wie die übrigen angeführten Vogelgestalten schliessen lassen, auf den oben erwähnten Topos und dessen poetische Ausgestaltung in der frühen Kaiserzeit zurück.

§ 93. *nebris*

Oed. 438   nebride sacra praecincta latus

Im grossen Bacchuslied (403-508) sind, dem Gegenstand entsprechend, griechische Wörter häufig;[119] einige davon bezeichnen die Tracht des Gottes und seines Gefolges, *thyrsus* (404, 441), *mitra* (413), *zona* (421), *syrma* (423) und eben *nebris*. Anspielungen auf das Hirschkalbfell finden wir auch bei früheren lat. Autoren, Acc. trag. 256 R² (*exuviae pictae*), Ov. met. 4,6 (*pellis*), 6,592f. (*cervina ... vellera*; s. Bömer ad loc.); das griechische Fremdwort hingegen hat sich offenbar erst mit Seneca in der lat. Dichtung eingebürgert, Stat. Theb. 2,664, Ach. 1,609 und 716; silv. 1,2,226; Sil. 3,395; ferner Claud. carm. 8,606.

§ 94. *physeter*

Phae. 1029-30   qualis per alta vehitur Oceani freta
                 fluctum refundens ore physeter capax.

Der Vergleich des Gischtes mit dem wasserspeienden Walfisch beruht offensichtlich auf einer gedanklichen Assoziation, zu welcher das griech. Vorbild der Meeresschilderung Anlass gab. Aus Eur. Hipp. 1211 ποντίῳ φυσήματι (»Schnauben des Meeres«) zog Seneca das zugehörige Nomen agentis φυσητήρ (»Blasloch«, »Bläser« > Spritzwal; vgl. Aristot. HA VI 566b3; Strabo 3,2,7; Plin. nat. 9,8; 32,144), der hier vergleichend das Getöse des Meeres veranschaulicht.[120]

§ 95. *siparum*

Med. 327-28   alto
                 rubicunda tremunt sipara velo.

So in E; *suppara* A. Oft in den Hss. miteinander verwechselt, sind *siparum* (σίφαρος) und *supparum* (»linnenes Frauengewand«) auseinanderzuhalten.[121] Die Toppsegel galten als Merkmal der alexandrinischen Schnell-

---

[119] Vgl. z.B. *corymbo* (403), *maenas* (436), *thyades* (443), *oestrum* (443), *platanus* (452), *carchesia* (456), *tigris* (458), *delphin* (466), *thymo* (496).

[120] Zur euripideischen Vorlage s. Zintzen, Analytisches Hypomnema zu Senecas Phaedra 114ff., bes. 118; vgl. ferner § 89 mit Anm. 111.

[121] Vgl. A. E. Housman, CQ 13 (1919) 149-52 (= Class. Papers III 996-99).

postboote, epist. 77,1 *ex ipso genere velorum Alexandrinas quamvis in magna turba navium intellegit; solis enim licet siparum intendere, quod in alto omnes habent naves....; 2 siparum Alexandrinarum insigne [indicium] est.* Die spezielle Bedeutung des Segels (»Bramsegel«) wird auch in der weiteren dichterischen Verwendung deutlich zum Ausdruck gebracht, HO 698f. *medioque rates quaerit in alto, / quarum feriunt sipara nubes*, Lucan. 5,428f. *summaque pandens / sipara velorum perituras colligit auras*, Stat. silv. 3,2,27 *vos summis adnectite sipara velis*.

§ 96. *arctous*

Während der Sternname *Arctos* seit Ciceros Aratea in der Dichtersprache heimisch ist, erscheint das Adjektiv *arctous* nicht vor Seneca, der es im iamb. Trimeter stets vor zweisilbigem Versschlusswort verwendet, HF 1326, Med. 683, Oed. 606; vgl. ferner Tro. 395 (lyr.). Häufig gebrauchen es dann Lucan (13), ferner Valerius Flaccus (4), Statius (9) und Silius (2).

§ 97. *entheus*

Für das Adjektiv hat Seneca, wie seine griech. Vorgänger, zwei Anwendungsbereiche:

a. die gottbegeisterten Bacchantinnen (vgl. Soph. Ant. 962f.; allgemeiner Eur. Hipp. 141-44):

Tro. 673-74	qualis deo
	percussa Maenas entheo ... gradu
Med. 382-83	qualis entheos gressus tulit
	cum iam recepto maenas insanit deo[122]
Oed. 628-29	vibrate thyrsos, enthea gnatos manu
	lacerate potius

Vgl. ferner Stat. Ach. 1,828; Mart. 5,41,3; 11,84,4.

b. die gotterfüllte Seherin Cassandra (vgl. Eur. Tro. 255. 366; El. 1032 μαινάδ' ἔνθεον κόρην) verbindet beide Vorstellungen:

Ag. 588	effrena Phoebas entheas laurus quatit

Vgl. ferner Stat. silv. 3,5,97 und, in der abgeschwächten Bedeutung »inspiriert«, 1,2,227. 248; 1,4,25; 1,5,1.

---

[122] Der Vergleich mit der Maenade stammt aus Vergil, Aen. 4,300-2 *saevit inops animi totamque incensa per urbem / bacchatur, qualis commotis excita sacris / Thyias*; vgl. auch Prop. 3,8,14; Ov. ars 3,709f.

§ 98. Anhangmässig sei hier noch auf ein germanisches Lehnwort (wisant/wisunt) hingewiesen;[123] die nt- Flexion im Lateinischen (dagegen βίσων, -ωνος) spricht möglicherweise eher für direkte Übernahme aus dem Germanischen als für Einfluss gelehrter griech. Tradition:

bison

Phae. 64-65   villosi ... bisontes
                   latisque feri cornibus uri

Die Zusammenstellung *bisontes* — *uri* macht einen formelhaften Eindruck, ähnlich Plin. nat. 8,38 *iubatos bisontes excellentique et vi et velocitate uros*, 28,159; Isid. 14,4,4. Aus den Zeugnissen Martials (epigr. 22,10; 1,104,8; 9,57,10) ergibt sich, dass unter den Flaviern der Wisent in Dressurvorführungen und Tierhetzen zu sehen war; vgl. Friedländer, Sittengeschichte[9] IV 273f., J. M. C. Toynbee, Tierwelt der Antike (Mainz 1983) 137f.

4. *Metrische Ersatzformen*

§ 99. Die Verwendung von Alternativformen eines Nomens oder Verbs aus metrischer Bequemlichkeit ist ein bekannter Kunstgriff der Dichtersprache.[124] Die folgenden Beispiele zeigen, wie Seneca von solchen Ersatzmöglichkeiten aus der daktylischen Dichtung Gebrauch macht und sie dem iamb. Trimeter (bzw. den Metra der Chorpartien) anpasst.

a. Substantive und Adjektive: Deklinationswechsel

§ 100. *solacium / solamen*

Tro. 808-10   sume quae reddas tuo
                   oscula parenti. matris hanc solacio
                   relinque vestem

Das sonst in den Tragödien gewöhnliche Wort ist *solamen* (Tro. 704, Med. 539. 946, Phae. 267. 578), das prosaische *solacium* (70mal in Senecas Prosaschriften), während umgekehrt in der daktylischen Dichtung *solacium* deutlich über *solamen* vorherrscht (Vergil 5:3, Ovid 25:1, Lucan 8:1, Val. Flaccus 0:3, Statius 13:4, Silius 3:5).

---

[123] Walde-Hofmann I 107.
[124] Für die daktylische Dichtung s. die Spezialstudie von E. Bednara, ALL 14 (1906) 317-360, 532-604 und 15 (1908) 223-232; vgl. ferner Leumann, MH 4 (1947) 128-30 (= Kl. Schr. 146-48); Axelson, Unp. Wörter 19-21 (mit weiterer Literatur zu Spezialuntersuchungen).

§ 101. *tergus / tergum*

  Med. 60 (Asclep. min.) taurus celsa ferat tergore candido

Neben den geläufigen Formen *tergo* und *terga* erscheinen in der daktylischen Dichtung *tergore* und *tergora* als metrische Alternativen, Verg. Aen. 1,211; Prop. 2,26,6; Manil. 4,517; Ov. met. 8,649. 13,347, [Ov.] hal. 126; Val. Fl. 1,130; Stat. Theb. 11,531; Sil. 2,547 (= 3,209).[125]

  Phae. 1046 tum pone tergus ultima in monstrum coit

Der metrische Ersatz im Nom. bzw. Akk. Sing. ist ungewöhnlich (in Verg. Aen. 9,764 ist die lectio difficilior *tergus* prosodisch belanglos).

§ 102. *exanimus / exanimis*

Während Seneca in den Prosaschriften nur *exanimus* (4mal) verwendet, alterniert er in den Tragödien zwischen *exanimis* (2mal) und *exanimus* (3mal), von welchem grundsätzlich die pluralen Formen des Dativs/ Ablativs sowie des Neutrums im Nominativ/Akkusativ gebildet werden,[126] vgl. Tro. 604, Thy. 1059. Bei metrischer Gleichwertigkeit wird *exanimis* offenbar bevorzugt,

  Phae. 1174   exanimis iaces?
  Ag. 904f.   ille iam exanimem petit
        laceratque corpus[127]

Davon abweichend ist der Gebrauch in

  Phae. 585 terrae repente corpus exanimum accidit

So in E, *exanimum cadit* A. Diese Abweichung ist umso auffälliger, als der Ausdruck »lebloser Körper« in HO 1461 *saevire in ipsum corpus exanime impetus* in der Form erscheint, welche Senecas Sprachgebrauch entspricht.

§ 103. Anhangsweise sei hier auch auf den Austausch von *nebulosus / nubilus* in Med. 583f. *non ubi hibernos nebulosus imbres / Auster advexit* hingewiesen. Bekanntlich kündet der Südwind Regen an und heisst daher *nubilus*, Prop. 2,16,56; Ov. met. 11,663f., Pont. 2,1,26; Aetna 289; Stat. Theb. 11,520; silv. 3,3,96; Sil. 17,246f. Hier, im Hendekasyllabus der

---

[125] Dass *tergus* dabei auf die Bedeutung »Haut«, »Fell« eingeschränkt sei (so T. Birt, De Halieuticis Ovidio poetae falso adscriptis [Berlin 1878] 123), lässt sich daraus keineswegs ableiten.
[126] Dazu s. die Tabelle im ThLL V 2,1172. Euphonische Rücksichten, wie sie Vergil genommen hat (s. Norden, Aeneis VI[5] S. 406), spielen hier offenbar keine Rolle.
[127] Mit Recht hat Tarrant ad loc. *exanimem* (A, *exanime* E, *exanimum* Nisbet) verteidigt.

sapphischen Strophe, kommt *nebulosus* dem Metrum entgegen;[128] dafür
wird inhaltliche Unstimmigkeit in Kauf genommen.[129]

b. Verben

α. Kompositum statt Simplex

§ 104. Das tragische Vokabular Senecas zeigt gegenüber der augusteischen Dichtersprache eine deutliche Zunahme an zusammengesetzten
Verben.[130] Diese Erscheinung, die sich ebenso in den Prosaschriften
beobachten lässt,[131] steht im Einklang mit der allgemeinen Sprach-
entwicklung des 1. Jahrhunderts n. Chr., doch werden in den Tragödien
Komposita oft aus rein metrischen Gründen gesucht,[132] zum Teil gegen
die Nuancierung des Praefix wie das Simplex gebraucht, z.B.:

§ 105. *adnatare*

Ag. 452   agitatque gyros et comes lateri adnatat

So in der Beschreibung der Delphine und ihrer Spiele. Seneca gebraucht
adnatare nur hier und zwar nicht in der sonst gewöhnlichen Bedeutung
»hinzuschwimmen«, sondern »(begleitend) an der Seite (des Schiffes)
schwimmen«;[133] *lateri adnatat* bietet den bevorzugten kretischen Versschluss mit Synaloephe in der 5. Hebung (s. Anm. 35).

---

[128] Von den insgesamt 21 Hendekasyllaben der 7 sapphischen Strophen (579-606)
enden 11 auf viersilbiges + zweisilbiges Wort; vgl. insbesondere 601 *furiosus ignes*.
[129] Nebelhaftes Wetter ist gewöhnlich windstill, nat. 5,3,2 *circa flumina et lacus frequens
nebula est artatis congestisque corporibus, nec tamen ventus est ... nullum tempus magis quam nebu-
losum caret vento.*
[130] Dazu s. § 150.
[131] Bourgery, Sénèque prosateur 220f.
[132] Unter den zahlreichen Beispielen notiere ich nur folgende: Phae. 1011 *Auster Sicula
disturbat freta*. Das Kompositum ist unpoetisch; in der Dichtung gewöhnlich ist *turbare*
(HF 932; ferner Lucr. 2,1; Verg. georg. 2,106; 3,259; Ov. met. 7,154; trist. 1,4,2;
Luc. 6,471). — Tro. 104f. *vestis ... / imum ... tegit suffulta latus*. Zwar ist bei Lukrez
suffulcire (neben *fulcire*) das häufigere, aber in der Dichtersprache durchgesetzt hat sich
das Simplex, so auch bei Seneca (Tro. 127, Phae. 214, Oed. 537, Thy. 910).
Bei der umgekehrten Erscheinung, Simplex für Kompositum, folgt Seneca im allgemeinen seinen poetischen Vorbildern; vgl. aber *gelare* (Phae. 614 *gelatis ... iugis*), während
in der Dichtung vor Seneca *congelare* üblich ist (Ov. met. 6,307; 11,60; 15,415; trist.
3,10,30). Ähnliches gilt für *forare* (Med. 748, Oed. 812), das in erster Linie dem technischen Wortschatz angehört, während die Dichter *perforare* wählen (Verg. 2mal, Ov.
3mal). Über Senecas Gebrauch von Simplicia statt Komposita in der Prosa um der
Klausel willen s. Axelson, Senecastudien 89f.
[133] Dagegen paraphrasiert Tarrant in seinem Komm. ad loc. »swims up to the side in
a comradely way«. Aber sowohl *latus* als auch *comes* unterstreichen die Begleitung des
Delphins, nicht seine Annäherung aus der Ferne. Ebenfalls als schiffs*begleitend* ist das
Spiel der Delphine bei Plin. nat. 9,24 *obviam navigiis venit, adludit exultans* zu verstehen.

§ 106. *emoliri*

Ag. 477-78   infesti fretum / emoliuntur

heisst es von den Winden, welche im Sturm die See aufwühlen. Die
Bedeutung von *emoliri* in diesem Zusammenhang hat zu mancherlei Spe-
kulationen Anlass gegeben (s. Tarrant ad loc.), ohne zu einer befriedigenden Erklärung zu führen. Kein Zweifel dürfte aber darüber bestehen,
dass *emoliri*, wie die umliegenden Verben der Sturmbeschreibung (474
incumbunt, 475 *rapiunt*, *eversum*, 478 *convolvit*, 479 *contorquet*, 480 *agit*), die
Kampfmetaphorik (ἀνέμων στάσις) fortsetzt (vgl. 476f. *adversus Euro Zephy-
rus et Boreae Notus. / sua quisque mittit tela* (E, *mittunt* A, Zwierlein). Jeder
Wind schleudert seine Geschosse und bringt die Wassermassen gegen
seinen Feind in Bewegung, eine Tätigkeit, die, da es sich um träge
Massen handelt, treffend mit *moliri* bezeichnet wird, Acc. trag. 567 R²
Aquilonis stridor gelidas molitur nives, ferner Sen. Tro. 682 *molire terras*, Hector
(mit ähnlichem Objekt auch bei Lucr. 5,934; Verg. georg. 1,494), epist.
121,6 *aegre molitur artus suos*, Plin. nat. 31,79. Zum Gedanken der Feind-
lichkeit vgl. auch Sil. 1,645 *molitur populos*.

§ 107. *illacrimare*

Tro. 615   scrutare matrem. maeret, illacrimat, gemit

Während Seneca sonst nur das Simplex gebraucht (Tro. 926. 927,
HF 1229, Ag. 654), drängt sich das Kompositum verstechnisch auf;
choriamb. Formen von Komposita mit *in-* Praeverb oder privativem *in-*
Praefix stehen gewöhnlich hinter der Hephthemimeres, z.B. Phae. 712,
Oed. 1040 und HF 595, Phae. 97, Oed. 13. 596.

§ 108. Die metrische Ersatzfunktion erhellt besonders aus einigen *ex-* (*e-*)
Komposita, die molossische Formen bilden und sich daher leicht nach
der Hephthemimeres einfügen lassen. Semantisch unterscheiden sich
diese Komposita nicht von den Simplica, die in den Tragödien jeweils
das Übliche sind, während das zusammengesetzte Verb die Ausnahme
darstellt:

Phoe. 630   exaequat duos[134]
Thy. 114   exaudit sonos
      978   ora quae exoptas dabo
HF 912   exornet comas[135]

---

[134] Vgl. epist. 91,16 *aequat omnis cinis. Inpares nascimur, pares morimur.*
[135] Vgl. apocol. 4 V. 3 *at Lachesis, redimita comas, ornata capillos.*

Tro. 338	exsolvet iugo[136]
Oed. 788	exsolvit sopor[137]
Phae. 913	evitant nefas[138]

Verwiesen sei hier auch auf Senecas Vorliebe für *exundare*:

HF 911	exundet vapor
Med. 392	exundat furor
Phae. 102f.	vapor / exundat antro
Oed. 924	exundat dolor

Die Dichtersprache vor Seneca verwendet nur das Simplex,[139] das seinerseits in den Tragödien 2mal (in nicht prasentischen Formen) vorkommt, Tro. 20 *undante fumo* und Oed. 484 *sacer Cithaeron sanguine undavit*.

β. Inchoativum statt Stammverb

§ 109. Seneca zeigt sowohl in der Prosa als auch in der Poesie eine Vorliebe für *-sco-* Praesentien.[140] Im iamb. Trimeter sind molossische Formen der 3. Pers. sing. oder plur. nach der Hephthemimeres bevorzugt, z.B. HF 123. 514, Med. 213, Phae. 681. 1234, Ag. 712, Thy. 306. Die verstechnische Bedeutung dieser Verbformen erhellt aus Senecas Gebrauch von Inchoativa, die sich in ihrer Bedeutung vom Stammverb nicht unterscheiden:

> HF 762-63   ferale tardis imminet saxum vadis,
>   stupent ubi undae, segne torpescit fretum.[141]

In der Beschreibung von Charons Lände hat *torpescit* ebenso Zustandsbedeutung wie *stupent*; vgl. ferner 702 *foeda tellus torpet aeterno situ*.

---

[136] Vgl. Med. 872f. *metuque solvet / regnum simulque reges*; ferner Tro. 601, Thy. 797.

[137] Vgl. Phae. 100f. *non altus sopor / solvere curis*; Ag. 75f. *non curarum somnus domitor / pectora solvit*; ferner HF 1063, Oed. 13.

[138] Zu Senecas Gebrauch des Kompositums in der Prosa um der Klausel willen s. Axelson, Neue Senecastudien 32f., 221 Anm. 2. Allgemein zu *vitare / evitare* Bömer ad Ov. met. 12,385.

[139] Zwar ist Phae. 102f. mit Aetna 383 *flamma micat latosque ruens exundat in agros* vergleichbar, gibt aber für die relative Chronologie der beiden Passagen nichts aus.

[140] In den Tragödien kommen vor: *ardescere, clarescere, erubescere, expavescere, extimescere, horrescere, inhorrescere, languescere, madescere, pallescere, patescere, quiescere, requiescere, rigescere, splendescere, torpescere, tremescere, tumescere, vanescere, virescere*; neu gegenüber Vergil, Horaz und Ovid sind *augescere, dulcescere* und *recrudescere*.

[141] So E; *stupente ubi unda* A, Zwierlein. Keines der von Zwierlein (Krit. Komm. 59f.) angeführten Beispiele vermag die selbst für senecanische Verhältnisse überreiche Abundanz zu stützen, die sich durch die A-Lesart ergibt. Explizert wird das Attribut *segne* nicht durch *stupente unda* (so jedoch Zwierlein), sondern durch *torpescit*. Gegen die Synaloephe mit *ubi* in der zweiten Hebung scheinen zudem sowohl HF 663 (*densis ubi aequor*) als auch Phoe. 299 (*ducunt, ubi illos*) zu sprechen.

Med. 926-27   cor pepulit horror, membra torpescunt gelu
                     pectusque tremuit.

Medea beschreibt ihre Verfassung ähnlich der Andromacha, als sie zeigt,
wie die Worte des Odysseus auf sie wirken, Tro. 623f. *reliquit animus
membra, quatiuntur, labant / torpetque vinctus frigido sanguis gelu.* Zum psychologischen Phänomen vgl. Catull. 51,9 *lingua sed torpet,* Ov. epist.
11,82 *torpuerat gelido lingua retenta metu;* 10,44.

γ. Activum statt Deponens

§ 110. *fluctuare / fluctuari*

Seneca verwendet gewöhnlich das Deponens, nicht nur in der Prosa,[142]
sondern, im Gegensatz zur sonstigen Gepflogenheit in der Dichtung,
auch in den Tragödien, wo die finite Form jeweils vor der Penthemimeres steht:

Tro. 657 und Ag. 109   quid fluctuaris?
Med. 943   cor fluctuatur

Hingegen ist die aktive Form verstechnisch anders eingepasst:

HF 699   nec adulta leni fluctuat Zephyro seges

Dieselbe Plazierung im iamb. Trimeter erfährt die analoge Form des
Synonyms *aestuat* (Med. 390, Ag. 560).

5. *Daktylisch ungeeignete Wörter*

§ 111. Seneca verwendet eine Reihe von Wörtern, die bei Vergil, in den
Satiren und Episteln des Horaz sowie bei Ovid fehlen, nicht weil sie aus
stilistischen Gründen gemieden werden, d.h. als unpoetisch gelten, sondern weil sie (im Gegensatz zur iamb. Dichtung) für das daktylische
Versmass ungeeignet sind.[143] Dazu gehören in erster Linie Wörter von
der Form ◡◡◡◡:

memoria	HF 408, Med. 268. 556, Oed. 768. 818. 821. 847; Oct. 599; Phaedrus (5mal).
miseria	Phoe. 88, Med. 249. 253. 559, Thy. 298. 307. 897; HO 754, Oct. 103. 176; ferner Enn. trag. 142. 223 J (= 129. 217 R²); Acc. trag. 293. 621

---

[142] In nat. 6,7,6 erklärt sich die Verwendung von *fluctuare* (*et ventis*) durch die Elision;
in 3,14,1 ist *fluctuare* (*tunc cum*) wohl um des Rhythmus willen gewählt; vgl. jedoch 6,20,1
fluctuari. In dial. 8,1,2 hat Gertz mit *fluctuamur* das Ursprüngliche wieder hergestellt.
[143] Dazu Axelson, Unp. Wörter 19-21.

	R²; Trag. inc. 115 R²; Phaedr. 4,1,3. app. 7,6.[144]
misericors	Tro. 329. 330; HO 361. 1305; Phaedr. 4,20,3.
propitius	Ag. 403; Acc. trag. 373 R².[145]
remedium	Med. 433, Oed. 515; Oct. 442; Phaedr. 2,3,3. 3 pr. 44. app. 30,8.
residuus	Ag. 288; Phaedr. 3 epil. 5.[146]

Ebenso untauglich für den Hexameter (und Pentameter) sind kretische Wörter und solche, die einen Kretikus enthalten:

contumax	HF 964, Tro. 589, Thy. 644; Phaedr. 4,8,5; Martial (3mal, Hendekasyll.); Sidon. carm. 9,217 (Hendekasyll.).
eminens	Thy. 456 (*eminentem* codd.: *imminentem* Bentley, Zwierlein), 655; Oct. 199; Avien. ora 602.
inferi	19mal in den Seneca-Tragödien; HO (9mal); Oct. (3mal); ferner Enn. trag. 152 J (= 155 R²); Pacuv. trag. 289 R²; Acc. trag. 57 R².
occidens	Tro. 382, Med. 620, Ag. 464, Thy. 353; ferner Catull. 29,12; Hor. epod. 1,13; Avien. ora 687; Claud. carm. 12,37.
coniugalis	Tro. 890, Med. 1, Thy. 1103; Phaedr. app. 16,10.
concitatus	Med. 204, Ag. 827, Thy. 438; s. dazu *incitatus*.
delicatus	Phae. 210; Catull. 17,15. 50,3; Verg. catal. 2,10 (= Priap. 85 Büch. = App. Verg. ed. Richmond p. 131); Phaedr. 4,5,26. 5,1,13; Martial (18mal).
incitatus	Phoe. 161, Phae. 1236; Catull. 63,93; Phaedr. 1,1,4.
incruentus	HF 741; Oct. 482; Mart. 1,82,8; Prud. perist. 2,16.
indutiae	Phoe. 485; Prud. perist. 2,126.
osculari	Thy. 1023; Phaedr. 5,1,5; vgl. jedoch Prop. 4,3,30 (*osculor*).

6. *Verbalsubstantiva auf -tus und -tio*

§ 112. Wie die Tragiker und die epischen Dichter bevorzugt auch Seneca in den Tragödien die Verbalabstrakta auf *-tus* gegenüber jenen auf *-tio*,

---

[144] Hingegen sind *memor, memorare* und auch *miser* in der daktyl. Dichtung ganz geläufig.

[145] Vgl. ferner Pacuv. trag. 322 R² *propitiaturos*. Die daktyl. Dichtung hilft sich aus mit *facilis*, so auch HF 360.

[146] Hingegen ist das Verb (*residēre*) in der daktyl. Poesie häufig; s. auch Axelson, Unp. Wörter 20f. (über *reliquus*).

während wir in seiner Prosa eine erhebliche Zunahme an -tio Bildungen verzeichnen.[147] In den Tragödien ergibt sich für die -tio und -tus Abstrakta ein Verhältnis von ca. 1:20. Aufschlussreich sind die doppelformigen Synonyma, die sich folgendermassen auf Senecas Prosa und Poesie verteilen:

	Prosa	Tragödien
admonitus	0	1
admonitio	34	0
hortatus	0	1
adhortatio	7	0
modulatus	0	1
modulatio	6	0
monitus	0	2
monitio	9	0
potus	0	1
potio	22	0

Ebenfalls doppelformig, aber nur bedeutungsähnlich oder bedeutungsverwandt sind die folgenden Wörter:

accessus	9	1
accessio	30	0
actus	32	1
actio	68	0
ambitus	13	4
ambitio	66	1
successus	5	1
successio	5	0
transitus	28	1
transitio	1	0

In der Tragödiensprache werden also bei doppelformigen Synonyma die Bildungen auf -tio gemieden; der einmalige Gebrauch von *ambitio* (Thy.

---

[147] Dazu Bourgery, Sénèque prosateur 255-59. Die Bildungen auf -tus und -tio sind ausführlich behandelt von Gerhard Baader, Untersuchungen zum Gebrauch der -tus- und -tio- Abstrakta im Lateinischen (Diss. Wien [maschinenschr.] 1952); vgl. bes. S. 14-30a über Entwicklung und Verbreitung des Worttypus, S. 268-71 über den fachsprachlichen Charakter der -tio Bildungen.

350 *ambitio impotens* neben bedeutungsgleichem *ambitus* in Med. 400 *petitus ambitu*) geht wohl auf das Konto des Verszwangs. Für die Prosa ergibt sich ein Frequenzverhältnis der -*tus* und -*tio* Formen von 1:3.[148]

§ 113. Verwiesen sei hier auch auf die Tripelform *flexus* (HF 682, Tro. 389, Med. 211; 6mal in der Prosa), *flexio* (0) und *flexura* (Thy. 796; 2mal in der Prosa). An Bildungen auf -*ura* begegnet in den Tragödien sonst nur *natura*. Ihrer technischen Färbung entsprechend sind sie häufiger in den Prosaschriften; vgl. dazu E. Zellmer, Die lateinischen Wörter auf -*ura* (Frankfurt a/M. ²1976) 49f.

§ 114. Von den insgesamt 6 in den Tragödien aufgenommenen Bildungen auf -*tio* sind 3 vor Seneca in der Poesie belegt, *ambitio* Thy. 350 (Hor. 7mal in sat. und epist.; Ov. 5mal), *ratio* 9mal (Verg. 5mal, Hor. 18mal in sat. und epist.; Ov. 25mal), *superstitio* Thy. 678 (Verg. 2mal, je 1mal Hor. und Ov.). Erst bei Seneca finden wir in der Poesie *ultio* Med. 25. 896 (dann Stat. Theb. 7,607; silv. 5,2,94) und (von der Komödie abgesehen) *vociferatio* Phae. 1157 (Afran. 394 R²) sowie *lamentatio* Phae. 852 (Plaut. Merc. 870).

§ 115. Folgende Bildungen auf -*tus*[149] nimmt Seneca neu gegenüber Vergil, Horaz und Ovid in seinen Tragödien auf:

a) *conceptus*

Oed. 373   conceptus innuptae bovis

Die Verwendung von *conceptus* im Sinn von *fetus* entstammt der medizinischen Sprache, vgl. Paul. Fest. p. 87 L. *gravida est, quae iam gravatur conceptu*; Sen. nat. 3,25,11; Colum. 2,1,3. 3,10,12; s. ferner ThLL IV 23,78ff. Poetisch gebrauchen es dann auch Statius (Theb. 10,805, nach Verg. Aen. 8,138f. variiert), Ausonius (369,11 p. 96 Pei.) und Dracontius (laud. dei 2,324; Orest. 563).

b) *exortus*

Thy. 835f.   aeternae / facis exortu

Der einmalige Gebrauch des Kompositums *exortus* (neben 25mal *ortus*) hat metrische Gründe.[150] Die daktyl. Dichtung vor und nach Seneca

---

[148] Zu diesem Frequenzverhältnis, das für die silberne Latinität im allgemeinen gelten kann (aber 2:3 bei Cicero), s. C. Collin, ALL 13 (1904) 459; Hofmann-Szantyr 742f.

[149] Hierher gehört natürlich auch *accursus* (Phae. 897), das poetisch zudem bei Statius (Theb. 6,511) und Silius (15,604) belegt ist.

[150] Ähnlich dürften rhythmische Gründe für *exortus* in nat. 4A,1,2 *ante exortum Caniculae* (vgl. aber 5,10,4 *ultraque ortum Caniculae*) und 7,15,1 *talium stellarum exortum* verantwortlich sein.

beschränkt sich im allgemeinen auf *ortus* (bei Manilius hat *exortus* spezifisch astrologische Bedeutung und bezeichnet den Aufgangspunkt der Gestirnbahn über dem Horizont zur Zeit der Geburt), vgl. jedoch Auson. 333,15 p. 27 Pei. *exortus obitusque* [sc. *anni*] *manu volvente rotabis.*

c) *famulatus*

> Phae. 991   o sors acerba et dura, famulatus gravis[151]

Famulatus ersetzt altlat. *famulitas* (Pacuv. trag. 52 R²; Acc. trag. 118 R²) und ist (vor dem christl. Latein) nur selten belegt, Cic. Lael. 70; off. 3,117; Colum. 1 praef. 10; Tac. Agr. 31,2. Häufiger in den Seneca-Tragödien finden sich hingegen die stammverwandten Wörter *famulus* (15mal), *famula* (9mal) und *famularis* (2mal).

d) *laniatus*

> Phae. 1246   dispersa foede membra laniatu effero

Häufiger als das Nomen verwendet Seneca das Verb *laniare* (4mal). Poetisch kommt *laniatus* sonst nur noch 1mal bei Juvencus (3,352) vor.

e) *modulatus* (s. § 83)

f) *oppositus*

> Phoe. 402   et impia arma matris oppositu impedi

Das vorwiegend prosaisch gebrauchte Wort (vgl. aber Sil. 10,211) ist relativ selten und gewöhnlich nur im Abl. Sing. gebraucht.[152] Die Doppelform *oppositio* ist nicht vor Tertullian belegt, nimmt dann freilich Überhand.

g) *planctus*

Das Wort, das poetisch in den Seneca-Tragödien zuerst begegnet (10mal, davon 7mal allein in den Tro.), bürgerte sich im kaiserzeitlichen Epos fest ein, Lucan (8), Valerius Flaccus (10), Statius (23; silv. 11), Silius (7).

h) *potus*

> Thy. 914   ne parce potu

---

[151] Zur Klage des Boten über das Los der Knechtschaft und den ähnlichen Äusserungen bei Euripides s. Zintzen, Hypomnema zu Senecas Phaedra 115.
[152] Vgl. hingegen Cic. Marcell. 32.

Zwar wird *potus* neben *potio* in der kaiserzeitlichen Prosa immer häufiger, doch behält letzteres (ausgenommen bei Plinius d.Ä.) das Übergewicht. Die poetische Verwendung ist eher selten, z.B. Nemesian (cyn. 215, ecl. 3,53[?]), Ausonius (Mos. 30; 298,33 p. 154 Pei., 344,11 p. 162 Pei.), Prudenz (cath. 7,169) und Dracontius (Rom. 8,413).

Der Zuwachs an Bildungen auf *-tus* stammt, wie sich zeigt, zur Hauptsache aus der Prosa; poetisch nachgewirkt (in der flavischen Epik) hat davon eigentlich nur *planctus*.

7. *Abstrakta auf -tas*

§ 116. Verbreitet sind die Bildungen auf *-tas* nicht nur im Altlatein, sondern auch bei den Augusteern.[153] Der Zuwachs an solchen Abstrakta in Senecas Tragödien widerspiegelt weniger den möglichen Einfluss der philosophischen Sprache als die Verschiedenheit des Metrums, welches daktylisch ungeeignete Wörter zulässt:

castitas	Phae. 261; Hor. carm. 3,24,23; Phaedr. app. 11,1; Carm. epigr. 91,6.
civitas	Thy. 456; Hor. epod. 16,18. 36; carm. 3,29,25. 4,2,51; Phaedr. 1,2,2. 5,5,11.
felicitas	Ag. 928; Publil. 412 R².
immanitas	Med. 407; Cic. carm. frg. 34,15 Bü. (= Tusc. 2,20 v. 1060 transl. Soph. Trach.); Auson. 300,21 p. 171 Pei.; Prud. perist. 5,434.
necessitas	Tro. 581; Cic. carm. frg. 42,6 Bü. (= Tusc. 3,59 transl. Eur. fr. 757 N²); Hor. carm. 1,35,17.
orbitas	Phae. 1253, Thy. 282; Stat. silv. 4,7,33. 37.
sanctitas	Thy. 216, 217.
sanitas	Phae. 249; Laev. carm. frg. 12,2 Bü.; Chalc. carm. frg. 16,2 Bü. (transl. Eur. Med. 1079).
securitas	Ag. 797 (im Wortspiel mit *securus*).
temeritas	Ag. 145; Publil. 593 R²; Phaedr. 5,4,12; app. 10,25.
vastitas	HF 701; Acc. trag. 175 R².
veritas	Tro. 614, Oed. 827. 850; Hor. carm. 1,24,7; Phaedr. 7mal.[154]

---

[153] Allgemein zum Kompositionstypus und seine Verbreitung s. K. von Paucker, ZVS 23 (1877) 138-52; Hofmann-Szantyr 743f. verzeichnen für Vergil 19 und für Horaz 25 Bildungen; in den Seneca-Tragödien zählen wir total deren 30.

[154] Wenn Seneca in Thy. 973 das altertümelnde *satias* (E, *saties* A) aufgreift statt des geläufigen *satietas* (14mal in den Prosaschriften), so hat dies metrische Gründe; ähnlich Sil. 4,110 und 6,52 (dazu Axelson, Unp. Wörter 27 und 149).

8. Poetismen und Bedeutungserweiterungen

§ 117. Die folgenden Wörter hat Seneca offenbar aus der poetischen Tradition ausserhalb von Vergil, Horaz und Ovid geschöpft.

§ 118. *paedor*

HF 627-28	unde tam foedo obsiti / paedore nati?
Oed. 625	paedore foedo squalidam obtentus comam[155]
Ag. 991	inops egens inclusa, paedore obruta

Das Nomen ist vor dem Spätlatein fast nur poetisch belegt, Acc. trag. 111 R²; Trag. inc. 191 R²; Lucr. 6,1269; Lucan. 2,73; Stat. Theb. 4,616 und in Nachahmung Senecas bei HO 392.[156]

§ 119. *licens*

Phae. 780	cingent, turba licens, Naides improbae

Geläufig ist die Vorstellung vom geilen, zügellosen Gebaren der Satyrn und der Faune, welche den Nymphen nachstellen, Prop. 4,1,26 *licens Fabius sacra Lupercus habet*; Frg. poet. ('Hor.') Prisc. gramm. II 561,8 K. *licentum satyrorum greges*; ähnlich Stat. Theb. 4,695f. *nocturnaque furta licentum / cornipedum et cupidas Faunorum arcebo rapinas*; Nemes. ecl. 3,55. Zum Motiv vgl. auch silv. 2,2,104ff. und Auson. Mos. 175ff. Dem Gedankengang des Chores folgend, welcher die Schönheit des spröden Hippolytus besingt, hat Seneca hier mit Anspielung auf die Hylas-Sage (vgl. dazu Mart. 6,68,8f.) den Zug der Zügellosigkeit auf die Nymphen übertragen.

§ 120. *montivagus*

Phae. 784	Panas quae Dryades montivagos petunt[157]

Das Kompositum (s. § 21) begegnet zuerst bei Lukrez (1,404 *montivagae ... ferai*; 2,597. 1081 *montivagum genus ferarum*; vgl. Soph. Philoct. 955 θῆρ'

---

[155] Giardina (im App.), wie schon Gronovius, hat zu Recht das einhellig überlieferte *obtentus* gegen Trevets (?) Konjektur *obtectus* verteidigt, vgl. Sil. 10,227 *obtendit pulvere lucem*, ferner Sen. Oed. 370, Cels. 6,9,3 *lana optentum* (*obtectum* J).
[156] Vgl. hingegen Tac. ann. 6,44,1 *neque exuerat paedorem* (eine Variation von 6,43,2 *inluvie obsitus*). Bei Cicero, Tusc. 3,62 *ex hac opinione sunt illa varia et detestabilia genera lugendi: paedores, muliebres lacerationes genarum, pectoris feminum capitis percussiones*, widerspiegelt die Verwendung von *paedor* das Tragikerzitat (Trag. inc. 191f. R²), welches Cicero in 3,26 zitiert, bes. die Verse 3f. *situm inter oris barba paedore horrida atque / intonsa infuscat pectus inluvie scabrum*. In der Prosa ist *squalor* das Gewöhnliche.
[157] So in E, *montivagive Panes* A. Zur Textfassung der Verse 783/84 s. Zwierlein, Prolegomena 33f., dessen Argumente für die Echtheit von 783 (gegen Leo, Observationes 141) und zugunsten der A-Variante in 784 freilich nicht zu überzeugen vermögen.

ὀρειβάτην) und könnte wohl die einmalige prosaische Verwendung bei Cicero (Tusc. 5,79 *bestiae … non montivagos atque silvestris cursus lustrationesque patiuntur*) inspiriert haben. Als Attribut Pans erscheint *montivagus* auch bei Nemesian, ecl. 3,17; dass die Verbindung auf griechischem Vorbild beruht, ist nicht auszuschliessen, Soph. OT 1100 Πανὸς ὀρεσσιβάτα, Alc. Mess. AP 16,226,1 Πὰν … ὀρειβάτα, s. ferner Korzeniewski zu Nemes. ad loc.; F. Lenz, RE 16,2335. Statius überträgt das Adjektiv auf Diana (Ach. 1,450) und auf den Viehhirten (Theb. 1,581), HO 137 auf das Vieh.

§ 121. *percitus*

HF 108	magno furore percitus
Phae. 1156	quis te dolore percitam instigat furor?

Die PPP Form ist bei Lukrez relativ häufig (11mal), vgl. besonders 5,399 *ira … percitus*; dann wird sie selten, Stat. Theb. 10,376; Silius (3mal), Inc. poet. p. 171 Bü. (= p. 139 M.),13 *Amoris igni percita*, Iul. Valerius 2,34 Bü.

§ 122. *pacificare*

Ag. 225	mentemque tibimet ipsa pacifica tuam

Transitives *pacificare* ist vielleicht nicht ausschliesslich auf die Poesie beschränkt,[158] aber gegenüber prosaischem *pacificari* doch das Gewöhnlichere, Catull. 68,76; Sil. 15,421; Claud. carm. 4,20.

Ebenfalls dem poetischen und prosaischen Wortschatz zugehörig ist *artare*.

HF 1211	Symplegas artat hinc et hinc vinctas manus
Ag. 894	artat … motu … vincla

Das Verb findet sich vereinzelt im frühen und klass. Latein, so bei Plautus (Capt. 304), Lukrez (1,576) und Livius (45,36,4); verbreitet und offensichtlich beliebt ist das Wort jedoch erst in der Kaiserzeit, Velleius Paterculus (4mal), Columella (6mal) und besonders bei den Dichtern Lucan (7mal), Statius (9mal), Silius (10mal), Martial (4mal). Seneca selbst verwendet in den Prosaschriften nur die PPP Form (3mal), während er die finiten Formen von *coartare* bildet. Das Kompositum (seit Cicero belegt) vermeidet er in den Tragödien, so übrigens auch die andern Dichter (Lucan. 10,217 *ante coartat* dürfte dem Verszwang zuzuschreiben sein).

---

[158] Vgl. Ed. Wölfflin, ALL 3 (1886) 130.

§ 123. Die folgenden Wörter gehören grösstenteils der Dichtersprache an, doch zeigen sie bei Seneca eine Erweiterung ihrer Bedeutung, die sich vorher nicht nachweisen lässt:

a) *chalybs*

Die Übertragung des ethnischen Namens auf das Material, das die Chalyber bearbeiten, ist seit Vergil nachweisbar, Aen. 8,446 (vgl. 10,174 *Chalybum ... metallis*). Seneca geht noch einen Schritt weiter und erweitert, wohl in Analogie zu *ferrum*, die Bedeutung von *chalybs* »Eisen«, »Stahl« zu »Waffe aus Eisen«, »Schwert«: Thy. 364 *non strictus domuit chalybs*; so dann auch HO 1627, ferner Lucan. 7,518; Val. Fl. 5,540. 6,342; Sil. 6,255.

b) *inferna*

HF 423   inferna tetigit, posset ut supera assequi.

Zwar wird *inferni* (= *inferi*) schon von Properz (2,1,37. 2,28,49, jeweils im Gegensatz zu *superi*) gebraucht, als Neutr. plur. im Sinn von »Unterwelt« erscheint das Wort aber erst bei Seneca, offenbar durch *supera* suggeriert, dann Tac. hist. 5,5,3 *de infernis persuasio, caelestium contra*, Apul. Socr. 9,15 *ad inferna* (im Gegensatz zu *superna*). Zur Antithese *inferna — superna* s. ferner F. Leo, ALL 10 (1898) 436f.

c) *thalamus*

Dass *thalamus* (bzw. *thalami*) metonymisch für »Ehe« verwendet wird, bedarf keiner Erklärung. Weiter geht Seneca in seinem Gebrauch des Wortes jedoch in

Phae. 1215f.   caelebs et orbus funebres una face
                 ut concremarem prolis ac thalami rogos?

wo *thalamus* (neben *proles*) schlechthin als Synonym zu *coniunx* zu verstehen ist.

d) *compensare*

Phae. 83f.   hac, hac pergam qua via longum / compensat iter.

Den Anstoss, *compensare* (»abwägen«, »ausgleichen«) im Sinn von »abkürzen« zu verwenden, mag Seneca aus Ov. met. 3,234f. *per compendia montis/anticipata via est* (s. Bömer ad loc.) erhalten haben. Lucan ist ihm darin gefolgt, 8,248f. *magnos ... sinus Telmessidos undae / compensat medio pelagi*, und mit dem Simplex 9,685 *pensabat iter*.

II. *Der Einfluss der Prosa*

§ 124. Hatten wir im ersten Teil unserer Untersuchung nachgewiesen, wie Seneca auch ausserhalb seiner wichtigsten poetischen Vorbilder Vergil, Horaz und Ovid an die Tradition der Dichtersprache anknüpft, soll jetzt im zweiten Teil ein Überblick darüber gewonnen werden, wo der Dichter bei Bedarf zu Wörtern greift, die bislang ausschliesslich oder doch vorwiegend in der Prosa verwendet wurden. Dabei zeigt sich, dass manches Wort, welches bei Seneca zum ersten Mal poetisch belegt ist, in der Folgezeit sich dichterisch einbürgert. Umgekehrt macht unser Dichter in der Prosa Anleihen, die im poetischen Kontext der Tragödien einmalig bleiben.

1. *Wörter aus Sondersprachen*

§ 125. Zu nicht geringen Teilen deckt sich der poetische Wortschatz mit verschiedenen Sondersprachen, führt doch die Dichtung in sämtliche Bereiche des menschlichen Lebens. Und wo sie Tätigkeiten oder Beziehungen nicht als solche beschreibt, verdeutlicht sie diese oft durch ein Bild aus dem juristisch-politischen, militärischen, handwerklichen oder dem häuslichen Bereich. Im Gebrauch von Fachausdrücken geht Seneca in den Tragödien nur wenig darüber hinaus, was schon Vergil, Horaz und Ovid gewagt haben. Was er neu einbringt, entstammt vor allem der Rechts- und der Opferschlächtersprache, die sich mit der chirurgisch-medizinischen Terminologie überschneidet.[159] Neuerungen aus der Militärsprache sind hingegen nur vereinzelt nachweisbar, und aus anderen Sondersprachen (z.B. Seefahrt, Handel, Landwirtschaft) ist überhaupt kein Zuwachs zu verzeichnen. Dies überrascht nicht, wenn wir bedenken, wie sehr die lat. Dichtersprache schon vor Seneca mit derlei Wörtern und Ausdrücken angereichert war.

a. Rechtssprache

§ 126. *donator, stuprator*

Diese Begriffe sind nur bei Seneca in der Poesie belegt (s. § 63 Anm. 68 und 69).

   sortitor ist ein Hapax legomenon (s. § 67).[160]

---

[159] Darin widerspiegelt sich eine Eigenart Senecas. Einerseits liebt er in den Tragödien die drastische Darstellung von Greueln (s. M. Fuhrmann, Die Funktion grausiger und ekelhafter Motive in der lat. Dichtung. Poetik und Hermeneutik 3 [München 1968] 45-50), anderseits macht er in seinen philosophischen Schriften reichlich Gebrauch von der Arzt- und Rechtsmetaphorik; D. Steyns, Étude sur les Métaphores et les Comparaisons dans les œuvres en prose de Sénèque le philosophe (Gand 1907) 51-70, 88-102. Zusammenfassend über die Bildersprache des Tragikers Seneca handelt O. Hiltbrunner, ANRW II 32.2 (1985) 991-93.

[160] Daselbst auch über *quaesitor* (HF 731, Ag. 24), das Seneca aus Vergil übernahm.

§ 127. *repudium*

> Med. 52-53   paria narrentur tua / repudia thalamis
> Ag. 282-83   non dant exitum / repudia regum

Während der Tragiker Seneca (und sein Nachahmer, HO 432) *repudium*
nur im (metrisch bedingten) Plural gebrauchen, erscheint es bei Plautus
(Aul. 783. 784. 799), Terenz (Phorm. 677. 928) und Lucilius (849
Marx), den einzigen sonstigen Belegstellen in der Dichtung, stets im Singular. Aufschlussreich ist ferner Senecas Wortgebrauch in der Prosa: den
Singular verwendet er für den strikt juristischen Sinn »Ehescheidung«
(benef. 3,16,2); in dial. 1,3,10 sind *repudia* die täglichen Abweisungen,
welche Maecenas von seiner launischen Frau Terentia hinnehmen muss.

§ 128. *subditivus*

> Oed. 803   quod subditivi praemium gnati petit?

Im Gegensatz zu seinem Synonym *suppositus* (dazu s. Kleinfeller, RE IV
A 1, 952) blieb *subditivus* in seiner Anwendung auf literarische Texte
beschränkt, Plaut. Amph. 497. 828; Pseud. 752; als Titel eines Stückes
des Caecilius erwähnt es Gellius (15,9,1). Vgl. ferner Cic. Verr. 5,69
subditivum archipiratam ~ 70 *ille suppositus*; Suet. Nero 7,1.

§ 129. *adlegere*

> Ag. 811-813   imparem aequasti numerum deorum:
>   tuus ille bis seno meruit labore
>   adlegi caelo magnus Alcides

Die juristische Bedeutung ist hier voll ausgeschöpft, denn *adlegere*
bezeichnet in der Kaiserzeit in erster Linie die Neuaufnahme in den
Senat oder die Versetzung eines Senators aus einer niederen Amtsklasse
in eine höhere; s. M. Coffey, JRS 48 (1958) 226, und Tarrant ad loc.,
der auf einen ähnlichen Gebrauch bei Prud. perist. 2,553f. verweist
(Aufnahme des Laurenzius in den Himmel) *illic inenarrabili / adlectus urbi
municeps.* Zu *adlectio* im allgemeinen s. Joh. Schmidt, RE I 366-70;
O'Brien Moore, RE Suppl. VI 762.

§ 130. *copulare*

> HF 493   sin copulari pertinax taedis negat

Der Verbindung *copulari taedis* liegt der rechtssprachliche Ausdruck *copulare matrimonio* (bzw. *matrimonium*) / *coniugio* zugrunde; neben dem verbreiteten Gebrauch in den Digesten (s. ThLL IV 922,20ff.) vgl. auch

[Quint.] decl. 280,17 Winterb. *tuere nuptias quas iunxisti, tuere matrimonium quod copulasti.* Zur poetischen Phrase *sociemus toros* (HF 413) s. meinen Komm. ad loc.

§ 131. *taxare*

Das Verb, welches bei Seneca zuerst belegt ist, stammt aus dem Privatrecht und bezeichnet (wie *taxatio*, dazu Kaser, RE V A 74,a) das Festsetzen einer Höchststrafe, zu welcher der Beklagte verurteilt werden kann. Poetisch gebraucht wird *taxare* überhaupt nur von Seneca,

HF 746-47   scelera taxantur modo / maiore vestra
Thy. 91-92   ingenti licet
                    taxata poena lingua crucietur loquax

Unter der 5maligen Verwendung in den Prosaschriften interessieren hier, wegen des juristischen Kolorits, vor allem clem. 2,7,3 und dial. 6,19,1.

b. Opferschlächtersprache

§ 132. *omentum*

Oed. 369-70   non molli ambitu
             omenta pingues viscerum obtendunt sinus

Für die alte Verbesserung *viscerum* (s. Giardina, app. crit.) gegenüber der Paradosis *visceri* (Zwierlein) spricht in erster Linie der Umstand, dass *viscere* die einzige gebräuchliche Form des Sing. ist; s. Neue-Wagener[3] 1,669f. Die ungewöhnliche Dativform dürfte aus Angleichung an die Konstruktion *obtendere aliquid alicui* entstanden sein. Die Konstruktion *obtendere* (be-, verdecken) *aliquid aliqua re* wird nach Seneca geläufig, Stat. Theb. 2,248 (*Inachidae*) *obtendunt limina silvis*, Sil. 10,227 *obtendit* (sc. *ventus*) *pulvere lucem*, ähnlich Tac. hist. 3,56,1. Zum Ausdruck *pingues viscerum sinus* vgl. Phoe. 160 *totos viscerum nuda sinus*.

Die Dichter verwenden *omentum* (»Gekröse«, »Netzhaut um die Eingeweide«) gewöhnlich im Zusammenhang von Opfer und Opferschau, so zuerst Catull (90,6), nachgeahmt von Persius (2,47; in 6,74 ist die Assoziation zum Opferritual durch *popa venter* gegeben), ferner Lucan (1,625) und Juvenal (13,118). Der Gebrauch von *omentum* in der chirurgischen Fachsprache erhellt deutlich aus dem 7. Buch des Celsus (14,1. 2. 3. 5. 7; 16,3; 18,3. 4; 21).

§ 133. *popa*

Ag. 898-99   qualisque ad aras colla taurorum popa
                    designat oculis antequam ferro petat.

popa Bentley: *prius* codd., Zwierlein (post *oculis* lacunam indicans). Die Geringschätzung des Opferdieners, der das Tier zu schlachten hat, wird vielfältig zum Ausdruck gebracht, so bei Cic. Mil. 65, Suet. Cal. 32,3 und auch bei den Dichtern; Properz (4,3,62) spielt auf ihre Gier an (*succinctique calent ad nova lucra popae*), Persius (6,74) auf ihren fetten Wanst (*popa venter*).

Falls Bentleys Konjektur hier das Richtige trifft (s. Tarrant ad loc.), würde sich der Vergleich zwischen Clytemestra und dem Opferschlächter wohl auf das Schwingen der Axt über dem Haupt des Opfertieres beschränken.

§ 134. Die enge Beziehung zwischen Chirurgen- und Opferschlächtersprache erkennen wir auch aus der Beschreibung des Thyestmahls (Thy. 755ff.), z.B. *exta* (755), *venae* (756), *fibras* (757), *secat* (760), *membra* und *trunco* (761), *veribus* (765), *viscera* (765), *iecur* (770). Dazu gehört ebenfalls *denudare*,

Thy. 763   denudat artus durus atque ossa amputat

Bei Senecas Gebrauch von *denudare* handelt es sich nicht um eine Reminiszenz an Pacuv. trag. 200 R² *denudatis ossibus* (scil. durch die Witterung), sondern weist, wie *amputare*, in den Bereich der Chirurgie, wo allerdings zunächst das Simplex vorherrscht, Cels. 6,15,4. 7,33,2. 8,2,1; vgl. auch Phoe. 160, Cic. fin. 4,6 (im übertragenen Sinn). In den spätantiken medizinischen Traktaten scheint jedoch *denudare* fest eingebürgert (vgl. ThLL V 1,550,22ff.). An unserer Stelle dürften verstechnische Gründe den Ausschlag gegeben haben; dreisilbige Formen von *de*- Komposita ($--\cup$) stehen vorzugsweise am Trimeteranfang (z.B. HF 307. 624. 1223, Phoe. 244, Med. 918, Phae. 258. 392, Oed. 562).[161]

c. Militärsprache

§ 135. *excubitor*

Thy. 458   somnos ... non defendit excubitor meos

Dichterisch erscheint das Wort nur noch (komisch-heroisch auf den Hahn übertragen) im Moretum, 2 *excubitor ... diem cantu praedixerat ales*. Mit der spezifischen Bezeichnung der kaiserlichen Palastwache (vgl. Suet. Claud. 42,1; Nero 8) verleiht Seneca der Passage römisches Kolorit.

---

[161] Ebenfalls dem Opfer- und Medizinbereich angehörig ist *transuere* (Phoe. 254 [vom Oedipusknaben] *calido ... teneros transuit ferro pedes*), vgl. Ov. fast. 2,363 und Cels. 7,7,8.11; 25,3.

§ 136. *lixa*

Phoe. 597   humilisque socerum lixa dominantem sequar?

Der Marketender findet sich erwartungsgemäss im Vokabular der Historiker (Valerius Antias 1mal, Bellum Afr. 1mal, Sallust 2mal, Livius 9mal, Tacitus 10mal). Senecas poetischem Gebrauch von (abschätzig gemeintem) *lixa* folgen Lucan (9,593) und Silius 5,31f. *inutile Marti lixarum vulgus*.

§ 137. *vexillum*

Phoe. 400   nomen ducum vexilla praescriptum ferunt
Ag. 40   cuius secutae mille vexillum rates

In der Dichtung ist *vexillum* vor Seneca nicht nachweisbar (die Augusteer wählen das allgemeinere *signum*); hingegen verwenden es die flavischen Dichter regelmässig, Valerius Flaccus (2), Statius (Theb. 8; silv. 3), Silius (2).

2. *Adverbien*

§ 138. Dass in der Dichtersprache die Adverbien infolge ihrer mangelnden Anschaulichkeit nicht gerade beliebt sind, hat Axelson mit Recht hervorgehoben und dabei auf die relativ sparsame Verwendung von Bildungen auf *-e*, *-o* und *-(i)ter* bei den Augusteern hingewiesen.[162] Allerdings übt bereits Ovid weniger Zurückhaltung und noch weniger Seneca, welcher darüber hinaus die folgenden Adverbien in den Tragödien aufnimmt:[163]

§ 139. *impie* / *pie*

Beide Adverbien sind in der Poesie ungewöhnlich; während der Kretikus *impiē* dem daktyl. Mass widerstrebt (aber *impiĕ* bei Ven. Fort. carm. 10, 12a,5), eignet es sich vorzüglich als Schlusswort des iamb. Trimeters:

Med. 134   funestum impie
Ag. 979   genetricem impie
Thy. 315   nimium impie[164]

---

[162] Unpoetische Wörter 62f. Etwas differenzierter urteilt L. Håkanson, Adverbs in Latin Poetry, Eranos 84 (1986) 23-56 (mit nützlichen Tabellen und Listen).
[163] Bei Ovid, nicht aber bei Vergil und Horaz kommen vor: *mitius, modice, varie; audacter, patienter, qualiter, tantisper; quolibet* (wozu s. Axelson, Unp. Wörter 75).
[164] Vgl. aber Oct. 523f. *illic sepultum est impie gestum diu / civile bellum*.

Analog dazu erscheint auch *pie* am Versende:

| Phoe. 380 | nil possum pie |
| Oed. 790 | ad caelum pie |

§ 140. *intrepide*

HF 417   pertuli intrepide omnia

Das Adverb, das nur hier in der Poesie vorkommt, dient der metrischen Bequemlichkeit. Gleiche Stellung im Vers hat das *Adjektiv* in:

| Oed. 13 | intrepidus, vacans[165] |
| 596 | intrepidus parens. |

§ 141. *pavide*

Oed. 608-9   pavide latebras nemoris umbrosi petunt
                animae trementes

Das Adverb ist in der Dichtung nur hier belegt.[166] Gegen Marklands Konjektur *avide*[167] spricht vor allem *latebras* (»Schlupfwinkel«, »geschütztes Versteck«), das zusammen mit *petunt* (»eilends aufsuchen«) das Bild von den ängstlich zitternden Schatten in der Unterwelt abrundet.[168]

§ 142. *illo* (s. § 60 d).

precario

Thy. 215   precario regnatur

Der Rechtssprache angehörig (Berger, Dictionary of Roman Law 648), ist das Adverb nicht ungewöhnlich in der Komödie (3mal bei Plautus, 1mal bei Terenz).[169] Mehrfach begegnet es in Ciceros Reden, dann auch in der nachklassischen Prosa, so bei Seneca (5mal), neben Begriffen des Herrschens und Befehlens auch bei Curt. 9,2,34. 10,2,15; Tac. Agr. 16,4; ferner Suet. Claud. 12,1.

---

[165] So in E; *vagans* A, Zwierlein, welches offensichtlich eine Angleichung an *exul* darstellt. Oedipus' Beteuerung (*caelum deosque testor*) macht aber nur Sinn, wenn er dadurch versichert, dass er ohne sein Zutun (*vacans*) an die Macht gekommen ist.

[166] In Lucr. 2,45 ist *pavidae* (O) dem Adverb *pavide* (Q) vorzuziehen.

[167] Zu Stat. silv. 5,1,111, der freilich *pavidae* (*pavide* codd.) beanstandet, »quod ferri non potest, cum statim sequatur *trementes* eodem sensu«; ihm folgen Leo und Peiper-Richter.

[168] Zum Topos der ängstlichen, lichtscheuen Schatten vgl. Verg. Aen. 8,246 *trepident immisso lumine Manes*, Ov. met. 5,356-58, von Seneca nachgeahmt, HF 293 *lucis ... pavidos ante te populos age* (mit meinem Komm. ad loc.).

§ 143. *clementer*

Oed. 280-81   caelum petens,
            clementer acto colle Parnasos biceps

Im Sinn von »sanft (ansteigend)« ist *clementer* in der silbernen Latinität durchaus geläufig, Colum. 2,2,1 *collem clementer et molliter adsurgentem,* ähnlich Tac. ann. 13,38,3 und auch 12,33; hist. 3,52,1; Germ. 1,2. Ebenso erscheint es in der Poesie, Sil. 1,274 *clementer crescente iugo.*

§ 144. *membratim*

Phoe. 170-71   membratim tibi / perire volui

Adverbien auf *-tim* sind kennzeichnend für die Sprache des Lukrez,[170] der auch *membratim* verwendet, 3,526f. *denique saepe hominem paulatim cernimus ire / et membratim vitalem deperdere sensum* (530 *tractim,* 542 *particulatim*). Dass sich Seneca hier letztlich von Lukrez' Diatribe gegen die Todesfurcht anregen liess, ist nicht auszuschliessen. Denselben Gedanken wiederholt er in epist. 101,14 *invenitur aliquis qui velit inter supplicia tabescere et perire membratim* ...?[171]

§ 145. *statim*

In der daktyl. Dichtung wird *statim* wegen s *impurum* im allgemeinen gemieden.[172] Hingegen kommt es, stets in Versendstellung, 11mal in Senecas Tragödien vor: HF 213, Tro. 587. 667. 688. 916. 1163, Phoe. 433, Oed. 956, Ag. 987, Thy. 740. 1028. Die poetische Verwendung von *statim* beschränkt sich sonst auf den Hendekasyllabus (Catull. 32,9; Mart. 1,27,4; 6,30,1; 12,93,6) und den iamb. Senar des Phaedrus (4mal).[173]

---

[169] Zu Form (erstarrter Abl. modi) und Verbreitung solcher *-o* Adverbien s. Hofmann-Szantyr 117.

[170] Vgl. die Zusammenstellung in Baileys Komm., Prol. VII § 6,1.

[171] An Adverbien auf *-tim* verwendet Seneca in den Tragödien (ausser *statim,* § 145) sonst nur noch *furtim* (HF 1179); häufiger sind die Bildungen jedoch in der Prosa (22). Zur Entstehung und Entwicklung des Typus s. J. Schaffner-Rimann, Die lateinischen Adverbien auf *-tim* (Diss. Zürich), Winterthur 1958.

[172] Axelson, Unp. Wörter 20; Skutsch, The *Annals* 57.

[173] Dazu s. auch § 60c mit Anm. 59. Hingewiesen sei ferner auf *interim.* Während in der daktyl. Dichtung das Adverb wie andere daktyl. Wörter auf *-m* verpönt ist (Axelson, Unp. Wörter 20), finden wir *interim* in Tro. 997 und Phae. 1274 (jeweils nach der Penthemimeres, so auch HO 481. 930, Hor. epod. 2,25; vgl. auch carm. 3,20,9).

§ 146. *intra*

Thy. 965-66   sed vagus intra / terror oberrat

Die Beobachtung bei Hofmann-Szantyr 234, dass *intra* als Adverb nur umgangssprachlich und nachklassisch für klass. *intus* begegnet, ist insofern zu modifizieren, als *intra* schon in der klass. Dichtersprache um der euphonischen Wirkung willen gegen *intus* ausgetauscht wird, so Tib. 2,3,45 *lentus ut intra*, ähnlich Aetna 111 *spiritus intra* (hingegen 534 *sucosior intus*). Vgl. ferner Ciris 256 *intra* (codd., *intro* Ribbeck), Nux 95 *intra est*, Stat. Ach. 1,110f. *at intra* (*intus* ER) / *Centauri stabula alta patent*, aber 7mal *intus*.[174] Vermeidung von aufeinanderfolgendem *vagus intus* war offensichtlich der Grund, weshalb Seneca hier *intra* dem sonst in den Tragödien gewöhnlichen *intus* (7mal) vorzog.

§ 147. *ubinam*

Ag. 398-99   ubinam petitus per decem coniunx mihi
(398a-99a)   annos moratur?
Thy. 280-82   ubinam est? tam diu cur innocens
                  versatur Atreus? tota iam ante oculos meos[175]
                  imago caedis errat

Das Frageadverb ist geläufig bei Plautus und Terenz, aber rar in der klass. Sprache (Cicero 3mal, Catull 1mal); nach Seneca, der es nur hier gebraucht, finden wir *ubinam* 3mal im HO (1338. 1357. 1399) und 4mal bei Statius (Theb. 5,656. 9,385; Ach. 1,127; silv. 2,1,45). Dem Wort eignet ein emotioneller Ton, welcher hier die Ungeduld des Fragenden zum Ausdruck bringt; s. Tarrant zu Ag. 398a.

§ 148. *undecumque*

HF 1011   petet undecumque temet haec dextra et feret

Das doppeltrochäische Wort ist vor der Kaiserzeit nur einmal bei Lukrez (6,1017f. in Tmesis) belegt. In der gehobenen Prosa findet es sich dann bei Seneca (5mal), Quintilian (1mal), dem jüngeren Plinius (2mal), jedoch nicht bei Tacitus.

---

[174] In Hor. epist. 2,1,31 *nil intra est olea* (Bentley, *oleam* codd.), *nil extra est in nuce duri*, ist *intra* (neben *extra*) ohne Zweifel als Adverb aufzufassen; darüber ausführlich Brink ad loc.
[175] Eine Änderung des überlieferten *versatur* (*servatur* Axelson, Zwierlein) drängt sich keineswegs auf.

§ 149. Abschliessend noch zwei Adverbien, die strittig sind:

a) In Ag. 887f. *mortifera vinctum perfide* (codd.) *tradit neci / induta vestis* hatte bereits Avantius die Überlieferung richtig als *perfidae* gedeutet (so auch Tarrant, Zwierlein); vgl. Tro. 651f. *poteris nefandae deditum mater neci / videre?*

b) In Tro. 1097-99 *sic ille dextra prensus hostili puer / ferox superbe moverat vulgum ac duces / ipsumque Ulixen*, ist das Adverb *superbe* als gradierende Bestimmung von *ferox* schwerlich zu verteidigen; D. Heinsius dürfte mit der leichten Änderung *superne* das Richtige getroffen haben, vgl. Oed. 95 *e superna* (E, *-ba* A) *rupe … praedae imminens*.

3. *Verbalkomposita*

§ 150. Unter den Wörtern, welche Seneca aus der Prosa aufnimmt, stellen die Verbalkomposita eine beachtliche Zahl. Dies erstaunt nicht, wenn wir die gleichzeitige Entwicklung und Ausdehnung der Fachprosa und ihrer Sondersprachen bedenken, deren Wortschatz sich zum grossen Teil durch Komposita erweitert.[176] Anderseits lässt der vermehrte Griff zum Praeverb als Hilfe der Verdeutlichung erkennen, wie sehr sich die Sprache in der Kaiserzeit abgeschliffen hatte. Dazu kommt, dass bei einem Dichter Verszwang und metrische Bequemlichkeit keine unerhebliche Rolle in der Wahl von Komposita spielen.[177] Wie Ovid in der Erweiterung primitiver Verbformen durch Praefix und Suffix ein geeignetes Mittel fand, seine Hexameter und Pentameter geschmeidig und flüssig zu gestalten,[178] so kamen die Verbalkomposita offensichtlich dem Stilbestreben Senecas entgegen, seine knappe, aus kleinen Einheiten aufgebaute Syntax durch vollere Wortformen auszugleichen. Dabei lassen sich drei Gruppen von Verben unterscheiden:

a) Zuerst werden solche Verbalkomposita behandelt, die als unpoetisch gelten können, weil sie auch in der silbernen Latinität im grossen und ganzen auf die Prosa beschränkt bleiben (§§ 151-159).

b) Es handelt sich um Verbalkomposita, welche sich offenbar nach Seneca in der kaiserzeitlichen Dichtersprache einbürgerten (§§ 160-168).

c) Einige Verbalkomposita finden sich vereinzelt auch in der Dichtung vor oder gleichzeitig mit Seneca (§§ 169-172).

---

[176] So zählt z.B. Bourgery, Sénèque prosateur 270-74, unter den Neologismen in Senecas Prosa allein 49 Verbalkomposita.

[177] Bei Seneca lässt sich ferner nachweisen, wie Komposita unter dem Einfluss des Kontexts gewählt werden, z.B. Med. 507 *ab-dico, e-iuro, ab-nuo*; bei Nominalkomposita, Thy. 176 *i-gnave, in-ers, e-nervis*; Phoe. 223 *ne-fandus, in-cestificus, ex-secrabilis* (dazu § 72); Phoe. 264f. *i-gnotum, ef-ferum, / in-usitatum*.

[178] Kenney, The Style of the *Metamorphoses* 122, ferner 124 und 126.

§ 151. *commori*

Ag. 202   mors misera non est commori cum quo velis

Terenz (Ad. 7) überliefert *Commorientes* als Titel einer plautinischen *retrac-tatio* von Diphilus' *Synapothnescontes*, sonst ist das Verb nur in der Prosa (seit Sallust) belegt. Der Agamemnonvers weist auf eine Sentenz des Rhetors Vibius Gallus, die der ältere Seneca aufgenommen hat, contr. 9,6,2 *naturali quodam deploratae mentis adfectu morientibus gratissimum est commori*. Dem rhetorischen Effekt dient auch Senecas einmalige Verwendung von *commori* in der Prosa, epist. 77,13 *quantus te populus moriturorum sequetur, quantus comitabitur! Fortior, ut opinor, esses, si multa milia tibi commorerentur*.

§ 152. *concremare*

Phoe. 344-46   maculatos lares
conflate, ab imo tota considat domus;
urbs concremetur
Phae. 1215-16   caelebs et orbus funebres una face
ut concremarem prolis ac thalami rogos?

Weshalb Seneca neben dem sonst üblichen *cremare* (9mal) das prosaische Kompositum einführt, erklärt sich aus dem Kontext; in der ersten Passage setzt *concremetur* die Reihe der *con*- Komposita fort.[179] Im zweiten Fall unterstreicht *concremarem* den Gedanken vom gleichzeitigen Tod des Hippolytus und der Phaedra, vgl. 1214 *bina ... funera et geminam necem*, 1215f. *funebres una face ... rogos*. Beiden Stellen ist gemeinsam, dass die Verbform $-\cup--$ auf versbeginnendes Monosyllabum folgt, was bei metrisch äquivalenten Formen von *con*- Komposita das Gewöhnliche ist, Med. 198, Phoe. 198. 569.

§ 153. *enarrare*

Tro. 1067   ede et enarra omnia

Poetischer Gebrauch von *enarrare* ist äusserst selten, Plautus (2mal), Terenz (3mal), Priap. 63,17 und Claudian, carm. 26,599. Eingefügt hat Seneca das Kompositum hier im Zugzwang der beiden vorausgehenden Verben *expone* (1065), *persequere* (1066) und *ede*.

---

[179] Zu diesem Kriterium der Wortwahl s. Anm. 177. In Aetna 623 wurde *concremat* von Auratus konjiziert, s. Goodyear ad loc.

§ 154. *obiacere*

Oed. 11   imperia sic excelsa Fortunae obiacent.

Es handelt sich hier nicht etwa um eine Ennius-Reminiszenz (trag. 192 J [= 202 R²] *Acherontem obibo ubi Mortis thesauri obiacent*; zum Gebrauch von *obiacere* für *iacere* s. Jocelyn ad loc.); vielmehr stammt das Kompositum aus der Prosa, wo es grundsätzlich zwei Anwendungsbereiche hat und entweder (im geographischen Sinn) »vorgelagert sein«, »gegenüberliegen« bedeutet oder »hindernd davor liegen«, so in epist. 115,6 *etiam paupertate opposita, etiam humilitate et infamia obiacentibus*; nat. 6,17,2. Dass hier (wie bei Stat. Theb. 4,61f. *obiacet alto / Isthmos*) die geographische Vorstellung hinter *obiacere* steht, ergibt sich aus dem ersten Teil des Vergleichs, 8-10 *ut alta ventos semper excipiunt iuga / rupemque saxis vasta dirimentem freta / quamvis quieti verberat fluctus maris*, welcher die Nuancierung von *obiacent* »(dem Geschick) ausgesetzt sein« vorbereitet.

§ 155. *oblitterare*

Med. 556-57   haec irae data / oblitterentur

Das Verb ist 2mal bei Accius (trag. 43 und 162 R²) sowie 1mal bei Catull belegt (64,231f. *tum vero facito ut memori tibi condita corde / haec vigeant mandata, nec ulla oblitteret aetas*), gehört aber sonst dem prosaischen (insbesondere nachklass.) Wortschatz an; für Seneca vgl. epist. 74,34 und ähnlich dial. 12,2,2, ferner epist. 105,8. Hier wird (wie bei Catull) *oblitterare* durch die Wendungen *maneant in animo verba* (555) und *tibi ... memoria ... sedeat* (555f.) suggeriert worden sein.

§ 156. *obtinere*

HF 342. 1161. 1238, Med. 257, Oed. 785. 843. Auf den prosaischen Charakter des Verbs hat schon Axelson (Unp. Wörter 69) hingewiesen.

§ 157. *perseverare*

Thy. 1094-96   aeterna nox permaneat et tenebris tegat
                    immensa longis scelera. nil, Titan, queror,
                    si perseveras.

Das Kompositum gehört zu Senecas bevorzugten Verben in der Prosa (48mal); hier wird es unter dem Einfluss von *nox permaneat* gebildet worden sein. Im Gegensatz zu *permanere*, das sich dem Hexameter fügt, blieb das versuntaugliche *perseverare* (wie *pervagari*, § 158) im allgemeinen auf die Prosa beschränkt; vgl. jedoch Plaut. Stich. arg. II 2.

§ 158. *pervagari*

Ag. 775   iam pervagatus ipse se fregit furor

Die Verbindung mit *furor* widerspiegelt den Gebrauch des Kompositums in der psychologischen Terminologie, Sen. contr. 1 praef. 11 *bellorum civilium furor, qui tunc orbem totum pervagabatur*, Plin. epist. 1,12,6 *dolor ... omnia membra pervagabatur*; vgl. auch 6,10,3 (*memoria*), 10,96,9 (*contagio*); Sen. dial. 11,13,3 (*misericordia*).

§ 159. *praesagire*

HF 1148   nescioquod animus grande praesagit malum
Phoe. 278-79   magna praesagit mala / paternus animus

Zwar ist das Verb in der Poesie nicht ganz unbekannt (Lukrez 3mal, Properz 1mal), doch haftet der Phrase *praesagit animus* (bes. in der Umschreibung mit *nescioquod* ...) etwas Umgangssprachliches an, vgl. Plaut. Aul. 178, Bacch. 679, Ter. Haut. 236 *sed nescioquid profecto mi animus praesagit mali*. Dichterisch geläufiger ist das Adjektiv *praesagus*, Verg. Aen. 10,177. 843; Ov. met. 2,124. 3,514. 10,444. 11,457; Lucan (5mal), Val. Flaccus (3mal), Statius (8mal), Silius (8mal).

§ 160. *aggravare*

Phae. 142-43   quid domum infamem aggravas (E, gravas A)
    superasque matrem?
996   proloquere, quae sors aggravet quassam domum

Poetisch begegnet das für den Hexameter ungeeignete Kompositum noch bei Phaedrus, wo das Praefix (wie in Phae. 142) prosodische Funktion hat, 3,3,13 *hominisque curam cura maiore adgravant*. Das Kompositum, seit Livius belegt, unterscheidet sich in der Bedeutung meist nicht vom Simplex; offenbar waren auch für Senecas dreimaligen prosaischen Gebrauch in erster Linie rhythmische Gründe ausschlaggebend, dial. 5,12,1 *falsa suspicando ... levia adgravando* (metrische Gleichwertigkeit der Gerundia −∪−−), ben. 4,13,2 *laboriosa ... periculosa ... adgravatura* (3mal fünfsilbiges Wort), epist. 91,3 *inexpectata plus adgravant* (doppelkretische Klausel).

§ 161. *assequi*

HF 423   inferna tetigit, posset ut supera assequi

Das Kompositum (das hier kretischen Versschluss mit Elision in 5. Hebung bewirkt) erscheint als metrische Ersatzform für *consequi*, so auch bei Phaedrus 3,9,3 *cuius non fugio mortem si famam adsequar*; hingegen 4,14,2 *et aequitatis vellet famam consequi*. In der kaiserzeitlichen Prosa gewinnt *assequi* an Boden und dringt auch in die Dichtersprache ein (Lucan 2mal, Silius 4mal).

§ 162. *decumbere*

Phoe. 370-71   bruma ter posuit nives
                        et tertia iam falce decubuit Ceres

Das Kompositum ist zwar schon bei Plautus und Terenz belegt, jedoch nur auf Personen angewendet, die sich auf Betten oder Pfühle niederlassen. Senecas Anwendung von *decumbere* auf das Getreide ist, wie die Metonymie und *falce* nahelegen, von einem andern Gebrauch beeinflusst, nämlich vom Bild des zu Tode getroffenen Gladiatoren, Cic. Phil. 3,35, Tusc. 2,41. Im verwandten Sinn von *mori* finden wir es zuerst beim zeitlich nahestehenden Dichter der eleg. in Maecen. 1,136 *te sumus obliti decubuisse senem*.

§ 163. *despoliare*

Phae. 764-65   non sic prata novo vere decentia
                  aestatis calidae despoliat vapor.

Poetisch und auch in den Tragödien häufiger ist das Simplex (HF 833, Phoe. 30, Med. 609. 913). Umgekehrt verwendet Seneca in den Prosaschriften 5mal *despoliare* und nur 4mal *spoliare*. Der zunehmende Gebrauch des Kompositums gegenüber dem Simplex in der kaiserzeitlichen Prosa zeigt sich auch bei Petron (6:3),[180] der zudem *despoliare* einmal im Vers verwendet: 119,12 *atque Arabum populus sua despoliaverat arva*. Um einen Prosaismus handelt es sich übrigens auch bei Martial 11,49,1f. *nulla est hora tibi qua non me, Phylli, furentem / despolies*. Üblich bei ihm ist *spoliare* (4mal).

§ 164. *efferare*

Phoe. 205-6   quid est / quod te efferarit
HF 397   agedum efferatas rabida voces amove
Phae. 922-23   silvarum incola
                  ille efferatus castus intactus rudis

---

[180] 30,7 und 49,6 im speziellen Sinn »zur Züchtigung entkleiden«.

Das Verb begegnet vornehmlich in der nachklass. Prosa (4mal bei Seneca), vereinzelt auch in der Dichtung (Oct. 787; Val. Fl. 6,67; Stat. Ach. 1,425). Aufschlussreich ist vor allem die PPP Form, die in der Dichtersprache offensichtlich einen metrischen Ersatz bietet für das viel häufigere Adjektiv *efferus* (9mal in den Tragödien Senecas). Austausch der beiden Wörter finden wir ebenso in Senecas Prosa; clem. 1,13,4 *in cuius animo nihil hostile, nihil efferum est*, epist. 88,7 *hinc monstra effera et humano cruore gaudentia*, aber 99,17 *impium vocat et efferatum ... effeminatum ait et enervem*. Das Kompositum steht um des Chiasmus willen. Ähnlich wechseln bei Martial *entheus* (11,84,4 daktyl.) und *entheatus* (5,41,3 und 12,57,11 choliamb.).

§ 165. *exarmare*

Phoe. 482   dum frater exarmatur, armatus mane

Das Kompositum ist nicht vor dem älteren Seneca belegt. Der jüngere gebraucht es 4mal, davon 3mal, wie sein Vater (contr. 7 praef. 9 und 7,1,9) im speziellen Sinn »abtakeln«. Als Synonym zu *spoliare*, wie Seneca es hier (im Wortspiel mit *armare*) und auch (übertragen) in epist. 104,31 verwendet, bürgert sich *exarmare* dann in der epischen Sprache ein, Lucan (2mal), Val. Fl. (1mal), Statius (5mal), Silius (4mal), Claudian (6mal).

§ 166. *transfundere*

HF 1326-27   Arctoum licet
          Maeotis in me gelida transfundat mare

Der Begriff des Umgiessens entstammt der ökonomischen Sprache, z.B. Cato agr. 112,2; Col. 8,5,13; 12,12,1; Plin. nat. 14,101. 20,98. 36,194 und Sen. dial. 10,19,1. Nach Seneca treffen wir das Wort dann auch in der Dichtung, Lucan (8,770), Petron (79,8 v. 3), Statius (Theb. 5,634), Silius (12,429).

§ 167. *transvehi*

HF 889   transvectus vada Tartari

Die poetische Verbreitung des Kompositums ist, im Gegensatz zu *transfundere*, eher bescheiden; bei Statius und Silius fassen wir es je 2mal, ferner 1mal im HO (1964).[181]

---

[181] Cic. carm. frg. 30,3 Bü. (= 29 M.) ist *est transvectus* Übersetzung des homerischen παρήλασε (Od. 12,186).

§ 168. *transcendere*

Tro. 212-13	Pylii senis / transcendere annos
702	aetate avum transcendat
Thy. 912	vota transcendi mea

Die poetische Verwendung von *transcendere* für *superare* begegnet nicht vor Seneca, scheint dann aber bei Statius (silv. 1,4,126 *transcendere ... annos*; 5,3,255 *aevi transcendere metas*) und Silius (1,226. 3,607. 4,426) fest eingebürgert.

§ 169. *confringere*

| HF 272 | ac saeva iusta sceptra confringit manu[182] |

Im gesamten Schrifttum Senecas erscheint *confringere* nur hier. Das Verb ist im Altlatein gut belegt (Liv. And. carm. frg. 18,3 Bü. [= 20 M.], mehrfach bei Plautus; Cato), aber in der klass. Prosa nur vereinzelt, in der Dichtung überhaupt nicht. Unter den nachklass. Prosaikern verwenden es hauptsächlich Valerius Maximus (5mal) sowie die Fachschriftsteller Columella und Plinius. Auffällig ist hingegen, dass gleichzeitig zu Seneca der poetische Gebrauch des Wortes auch bei Lucan (6,123. 160; 7,573; 9,323) und Petron (123, v. 198) nachgewiesen ist.

§ 170. *escendere*

HF 21-22	escendat licet
	meumque victrix teneat Alcmene locum
Phoe 112	haerebo ad ignes, funebrem escendam[183]

Weder *escendere* noch *ascendere* kommen sonst in der Tragödie vor. In den Prosaschriften verteilen sich die beiden Komposita (trotz teilweise

---

[182] So in E P, *confregit* β T (gefolgt von Zwierlein). Doch kommt es dem Dichter hier nicht darauf an, »die ehemalige Lage des Herkules im Gegensatz zu seiner jetzigen [zu] schildern« (Carlsson, Die Überlieferung der Seneca-Tragödien 18f.), sondern er *charakterisiert* ihn als Wohltäter der Menschen, der z.Zt. wegen seines Frondienstes bei Eurystheus ausfällt (273 *nunc servit absens fertque quae fieri vetat*). Dass unter dem Einfluss von *nunc* (273) das Praesens *confringit* zu *confregit* abgeändert wurde, ist sehr wohl möglich. Tempuswechsel, wie er auch sonst in den Seneca-Tragödien anzutreffen ist (für Beispiele s. Carlsson, loc. cit.; Zwierlein, Gnomon 49 [1977] 567), hat in erster Linie metrische Gründe. Aufschlussreich für unsere Stelle ist, dass bei metrisch gleichwertigen Formen (Phae. 184. 979, Thy. 103) E jeweils das Ursprüngliche bewahrt hat, während die A-Hss. normalisieren.

[183] Beidemal ist die Überlieferung geteilt zwischen *esc-* E und *asc-* A. Phoe. 112 wird von Zwierlein (Gnomon 41 [1969] 767f.) im Anschluss an Richter getilgt. Doch zeigt die Konstruktion *haerere ad* im Licht von Catull 21,6; Prop. 4,1,110 und Val. Fl. 3,641 nichts Befremdliches; zur Ausdrucksfülle von 111/112 s. § 226.

schwankender Überlieferung) grundsätzlich folgendermassen: *escendere* verwendet Seneca in den Dialogen, *ascendere* hingegen in den Briefen und den Naturales quaestiones. Dass die Wahl des Kompositums also in erster Linie durch die literarische Gattung (und die Stilhöhe derselben) beeinflusst ist und nicht etwa davon abhängt, ob das Verb im eigentlichen oder übertragenen Sinn gebraucht ist, erhellt deutlich aus folgenden Beispielen: in dial. 7,23,4 heisst es *escendere tamen vehiculum malet*, ähnlich auch in 6,16,2 (von einer Sänfte) *iuvenibus nostris pulvinum escendentibus*, während Seneca in epist. 87,1 *antequam navem ascenderem* sagt. Desgleichen bei metaphorischer Verwendung des Verbs, z.B. dial. 7,15,5 *illo ergo summum bonum escendat unde nulla vi detrahitur*, oder 7,20,2 *quid mirum, si non escendunt in altum ardua adgressi?* In den Briefen hingegen werden ähnliche Gedanken gewöhnlich mit *ascendere* wiedergegeben, 21,2 *ex hac vita ad illam* [sc. *sapientiam*] *ascenditur*, 79,8 *nemo ab altero potest vinci nisi dum ascenditur*.[184] Im Gegensatz zu den Augusteern, die nur *ascendere* verwenden, nehmen spätere Epiker *escendere* (neben *ascendere*) auf, so Valerius Flaccus (1,206), Statius (Theb. 12,172; Ach. 2,11 Kohlmann, *excendat* P; silv. 4,2,22 Gronovius, *excedere* M) und möglicherweise auch Lucan (2,499; s. Housman ad loc.). Seneca, so dürfen wir wohl schliessen, empfand *escendere* als dem tragischen Stil angemessener denn *ascendere*.

§ 171. *obterere*

Oed. 645-46   incestam domum
                          vertam et penates impio Marte obteram

Poetisch weitaus gewöhnlicher, sowohl bei den Augusteern wie auch bei Seneca, ist *obruere*. Vereinzelt kommt *obterere* bei den alten Szenikern vor (Naev. trag. 22 R²; Trag. inc. 88 R²; Plaut. Curc. 573), dann auch bei Lukrez (3mal), ferner je einmal bei Catull (65,8) und im Culex (188). In der nachklass. Dichtung verwenden es Phaedrus (1,30,10), Lucan (4mal), Statius (Theb. 6,884) und Juvenal (3,260). Die Wahl von *obteram* hier statt des metrisch gleichwertigen *obruam* erklärt sich aus der Verbindung mit *impio Marte*; ebenso götterverachtend wie der Inzest ist es, »die Penaten mit Füssen zu treten«, vgl. Lucr. 1,78f. *religio pedibus subiecta vicissim / obteritur*. Gedanklich verwandt ist die Drohung des Hercules, HF 1288-90 *cum deis templa omnibus / Thebana supra corpus excipiam meum / atque urbe versa condar*.

---

[184] Unsicher ist der Befund in epist. 118,6 und 123,14, wo *esc-* möglicherweise die ursprüngliche Lesart ist; L. D. Reynolds, The Medieval Tradition of Seneca's Letters (Oxford 1965) 54ff.

§ 172. *perturbare*

Thy. 83   perturba domum

Das Verb steht in einer Reihe von Komposita, *inferque ... proelia* (84), *concute ... pectus* (vgl. dazu Anm. 177). Poetisch gewöhnlich, ebenso bei Seneca (7mal), ist das Simplex; doch finden wir das Kompositum auch bei Lukrez (8mal) und bei Phaedrus (2mal in der PPP Form).

4. *Prosaismen*

§ 173. Der Einfluss der Prosa im Wortschatz der Seneca-Tragödien erhellt auch aus den nachfolgenden Wörtern, von welchen ein grosser Teil unpoetisch ist, einige dagegen sich nach Seneca in der Dichtersprache behauptet haben.

a. Substantive

§ 174. *abavus*

Ag. 385-87   generis nostri, Iuppiter, auctor,
   (404-7)   cape dona libens
            abavusque tuam non degenerem
               respice prolem.

In Abstammung von Jupiter ist Agamemnon die vierte Generation (nach Tantalus, Pelops und Atreus). Herausgebracht wird diese Generationenrechnung durch die Verwandtschaftsbezeichnung *abavus* (Ur-urgrossvater), welche Seneca hier um der Genauigkeit willen dem poetisch geläufigeren, aber ungenaueren *proavus* vorzieht; vgl. Verg. Aen. 8,54 *Pallantis proavi* (Pallas war Euanders Grossvater; s. Eden ad loc.), Ov. met. 13,140 *genus et proavos* (Geschlecht und Vorfahren; s. Bömer ad loc.).

§ 175. *sexus*

Oed. 53   sed omnis aetas pariter et sexus ruit

Das Wort ist 1mal bei Pacuvius (trag. 68 R²) belegt, wird dann aber von den republikanischen und augusteischen Dichtern vermieden (Axelson, Unp. Wörter 50). Hingegen finden wir seine poetische Verwendung nach Seneca breit gestreut, Lucan (2mal), Statius (16mal; silv. 5mal), Silius (3mal) sowie bei Martial und Juvenal.

§ 176. *stadium*

Thy. 131   Alpheos, stadio notus Olympico
   409   celebrata iuveni stadia

In der Dichtung gebräuchlich ist *palaestra* (so Verg. 3mal, Hor. 1mal, Prop. 1mal, Ov. 4mal), das auch Seneca 1mal verwendet, HF 1124. Der Vollständigkeit wegen erscheint *stadium* bei Catull. 63,60 *abero foro, palaestra, stadio et gymnasiis*. Ähnlich werden *stadium* und *gymnas* bei Statius, silv. 2,2,7f. verbunden.

b. Adjektive

§ 177. *clamosus*

HF 172-74   hic clamosi rabiosa fori
                iurgia vendens
        improbus iras et verba locat.

Das Adjektiv, zuvor nur in der Rhetorik an Herennius (3,13,23) belegt, hat Seneca in Variation seines ovidischen Vorbilds, *verbosi garrula bella fori* (trist. 3,12,18; ähnlich 4,10,18) in die Dichtung eingeführt. Danach finden wir es auf das Theater übertragen (Stat. silv. 3,5,16; 4,4,18 *urbs*; Theb. 4,448 *valles*), auf den Circus (Mart. 10,53,1; Iuv. 9,144; Auson. 252,1 p. 84 Pei.) und natürlich auch auf den Menschen (Martial, Juvenal) und Tiere (Lucan 4,440). *Clamosus* wie *rabiosus* gehören für Seneca zu den Erscheinungsformen des Zorns, dial. 3,4,2.

§ 178. *detestabilis*

Thy. 23-24   perge, detestabilis / umbra

Das Adjektiv, in Bildung und Bedeutung *exsecrabilis* (Phoe. 223) verwandt,[185] ist poetisch sonst nur bei Juvenal (3mal) belegt. Hingegen verwendet Seneca es 8mal in den Prosaschriften.

§ 179. *execrandus*

Phoe. 638-39   bellum ...
              in quo execrandum victor admittit nefas
Tro. 44   vidi execrandum regiae caedis nefas

Analog in beiden Versen ist nicht nur die Stellung des Adjektivs, sondern auch die Verbindung mit *nefas*.[186] Die adjektivische Verwendung von *execrandus* ist vor Seneca nicht belegt und ist auch in Prosa vor dem Spätlatein nur selten anzutreffen, z.B. Plin. nat. 17,96 *pessima atque execranda res*. Dass Analogie zu der auch sonst gewöhnlichen Verswortstellung von

---

[185] In Phae. 566 sind die entsprechenden V e r b e n zusammengerückt, *detestor omnes, horreo fugio execror*.
[186] Vgl. Phoe. 223 *nefandus incestificus exsecrabilis*.

Gerundiven (vor der Penthemimeres) hier eingewirkt hat, ist anzunehmen, vgl. HF 1277, Tro. 48, Phoe. 644, Thy. 517.

§ 180. *individuus*

Tro. 401-2   mors individua est, noxia corpori
                    nec parcens animae

Das Wort stammt aus der philosophischen Prosa, in welche Cicero es als
Lehnübersetzung von ἄτομος, ἀμερής und ἀμέριστος eingeführt haben soll
(Plut. Cic. 40,2; dazu s. N. Stang, SO 17 [1937] 74), z.B. fin. 1,17; nat.
deor. 1,49. 2,93. 3,29; Tim. 21). Terminologisch verwendet es auch
Seneca in dial. 8,5,6; allgemeiner in seiner Bedeutung (»untrennbar
untereinander verbunden«) erscheint *individuus* in dial. 1,5,9 (*cohaerent*,
individua sunt) sowie in epist. 67,10 und 73,8. Hier wird der »technische«
Begriff *individuus* im folgenden Vers ausgedeutet, *noxia corpori nec parcens
animae*.[187] Solche ausdeutenden Variationen kommen auch sonst bei
Seneca vor, besonders bei Gräzismen, Med. 382f. *entheos* ~ *recepto deo*;
ferner Phae. 1022 *rupes* ~ 1023 *petrae*, Oed. 459 *pirata* ~ 461 *praedonibus*.

§ 181. *iubatus*

HF 1129-30   tutos ... fuga figere cervos
                    nondumque ferae terga iubatae[188]
Thy. 732   silva iubatus qualis Armenia leo

Das Adjektiv ist in der poetischen Sprache nicht unbekannt, Naev. trag.
21 R² und Plaut. Amph. 1108 (von Schlangen), Cic. Arat. 474 (vom
Pferd), Stat. silv. 5,1,83 (von Menschen). In der Fachsprache bezeichnet
leo iubatus den ausgewachsenen Löwen (Plin. nat. 8,53), weshalb Einfluss
der Prosa hier nicht weniger wahrscheinlich ist als dichterische Reminiszenz; vgl. auch Amm. 24,5,2 *cervicibus iubatis leones*, ferner Plin. nat. 8,38
(*bisontes*), 123 (*lycaon*). Zum sinnverwandten *cristatus* s. § 36.

§ 182. *novercalis*

HF 1236, Ag. 118   novercales manus

Das Adjektiv findet sich zuerst beim älteren Seneca, contr. 4,6 *quid
alterum novercalibus oculis intueris?* (vgl. Hor. epod. 5,9 *quid ut noverca me
intueris?*). In der Dichtung behauptet es sich auch nach Seneca bei Statius

---

[187] Zum philosophischen Gehalt des Chorliedes s. A. Gil, Die Chorlieder in Senecas
Tragödien (Diss. Köln 1979) 104-8 (hauptsächlich eine Paraphrase des Inhalts).
[188] Der Vers war zu Unrecht von Peiper und anderen Herausgebern verdächtigt
worden, s. meinen Komm. HF ad loc.

(Theb. 7,177; silv. 5,2,119) und Juvenal (12,71); vgl. ferner Tac. ann.
1,6,2. 33,3; 12,2,1 und Apul. met. 10,5.

§ 183. *praecox*

Phoe. 249-50   aliquis intra viscera
          materna letum praecoquis fati tulit

Das Adjektiv erscheint auch 1mal in Senecas Prosa, als Variation von
immaturus: dial. 10,6,2 *quo non erumperet tam inmatura ambitio? scires in malum
ingens et privatum et publicum evasuram* < *tam* > *praecoquem audaciam*. Das
Wort stammt wohl aus der Bauernsprache, Varro rust. 1,54,1; Columella und besonders der ältere Plinius gebrauchen es mehrfach. Im übertragenen Sinn verwenden es, seiner Herkunft entsprechend, die Komi-
ker (bezeichnenderweise aber nicht Plautus und Terenz) und Varro in
seinen Satiren (Men. 514 Astb.). Eingang fand es selbst in die epische
Sprache des Ennius, ann. 261 Sk. (= 278 V²) *praecox pugna est*. Hier bei
Seneca dürfte die Vorstellung von der noch unausgetragenen Leibes-
frucht (*aliquis intra viscera materna*) assoziativ gewirkt und den Ausschlag
für den Ausdruck aus der Agrarsprache gegeben haben.

§ 184. *praeditus*

Phae. 216   quid deceat alto praeditam solio vides

So die Paradosis; *vide* C² in marg., Zwierlein (der zu Unrecht seine Ver-
teidigung der Überlieferung retraktiert, Rezitationsdramen 123 Anm. 7;
Krit. Komm. 183f.).
Über den unpoetischen Charakter von *praeditus* (das Seneca 2mal in
seiner Prosa gebraucht), hat schon Axelson (Unp. Wörter 62) gehandelt;
nachzutragen wäre allenfalls noch, dass das Adjektiv neben Sil. 14,88
auch bei Statius (Theb. 12,258) vorkommt.

§ 185. *reciprocus*

HF 1050   sopor est: reciprocos spiritus motus agit
Ag. 449   ... iacente reciprocus ludit salo

Wie im Fall des Schlafenden *reciprocus* das Ein- und Ausatmen bezeichnet, beschreibt es im zweiten Fall die Bewegungen des Delphins, der auf-
schnellt und dann wieder untertaucht. Das Adjektiv ist poetisch zwar
schon bei Accius (trag. 545 R²) belegt, doch entstammt es hier (sowie bei
Val. Fl. 8,331; Sil. 3,60) wie *reciprocare* der wissenschaftlichen Natur-
beschreibung (besonders der Gezeiten), nat. 4A,2,6. 6,13,1; dial. 11,9,6
und Plin. nat. 2,213. 5,26. 9,176.

§ 186. *segrex*

Phae. 1208-9   qui nova natum nece
segregem sparsi per agros

Das Adjektiv (»von der Herde entfernt«, »abgesondert«) ist zuerst beim älteren Seneca belegt (contr. 7,6,20) und kommt bei seinem Sohn noch 1mal in der Prosa vor (benef. 4,18,2). Die Bedeutung von *segrex* ist hier erweitert und erhält seine Aussagekraft vor allem aus dem implizierten Vergleich: die Glieder des Hippolytus sind über den Boden verstreut wie eine zersprengte Herde.

§ 187. *singularis*

Tro. 1027   qui secans fluctum rate singulari

Den einmaligen Gebrauch von prosaischem *singularis* anstatt der poetisch geläufigen Wörter *solus*, *unicus* und *unus* wagt Seneca aus metrischer Bequemlichkeit (Sapph. Elfsilber).

c. Verben

§ 188. *acervare*

HF 1216   structum acervans nemore congesto aggerem

Etwas weniger pleonastisch beschreibt Seneca eine Häufung in benef. 2,29,5 *tantum rerum aliarum super alias acervatarum*. Das seit Livius belegte Denominativ war in der silbernen Latinität offenbar beliebt, auch im übertragenen Sinn, Plin. nat. 18,53. 26,21. 32,95. 36,101; Quint. inst. 9,3,47; Stat. Theb. 3,214; Sil. 6,117.

§ 189. *auspicari*

Med. 285   per ego auspicatos regii thalami toros
Ag. 8   hinc auspicari regium capiti decus
Ag. 174   sic auspicatus bella non melius gerit
Thy. 657   hinc auspicari regna Tantalidae solent

Das Verb (eigtl. »etwas unter günstigen Vorzeichen beginnen«, dann oft allgemein »anfangen«, »beginnen«) verbreitet sich in der nachklass. Prosa, doch finden wir es (im Aktiv) vereinzelt bereits in der altlat. Dichtersprache, z.B. Naev. carm. frg. 39,1 Bü. (= 36 M.), Plautus 4mal, bei Terenz nur 1mal in der adverbiellen Form *auspicato*. Die ursprüngliche Bedeutung impliziert Seneca aber nicht nur hier im poetischen Gebrauch (s. Tarrant zu Ag. 8), sondern auch in der Prosa, dial. 10,13,8; epist. 47,10. 83,5; (etwas abgeschwächt in dial. 6,11,4).

§ 190. *haesitare*

Phoe. 29-30   non haesitabit gressus, huc omni duce
               spoliatus ibo

Das Intensivum bleibt mit wenigen Ausnahmen (Ter. Phorm. 780, Lucr. 5,697. 6,334) auf die Prosa beschränkt, so auch bei Seneca, der es 7mal verwendet. Das Primitivum ist in den Tragödien das Gewöhnliche (22), hier aber aus verstechnischen Gründen durch das Intensivum ersetzt; auf versbeginnendes *non* folgt ein viersilbiges Wort ($-\cup--$), z.B. HF 472 *non erubescit*, Phae. 994 *non imparatum*, 1242 *non exiturum*, Oed. 259. 673, Ag. 216.

§ 191. *indigere*

Tro. 55-56   caret sepulcro Priamus et flamma indiget
              ardente Troia

Über den ausgesprochen prosaischen Charakter von *indigere* vgl. Axelson, Unp. Wörter 69. Hier dient es allein der Variation von *caret*, das auch sonst in den Tragödien das geläufige Wort ist.

§ 192. *multare*

Med. 192   quod crimen aut quae culpa multatur fuga?

Das Verb gehört zur Rechtssprache (s. §§ 126-131); bemerkenswert ist es jedoch nicht bloss wegen seines ausgesprochen prosaischen Charakters (Axelson, Unp. Wörter 68), sondern auch deswegen, weil Seneca es in den Prosaschriften meidet (hingegen *punire* 24mal).

§ 193. *obsecrare*

Med. 150-51   sile, obsecro, questusque secreto abditos
               manda dolori

Das halbinterjektionale *obsecro* (besonders nach Imperativen und Vokativen) ist ein Element der Umgangssprache (Hofmann, Umgangssprache § 121) und findet sich entsprechend häufig in der Komödie, aber auch in der Tragödie (Enn. 290 J [= 306 R²], Acc. 95, 299 R²). In der Dichtung kommt *obsecrare* sonst nur vereinzelt vor, so bei Horaz (sat. 2,3,264; epist. 1,7,95), ferner je 1mal bei Valerius Flaccus (1,782) und Silius (10,650).[189]

---

[189] Für weitere Wörter aus der Umgangssprache vgl. §§ 196, 197 und 198; ferner s. §§ 250-258.

§ 194. *reputare*

Ag. 23-24   reputemus omnes quos ob infandas manus
                   quaesitor urna Cnosius versat reos

Vorbereitet durch den Ausdruck *nostrae pars quota est culpae* (22), haftet
reputare hier immer noch etwas von seiner primären Bedeutung »zusam-
menrechnen« an. Das Verb ist im ganzen Schrifttum Senecas nicht
belegt (in epist. 104,27 ist *reputes* Ergänzung von Hense). Im allgemeineren Sinn »erwägen«, »bedenken« erscheint das prosaische *reputare* vereinzelt auch in der hexametrischen Dichtung, Lucr. 3,724; Stat. Theb.
5,292 und Iuv. 6,365.

§ 195. *stabilire*

Thy. 568   hic situ quassas stabilire turres

Im Gegensatz zum Adjektiv wird das Verb von den Dichtern im allgemeinen gemieden; vgl. jedoch Enn. ann. 42 und 91 Sk. (= 43,96 V²),
Lucr. 3,202. Bemerkenswert ist ferner, dass Seneca in der Prosa *stabilire*
nur 2mal verwendet und zwar in der PPP Form (dial. 7,5,3; epist.
101,9). Hier entsprechen sich *quassas* und *stabilire* wie im vorausgehenden
Vers *labentes muros* und *renovare* (567).

§ 196. *vapulare*

Ag. 93   turris pluvio vapulat Austro

Das Verb ist grundsätzlich umgangssprachlich, vgl. z.B. apocol. 9,3
proximo munere inter novos auctoratos ferulis vapulare placet; 15,2 *flagris, ferulis,
colaphis vapulantem*, und s. Tränkle, Die Sprachkunst des Properz 138f.
Hier hingegen, innerhalb der Seefahrtsmetapher (90-93), deckt sich der
Gebrauch von *vapulare* mit jenem in der naturwissenschaftlichen
Beschreibung von Luft- und Windbewegungen, Lucr. 4,937-39 *aer /
verberat ..., cum ducitur atque reflatur. / quare utrimque ... corpus vapulet*, ferner
Sen. nat. 4B,7,2; 6,7,6.

d. Partikeln

§ 197. *agedum*

In den Tragödien verwendet Seneca die umgangssprachliche Interjektion 5mal, 4mal mit Imp. sing. (HF 397. 1281, Oed. 787. 1032), 1mal
mit Jussiv 3. Pers. sing. (Phae. 469); in den Prosaschriften verbindet er
sie 9mal mit dem Imp. sing., 3mal mit Jussiv. Scheint das Wort in der
Sprache der augusteischen Dichter sozusagen abhanden gekommen

(dazu Tränkle, Die Sprachkunst des Properz 149), so lebt es in der silbernen Dichtersprache wieder auf, Stat. Theb. 4,548; 7,126 (mit Smolenaars ad loc.); 8,37; 11,101. 279; 12,94; silv. 4,4,74; Sil. 11,240. 575.

§ 198. *sicine*

Phae. 864-65   o socia thalami, sicine adventum viri
                et expetiti coniugis vultum excipis?

Zum umgangssprachlichen Charakter von *sicine*, das eine Frage in verwunderliches Staunen kleidet, s. Tränkle, Die Sprachkunst des Properz 156. Nicht anders als bei Properz (3,6,9) ergibt sich auch hier aus der Anrede des Theseus an Phaedra (»so also nimmst du die Ankunft deines Mannes und den Anblick deines ersehnten Gatten auf?«), dass der Sprechende über den Stand der Dinge unterrichtet ist. Zusätzlich sei noch auf die Verwendung des Ausdrucks bei Lucan (8,331) und Silius (4mal) hingewiesen, welche den Gebrauch von *sicine* auch in der gehobenen Sprache des Epos bestätigen.

B. SYNTAX

§ 199. Die Syntax von Senecas poetischer Sprache ist im grossen und ganzen einfach. Gedankengänge werden nicht in kunstvolle Perioden gebunden, sondern in parataktische Kurzeinheiten zersplittert. Antithese, Prägnanz und Pointe treten an die Stelle der logisch gliedernden Hypotaxe. Das Asyndeton ersetzt häufig die unterordnende Konjunktion, und öfter als ein Relativsatz steht nominale Apposition.[190] Entsprechend zeichnen sich die Eigenheiten von Senecas Syntax stärker in der nominalen als in der verbalen Satzerweiterung ab, allen voran im Kasusgebrauch.[191]

1. *Der Ablativ*

§ 200. Senecas stilistischem Drang nach Prägnanz und Kürze kommt die facettenreiche Ausdrucksmöglichkeit des Ablativs in hohem Mass entgegen. Nicht nur erspart sie ihm die Hypotaxe, sondern sie erweist sich infolge des Formenreichtums und der damit verbundenen metrischen Flexibilität auch als gefügiges Ausdrucksmittel. Dass der Ablativ in den Chorliedern besonders häufig ist, überrascht nicht.[192] Ablativkonstruktionen eigen sich, mehr als alle andern, eine syntaktische Einheit im Umfang eines anapästischen Dimeters,[193] Asclepiadeus min., sapphischen Elfsilblers oder Glyconeus (andere Typen kommen nur gelegentlich vor) aufzubauen oder abzurunden.[194]

---

[190] Darin unterscheiden sich die Tragödien nicht von der Prosa, deren zerhackten, in lauter Sentenzen aufgelösten Stil Quintilian tadelt, inst. 10,1,130 *si rerum pondera minutissimis sententiis non fregisset, consensu potius eruditorum quam puerorum amore comprobaretur.*

[191] Untersuchungen zur Syntax des Tragikers Seneca gibt es nur wenige, und meist gehen diese Arbeiten nicht über eine Stellensammlung hinaus: A. Genius, De L. Annaei Senecae poetae tragici usu praepositionum (Diss. Münster 1893); A. Preising, De L. Annaei Senecae poetae tragici casum (*sic*) usu ratione potissimum habita Vergilii, Ovidii, Lucani (Diss. Münster 1891); H. Rieger, Die konzessive Hypotaxe in den Tragödien des L. A. Seneca (Progr. Tauberbischofsheim 1892); J. Spika, De usu praepositionum in L. Annaei Senecae tragoediis (Progr. Wien 1893). Umfassend hingegen (für Prosa und Tragödien) ist die Studie von R. Westman, Das Futurpartizip als Ausdrucksmittel bei Seneca. Soc. Scient. Fenn., Comm. Human. Litt. 27,3 (Helsinki 1961).

[192] Entsprechend weisen die Chorlieder, im Vergleich zu den Dialogpartien, einen stärker nominalen Stil auf. Computeruntersuchungen über den Wortschatz des HF haben dies auch numerisch nachgewiesen; J. Denooz, RELO 4 (1974) 25-49.

[193] Zum anapästischen Dimeter als Norm einer syntaktischen Einheit s. Marx, Funktion und Form der Chorlieder 29. Abweichungen von dieser Regel sowie Probleme der metrischen Diskription in Dimeter, Monometer und Trimeter (dazu Zwierlein, Prolegomena 182-202) bleiben hier unberücksichtigt, da sie die Gültigkeit der sprachlich-stilistischen Beobachtung nicht in Frage stellen.

[194] So z.B. HF 179. 530. 554f., Tro. 833, Med. 626, Phae. 322, Oed. 421, Ag. 602, Thy. 578.

a. Verdichtung von Ablativkonstruktionen

§ 201. Ablativkonstruktionen verschiedener Art erscheinen in den Chorliedern oft in dichter Abfolge, so dass der Eindruck einer nominalen Häufung entsteht;[195] zum Beispiel:

HF 125-31 (anap. Dimeter)

iam rara micant sidera *prono*	(loc.)[196]
languida *mundo*; nox victa vagos	
contrahit ignes *luce renata*,	(abs./temp.)
cogit nitidum Phosphoros agmen;	
signum celsi glaciale poli	
septem stellis Arcados ursae	(qual.)
lucem *verso temone* vocat.	(abs./temp.)

Der Nominalstil zeigt sich deutlich in 129-30 in der Abfolge von Nominativ (*signum glaciale*), Genetivus poss. (*celsi poli*), Ablativus qual. (*septem stellis*) und Genetivus epexeg. (*Arcados ursae*).

Med. 56-60 (Asclep. min.)

ad regum thalamos *numine prospero*	(mod.)
qui caelum superi quique regunt fretum	
adsint cum *populis* rite *faventibus*.	(soc.)
primum sceptriferis colla Tonantibus	
taurus celsa ferat *tergore candido*.	(qual.)

Phae. 293-98 (sapph. Elfsilbler)

virginum *ignoto* ferit *igne* pectus —	(instr.)
et iubet *caelo* superos *relicto*	(abs./temp.)
vultibus falsis habitare terras.	(mod.)
Thessali Phoebus pecoris magister	
egit armentum *positoque plectro*	(abs./temp.)
impari tauros *calamo* vocavit.	(instr.)

Oed. 140-44 (sapph. Elfsilbler + adon.)

nec cruor, ferrum maculavit *atra*	(sep.)
turpis e *plaga* sanies profusa.	

---

[195] Dazu einige Vergleichszahlen: in der Arie des Hippolytus (84 Verse) zähle ich 41 Ablativverbindungen, im ersten Chorlied der Phaedra (83 Verse) 33; das erste Chorlied des HF (76 Verse) enthält 34 Ablativkonstruktionen, das dritte Chorlied des Thyest (76 Verse) 29, das vierte (95 Verse) deren 33.

[196] In Klammer wird jeweils die Art des Ablativs verzeichnet, beim absolutus zudem das logische Verhältnis zur Haupthandlung notiert.

segnior *cursu* sonipes in *ipso*	(instr./loc.)
concidit *gyro* dominumque *prono*	(sep.)
prodidit *armo*.	

Thy. 802-9 (anap. Dimeter)

quid te *aetherio* pepulit *cursu*?	(sep.)
quae causa tuos *limite certo*	(sep.)
deiecit equos? numquid *aperto*	(abs./temp.)
carcere Ditis victi temptant	
bella Gigantes? numquid Tityos	
pectore fesso renovat veteres	(mod.)
saucius iras? num *reiecto*	(abs./temp.)
latus explicuit *monte* Typhoeus?	

Ähnliche Verdichtungen von Ablativkonstruktionen finden sich hier und da auch in den Dialogpartien, z.B. HF 322-24, Tro. 794-98, Med. 708-19, Phae. 1161-63, Thy. 4-11.

b. Ablativus absolutus

§ 202. Syntaktische Kürze ergibt sich vor allem beim Ablativus absolutus, weshalb diese Konstruktion von Seneca bevorzugt wird. Verbindungen mit einem PPP stellen die Hauptgruppe, doch sind Präsenspartizipien und Adjektive, wie schon bei den augusteischen Dichtern, nicht ungewöhnlich.[197]

§ 203. Häufig sind Junkturen mit *relictum*, *desertum*, *ruptum* sowie mit Verben des Vertreibens und Zerstörens im allgemeinen (die mit einem * bezeichneten Ausdrücke stehen jeweils am Anfang des iambischen Trimeters):

caelo relicto	HF 265*
caelo ... relicto	HF 1157f.
tectis ... relictis	HF 846
ratibus relictis	Tro. 1078*
relictis ... hospitiis	Thy. 297
relictis ... Colchis	Med. 703

---

[197] Für die echten Seneca-Tragödien registriert Denooz (Index Verborum 615-17) 130 Konstruktionen mit PPP, 52 mit Präsenspartizipien; zur Verwendung des Abl. abs. mit Adjektiv und dessen Verbreitung seit der augusteischen Dichtung s. E. Flinck-Linkomies, De ablativo absoluto quaestiones. Ann. Acad. Scient. Fenn., Ser. B 20,1 (Helsinki 1929) 197ff.

Phocide relicta	Ag. 918*
relictis ... Mycenis	Thy. 187f.
relicto rege	Ag. 291
relicto ... Tityo	Phae. 1233
die relicto	Med. 768*
officio ... relicto	Ag. 508f.
vulnere relicto	HF 995*
deserta rate	HF 322
latebris ... desertis	Med. 685
nocte deserta	Phae. 310
Venere deserta	Phae. 462
rupto ... caelo	Ag. 486
ruptis nubibus	Med. 533
tellure rupta	Thy. 88*
rupto aggere	HF 287
compage rupta	Oed. 580*
lege ... rupta	Ag. 814
fide ... rupta	Phoe. 649f.

§ 204. Häufig hat der Ablativus absolutus bei Seneca erklärende (bzw. kausale) Bedeutung, besonders, wo er ein Adjektiv ausdeutet, zum Beispiel:

Tro. 837-38   an premens litus maris *inquieti*
                 semper *Euripo properante* Chalcis?

Das Meer erscheint unruhig wegen der wechselnden Strömungen des Euripus.[198]

Med. 963-64   cuius umbra *dispersis* venit
                 incerta membris? frater est, poenas petit.

Natürlich gewinnt *incerta* an Aussagekraft, wenn es nicht bloss im Sinn von »mit unscharfen Umrissen« verstanden wird (so Costa ad loc.), sondern seine Deutung aus dem Abl. abs. bezieht: wankend bewegt sich der Schatten des Absyrtus auf Medea zu, da er mit seinen zerstückelten Gliedern kaum sicheren Schrittes gehen kann.

Ag. 503-4   [puppis] lacera et omni *decore populato levis*
                 fluitat nec illi vela nec tonsae manent

---

[198] Pleonastisch hingegen wirkt der Ablativ in HF 536 *mutis tacitum litoribus mare* (vgl. meinen Komm. HF ad loc. für weitere Beispiele zur Zusammenstellung *mutum/tacitum*).

Das Schiff ist leicht geworden, weil ihm der Sturm das Takelwerk entrissen hat.

Oed. 194-95   *liberior* domus *elato / custode*

Ein Haus wird als freier (d.h. weniger bewacht) bezeichnet, weil der Wächter von der Pest dahingerafft wurde.

Thy. 117-118   Cithaeronis iuga
              stant parte nulla *cana deposita nive*

Weiss sind die Berghöhen, wenn Schnee gefallen ist.[199]

---

[199] Es sei hier noch auf zwei Stellen verwiesen, an welchen neuere Herausgeber zu Unrecht in die Überlieferung eingegriffen haben:

Thy. 732-43   silva iubatus qualis Armenia leo
                 in caede multa victor armento incubat
                 (cruore rictus madidus et pulsa fame
735   non ponit iras; hinc et hinc tauros premens
                 vitulis minatur dente iam lasso piger),
                 non aliter Atreus saevit atque ira tumet,
                 ferrumque gemina caede perfusum tenens,
                 oblitus in quem fureret, infesta manu
740   exegit ultra corpus, ac pueri statim
                 pectore receptus ensis in tergo exstitit;
                 cadit ille et aras sanguine extinguens suo
                 per utrumque vulnus moritur.

In V. 736 wird *piger* durch *dente iam lasso* ausgedeutet; vergleichbar sind die Ausdrücke *lassus vacuo gutture* (Thy. 152), *pectore fesso … saucius* (Thy. 807f.) oder auch *ore summisso obsequens* (HF 811). Dessen ungeachtet ändert Zwierlein (gefolgt von Tarrant) das überlieferte *piger* zu *impiger*, weil nur so das Löwengleichnis mit dem Wüten des Atreus übereinstimme. Die Konjektur ist in mehrfacher Hinsicht bedenklich: *dente iam lasso* mit *vitulis minatur* zu verbinden (so Tarrant ad 807f.), ist unzulässig, zumal *minatur* eng mit *hinc et hinc tauros premens* zusammengeht (der Löwe bedroht die Kälber, indem er die Stiere, die sie schützen wollen, abdrängt). Fragwürdig ist ferner, dass mit *impiger* ein Adjektiv hineinkonjiziert wird, welches im gesamten Schrifttum Senecas nur an einer Stelle (epist. 107,10-12) belegt ist, als Übersetzung von ἄοχνος im Gebet des Kleanthes an Zeus und das Schicksal (SVF I 527); vgl. auch Charis. 56,14 B. (*impiger* ἄοχνος). Den Vergleichspunkt zwischen dem gesättigten Löwen und Atreus gibt *non ponit iras*. Dass ein blutrünstiger Mörder von seinem Opfer nicht ablässt, selbst wenn seine Gier schon gestillt ist, zeigt das Beispiel des Pyrrhus. Lustlos sticht er Polyxena nieder, Tro. 1154-57 *novumque monstrum est Pyrrhus ad caedem piger. / ut dextra ferrum penitus exactum abdidit, / subitus recepta morte prorupit cruor / per vulnus ingens.*

Med. 664-67   ipse qui praedam spoliumque iussit
                 aureum prima revehi carina,
                 ustus accenso Pelias aeno
                 arsit angustas vagus inter undas.

Der Abl. abs. *accenso aeno* verdeutlicht *ustus* und gibt gleichzeitig den Bezugsrahmen für *vagus* und *angustas undas* im folgenden Vers. Wo von der Kochszene der Peliastöchter oder dem Thyestmahl die Rede ist, wird stets der Kessel erwähnt, worin die zerstückelten Glieder garen, Med. 133f. *Peliae senis / decocta a e n o membra*, Thy. 59-61 *ignibus iam subditis / spument a e n a, membra per partes eant / discerpta*, 766f. *[viscera] flammatus latex / candente a e n o iactat*, 1060f. *in parva carpsi frusta et haec ferventibus / demersi a e n i s.* Vgl. ferner Ov. met.

§ 205. Der Ablativus absolutus kann aber auch mehr der Gedanken-
erweiterung als der eigentlichen Erklärung dienen, so in:

Thy. 905-6   spiritu expulso stupens
                      corpus rigescat

Sowohl *stupens* als auch *rigescat* erhalten durch *spiritu expulso* zusätzliches
Kolorit.

Oed. 1   iam nocte Titan dubius expulsa redit
Ag. 908-9   stat ecce Titan dubius emerito die,
                    suane currat an Thyestea via.

Zwielichtig (*dubius*) ist die Sonne in der Morgen- und Abenddämmerung
(vgl. HF 670, Tro. 1142, Phae. 41 und öfters (s. ThLL V 1,2118,51ff.),
was Seneca hier durch *nocte expulsa* und *emerito die* unterstreicht. In der
Agamemnon-Passage wird *dubius* dann weiter ausgesponnen und in die
Bedeutung »unschlüssig« übergeführt.

Pleonastischen Einschlag zeigen die Ablativkonstruktionen in:

HF 29   *aeterna* bella *pace sublata* geret
   416-17   cum *pace rupta* bellicus muros fragor
               circumsonaret.

c. Prägnante Ablativkonstruktionen

§ 206. Wie die folgenden Beispiele zeigen, geht Senecas Hang zur ver-
kürzten Ausdrucksweise gelegentlich soweit, dass er mit einem einzigen
Wort im Ablativ einen ganzen Sachverhalt, ja sogar eine vollständige
Episode umfasst.

a)   Tro. 213-14   exuit matris dolos
             falsasque vestes, fassus est armis virum

Pyrrhus rechnet Agamemnon die grossen Taten seines Vaters vor und
vergisst dabei auch nicht, auf die Anfänge dieses Heldenlebens hinzuweisen, als Achill die List seiner Mutter vereitelte und sich dem Zug
gegen Troja anschloss. Die eineinhalb Verse spielen auf Achills Ent-

---

6,645 (Tereusmahl); 7,262ff. (Verjüngung des Pelias). Der Kessel gehört auch sonst als
fester Bestandteil zu Beschreibungen von Kochvorgängen, Lucan. 9,798f. *spumeus accenso
non sic exundat aeno / undarum cumulus*, Val. Fl. 8,254; Sil. 5,605f., Iuv. 15,81. Dass der
Vers Med. 666 neben 667 abundant sei und nur das Machwerk eines pedantischen Bear-
beiters darstelle, der den Eigennamen Pelias hineinfügen wollte (so Zwierlein, WJA,
N.F. 4 [1978] 150) überzeugt also nicht. Früher verdächtigte ähnliche Verse hat Zwierlein allerdings inzwischen als echt anerkannt, so HF 336, Tro. 12f., 341, Phoe. 117, 218,
Med. 467f., Phae. 688, Oed. 386, 439f., 728, Thy. 388f.; s. Prolegomena 52.
[200] Dazu s. Seidensticker, Gesprächsverdichtung 165.

deckung auf Skyros an. Dem kühnen Zeugma *exuit ... dolos falsasque vestes*
folgt der in seiner Knappheit nicht minder anspruchsvolle Ablativ *armis.*
In komprimierter Weise wird beim Hörer die Vorstellung von den Ereig-
nissen bei Lykomedes evoziert.[200] Unter den von Odysseus mitgebrach-
ten Gastgeschenken vermögen nur die Waffen das Interesse des ver-
kleideten Achill zu erwecken; dadurch verrät er sich als der Gesuchte und
gibt sich Lykomedes und dessen Töchtern zu erkennen.

b) Eine ähnliche Verdichtung des mythologischen Hintergrundes birgt
der Ablativ *illo teste* in

> Phoe. 252-57   dubiumque an essem sceleris infandi reum
> deus egit; illo teste damnavit parens
> calidoque teneros transuit ferro pedes
> et in alta nemora pabulum misit feris
> avibusque saevis quas Cithaeron noxius
> cruore saepe regio tinctas alit.

Der Ort der Aussetzung ist Gegenstand einer ausführlichen Beschrei-
bung (255-57), hingegen wird der Grund derselben nur impliziert. Ohne
namentlichen Bezug auf den Sehergott Phoebus enthält *illo teste* die ganze
Vorgeschichte zur Oedipustragödie, nämlich das von Apollo gegebene
Orakel an Laios, er werde von der Hand seines Sohnes sterben (vgl.
Soph. O.T. 711ff., Eur. Phoen. 18ff., 1596ff.).

c) Hinzuweisen ist hier auch auf den ablativischen Ausdruck in

> Ag. 294   auctore Phoebo gignor: haud generis pudet.

Aegisth, der seine Abkunft gegen die Anwürfe Clytemestras verteidigt,
spielt auf Apolls Orakel an, wonach Thyest mit seiner eigenen Tochter
Pelopia den Rächer von Atreus' Verbrechen zeugen werde (vgl. 29f.;
Hyg. fab. 87-88, Apollod. epit. 2,14; Lact. zu Stat. Theb. 1,694).[201]

2. *Genetivus qualitatis*

§ 207. Neben der verbreiteten Anwendung des adnominalen Ablativus
qualitatis finden wir beim Tragiker Seneca nicht selten den adnominalen
Genetivus qualitatis, gleichgültig, ob er eine innere oder äussere Beschaf-
fenheit bezeichnet,[202] zum Beispiel

---

[201] Zu Verschlüsselung und Anspielung als Stilmerkmale in Senecas Tragödien s.
Seidensticker, Gesprächsverdichtung 156-79.
[202] Zu Charakteristik, Entwicklung und Verbreitung von Genetivus und Ablativus
qualitatis s. G. Edwards-Ed. Wölfflin, ALL 11 (1900) 197-211, 469-90; Löfstedt, Syntactica I² 148-162, bes. aber E. Vandvik, Avh. Norske Videnskaps-Akad. Oslo, hist.-filos.
Kl. 1941,2 (Oslo 1942).

Tro. 1104	sedis incertae Scytha
Phoe. 188	roboris tanti virum[203]
Med. 21	exul pavens invisus incerti laris
61	nivei femina corporis[204]
826	vivacis fulgura flammae
Phae. 208	tecta sani moris[205]
1139	humilis tecti plebeia domus
Oed. 763	nimium saevi diva pudoris

Koordiniert sind Genetivus und Ablativus qualitatis in

HF 851-53	pars adhuc currit *melioris aevi*:
	virgines nondum thalamis iugatae
	et *comis* nondum *positis* ephebi.[206]

Verszwang bzw. metrische Bequemlichkeit dürften in der Hauptsache
für die Wahl des Kasus ausschlaggebend sein,[207] doch ist auch zu
bedenken, dass in der silbernen Latinität der Genetivus qualitatis den
entsprechenden Ablativ immer mehr verdrängt.[208]

§ 208. Besprochen sei hier ein Beispiel von vermeintlichem Genetivus
qualitatis, das Herausgebern und Erklärern manches Kopfzerbrechen
verursachte:

HF 675	nec ire labor est; ipsa deducit via: ...
678	gradumque retro flectere haut umquam sinunt
	umbrae tenaces. intus immenso sinu
680	placido quieta labitur Lethe vado
	demitque curas.

679 *immenso sinu* A : *immensi sinus* E

Gronovius verbindet den Genitiv *immensi sinus* mit *vado* und paraphrasiert »late se & immensis ambagibus sinuans vel circumagens, vel infini-

---

[203] Vgl. Ov. met. 2,403f. *quae postquam firma suique / roboris esse videt.*
[204] Vgl. Ov. met. 3,56 *spatiosi corporis* (mit Bömer ad loc.).
[205] So codd., *texta* Cornelissen, Zwierlein. Zum Ausdruck vgl. benef. 1,9,3 *rusticus, inhumanus ac mali moris.* Zu den Konstruktionen mit *mos* s. Vandvik 53f.
[206] Zur Verbindung beider Kasus s. Vandvik 92-100; Hofmann-Szantyr 818(f).
[207] Edwards-Wölfflin 207-11; Vandvik 105f.
[208] Vandvik 61-64; Hofmann-Szantyr 68f.; Petersmann, Petrons urbane Prosa 74-76.
Nach Löfstedt, Syntactica I² 157, finden sich in Senecas Prosaschriften »nur einige
zwanzig Beispiele des Abl. qual. [meist bei äusseren, körperlichen Eigenschaften], aber
mehr als 260 Fälle des Gen. (*eiusmodi, huiusmodi* nicht einbegriffen).« Der Ablativ wurde
offenbar weiterhin als feierlich empfunden, und so überrascht es nicht, dass er in den
Tragödien überwiegt; dazu Petersmann 74 Anm. 29.

tae altitudinis«.[209] Der Auffassung von einem Genetivus qualitatis folgen
Kingery (»of measureless sweep«, ähnlich Miller in seiner Loeb Übersetzung) und Hiltbrunner (ThLL VII 2,103,3). Leo wollte den Genitiv von
intus abhängen lassen; doch halten Löfstedt (Syntactica II² 424 Anm.
4) und in seiner Nachfolge Hofmann-Szantyr (278) mit Recht einen solchen
Gräzismus bei Seneca für unwahrscheinlich (vgl. hingegen Apul. met.
8,29; Vulg. Matth. 23,26; Luc. 11,39). Entscheidend gegen *immensi sinus*
spricht zudem die Tatsache, dass die Genitivform *sinūs* äusserst selten ist,
in der Dichtung meines Wissens überhaupt nicht vorkommt; belegt ist
sie 3mal bei Livius, davon 2mal in fester geographischer Terminologie
(28,7,18 *Corinthii sinus*; 36,22,8 *sinus Maliaci*; vgl. auch 26,42,8 *huius in
ostio sinus*). Der Ablativ *immenso sinu* (in gleicher Versstellung erscheint
derselbe Ausdruck in Oed. 582) ist wohl als Verdeutlichung von *intus*
aufzufassen, vgl. 718 *hic vasto specu*. Nach der Digression über den
Zugangsweg zur Unterwelt (675-79a) wird die Vorstellung vom Höh-
leninneren wieder aufgenommen. Die Verbindung von adverbiellem
intus mit lokalem Ablativ findet sich in der Dichtung seit Plautus (Rud.
689f.), dann besonders Lukrez (2,965. 4,1091. 6,1169), auch Vergil
(Aen. 7,192 *tali intus templo*) und Culex (77 *vallibus intus*).

3. Induere und seine Konstruktionen

§ 209. Seneca konstruiert *induere* in dreifacher Weise:

a) *induere (alicui) aliquam rem*

Phae. 299	induit formas quotiens minores
Ag. 707	induit vultus feros
882f.	induere potius coniugis fidae manu / textos
	amictus

Entsprechend ergibt sich im Passiv:

Ag. 888	induta vestis

Mit Erweiterung der Konstruktion durch ein indirektes Objekt (*alicui*):

Phae. 574	saepe obstinatis induit frenos Amor
919	animisque pulchram turpibus faciem induis

Hier einzuordnen ist auch die Verbindung:

Med. 43	inhospitalem Caucasum mente indue

---

[209] Gedanklich zu vergleichen ist allenfalls Verg. Aen. 6,131f. *tenent media omnia silvae
/ Cocytusque sinu labens circumvenit atro.*

Der lokativische Ablativ *mente* ersetzt den Dativ des indirekten Objekts (so richtig Costa ad loc.): »im Gemüt nimm die Rauheit des Kaukasus an« (d.h. verhalte dich rauh und abweisend wie der Kaukasus); vgl. Claud. carm. 7,157 *indue mente patrem* (»denke wie ein Vater«).

b) *indutus aliquam rem*

Med. 750f.   veni / pessimos induta vultus

Dazu s. Hofmann-Szantyr 36.

c) *induere aliquem/aliquid aliqua re*

HF 1312   ferro pectus impresso induam
Phoe. 180   nunc manum cerebro indue
Oed. 341   iuvenca ferro semet imposito induit[210]

§ 210. Aus dem Rahmen dieser drei Konstruktionsarten fällt die Verbindung in HF 1028. Die Stelle hat in mehrfacher Hinsicht Anstoss erregt und soll daher voll ausgeschrieben werden:

HF 1026-31   cernere hoc audes, nimis
                vivax senectus? si piget luctus, habes
                mortem paratam: pectus in tela indue,
                vel stipitem istum caede monstrorum inlitum
                converte, falsum ac nomini turpem tuo
                remove parentem, ne tuae laudi obstrepat.

Amphitryo erträgt es nicht länger mitanzusehen, wie Hercules im Wahnsinn die Seinen hinschlachtet. Zum Tod entschlossen, will er sich den mörderischen Waffen seines Sohnes entgegenwerfen und durch Pfeilschuss oder Keulenschlag sterben. Unklar bleibt zunächst, an wen er die Aufforderungen *indue ... converte* richtet; an sich selbst oder an den Rasenden, welchem seine Worte in V. 1030-31 gelten? Die Meinungen darüber sind geteilt. Für eine Fortsetzung von Amphitryos Selbstgespräch hielt sie Leo (II 376), dessen entsprechende Änderung des überlieferten *istum* zum Richtungsadverb *istuc* (wie bereits von Baden erwogen) bei den späteren Herausgebern breite Zustimmung gefunden hat. Dass die Imperative einen besseren Sinn ergeben, wenn wir sie an Hercules

---

[210] So E, *opposito* A (gefolgt von Zwierlein). Bei *opponere* kommt jedoch gewöhnlich der exponierte Körperteil in den Akk., das Instrument in den Dat., z.B. dial. 2,6,7 *qui strictis gladiis nuda ... corpora opponunt*; 7,2,3 *telis me opposui*, ferner HO 878f.; Val. Fl. 7,420. In Tac. hist. 3,10,4 *opposuit sinum Antonius stricto ferro* ist *stricto ferro* wohl Abl. abs., und als Dativobjekt zu *opposuit* ein <*huic*> zu denken.

gerichtet denken, die Verbindung *pectus in tela indue* aber stilistisch anstössig ist, war schon mit Recht von Bernhard Schmidt (1865) hervorgehoben worden.[211] In Ordnung gebracht wurde die Stelle von Michael Müller (Quaest. crit. 10f.), dessen leichter Eingriff *pectus en telo indue* beide Anstösse beseitigt. Jetzt entspricht die Verbindung dem erwarteten Konstruktionstypus c, in der Formulierung nahe verwandt mit HF 1312 *ferro pectus impresso induam.*[212] Gleichzeitig bringt die Interjektion *en* die gewünschte Klarheit im Wechsel der angeredeten Person. Eine ähnliche Verwendung der Partikel findet sich in Phae. 666, wo *en* nach dem Anruf Phaedras an ihre Schwester Ariadne (664-66) anzeigt, dass sie sich im folgenden Hippolytus zuwendet (dazu § 249).[213] Axelsons Verbesserung *istum <huc> ... converte* (s. Zwierlein, Krit. Komm. 66f.) stellt zudem die bei *converte* erwartete Richtungsangabe wieder her.

---

[211] Observ. crit. 22-24, wo *pectus hoc telis pete* vorgeschlagen wird.

[212] Dasselbe Konstruktionsmuster zeigt Ovid, am. 2,10,31f. *induat adversis contraria pectora telis / miles*; dazu E. J. Kenney, CQ n.s. 8 (1958) 62.

[213] Mit unserer Stelle vergleichbar ist auch Med. 966 *lania, perure, pectus en Furiis patet.* Stellung von *en* nach der Hephthemimeres ist sehr gewöhnlich, vgl. besonders HF 944, Tro. 58, Phae. 91. 655. 1252, Oed. 797. 952, Thy. 1050.

ZWEITER TEIL

STILISTISCHES

§ 211. Die Seneca-Tragödien waren, was den rhetorischen Stil und die dramatische Technik betrifft, in der Vergangenheit mehrfach Gegenstand einzelner Untersuchungen.[1] Zweck der folgenden Kapitel ist daher nicht, bereits Bekanntes nochmals auszubreiten und abzuhandeln, sondern anhand von Einzelbeobachtungen auf Stilphänomene aufmerksam zu machen, die bislang unbeachtet geblieben sind oder aus Unkenntnis ihrer Eigenart hin und wieder wegkonjiziert wurden. Besondere Aufmerksamkeit verdient Senecas Drang zur Ausdrucksfülle. Obwohl knapp und pointiert in der sprachlich-syntaktischen Formulierung, zeigt der Dichter eine unverkennbare Neigung zur thematischen Variation und gedanklichen Abundanz. Nicht in erster Linie auf eine strenge Logik im Gedankenablauf kommt es ihm an, sondern auf die Freude und den Genuss an der rhetorisch gelungenen Wendung und dem auf Wirkung berechneten Wort (§§ 212-232). Behandelt werden sodann einzelne Aspekte des antithetischen Stils (§§ 233-238) und der affektischen Steigerung (§§ 239-242). In den Kapiteln über Ellipse und implizierten Personenwechsel (§§ 243-249) fällt aus dem zusammengestellten Material neues Licht auf strittige Stellen; die Sammlung von Umgangssprachlichem (§§ 250-258) schliesslich vermittelt einen Eindruck von der stilistischen Vielfalt der Seneca-Tragödien.

1. *Variation*

§ 212. Die sprachlich-stilistische Variation wird von Seneca in unterschiedlicher Breite gehandhabt und reicht von der Wiederholung eines einzelnen Wortes oder eines Ausdrucks durch Synonyme bis zur Abwandlung eines Themas (sozusagen Thema mit Variation). Die Frage danach zu stellen, was die Variation Neues zum Gedanken beiträgt, wäre in den meisten Fällen, wo diese Stilfigur begegnet, verfehlt.[2] Wie

---

[1] Zu nennen sind hier in erster Linie: Leo, Observationes criticae (1878); Canter, Rhetorical Elements in the Tragedies of Seneca (1925); die Studien von Carlsson: Die Überlieferung der Seneca-Tragödien (1926), Zu Senecas Tragödien (1929), Seneca's Tragedies: Notes and Interpretations (1949); Friedrich, Untersuchungen zu Senecas dramatischer Technik (1933); Hansen, Die Stellung der Affektrede in den Tragödien Senecas (1934); Anliker, Prologe und Akteinteilung in Senecas Tragödien (1960); Zwierlein, Die Rezitationsdramen Senecas (1966); Seidensticker, Die Gesprächsverdichtung in den Tragödien Senecas (1969).

[2] Bereits vor 60 Jahren hat Carlsson (Überlieferung 71) zu Recht vor Hyperkritik gewarnt, Überlieferung 71: »Die Willkür, mit der die bisherige Kritik die handschriftliche Überlieferung behandelt hat, gipfelt in ihrer häufigen Verdammung ganzer Verse als unecht. ... Vorsicht [ist] da geboten, wo — nach dem Zeugnis der Überlieferung —

schon bei Ovid stossen wir bei Seneca, vielleicht in noch höherem Masse, auf eine Neigung des Dichters, die Formulierung eines Gedankens und die Art, wie er ihn dem Hörer nahebringt, bzw. die Wirkung, welche er bei demselben erzielen möchte, über den Inhalt und die Tiefe des Gesagten zu stellen.

a. Variation von Wörtern und Ausdrücken

§ 213. Folgende Beispiele zeigen einfache und anspruchsvollere Variationsreihen:

a)   Phoe. 1-3   caeci *parentis* ... fessi ... *patris* ...
                         infaustum *patrem*

b) Abwechslungsreicher ist die Abfolge in

     Tro. 173-74   movere *silvae* capita et excelsum *nemus*
                        fragore vasto tonuit et *lucus* sacer
     Ag. 449-51   tunc qui iacente reciprocus ludit *salo*
                        tumidumque pando transilit dorso *mare*
                        Tyrrhenus omni piscis exultat *freto*
     HF 762-63   ferale tardis imminet saxum vadis,
                        stupent ubi undae, segne torpescit fretum.

Abgewandelt werden nicht nur die Nomina (*vadis, undae, fretum*), sondern auch die Adjektive (*tardis, segne*) und die Verben (*stupent, torpescit*); vgl. § 109 Anm. 141.

c) Ein eindrückliches Beispiel von thematischer Wort- und Ausdrucksvariation bietet die Beschreibung vom Brande Ilions:

     Tro. 15-21   en alta muri decora congesti iacent
                        tectis *adustis*; regiam *flammae* ambiunt
                        omnisque late *fumat* Assaraci domus.
                        non prohibet avidas *flamma* victoris manus:
                        diripitur *ardens* Troia. nec caelum patet
                        undante *fumo*: nube ceu densa obsitus
                        ater *favilla* squalet Iliaca dies.[3]

eine Sache oder ein Gedanke in einem folgenden Verse variiert wiederholt wird. Was nämlich für den Stil dieser Tragödien vielleicht am meisten charakteristisch ist, das ist gerade die Wiederholung einer und derselben Sache durch synonyme Worte sowohl wie durch ganze Sätze, worin ja unser Verfasser nur den Forderungen der Rhetorik seiner Zeit folgt.« Dass diese Warnungen nicht überflüssig geworden sind, lehrt ein Blick in die jüngsten Ausgaben.

[3] Mit Recht hat Wertis (ad loc.) die A-Lesart *muri ... congesti ... / tectis adustis* gegen die Variante in E *congestis ... adusti* (Zwierlein) verteidigt; vgl. 622 *e turre, lapsis sola quae muris manet* und 1085f. *semusta at ille tecta vel saxum imminens / muri cadentis pressit.*

d) HF 245-46 non vicit illum caelibis semper tori
regina gentis vidua Thermodontiae

Vidua (»unverheiratet«, »ledig«) in der Bezeichnung der Amazonen ist bei
Seneca nicht ungewöhnlich, HF 542, Tro. 13, Med. 214f. Hier, auf
deren Königin Hippolyte übertragen, variiert das Adjektiv die Verbindung *caelibis semper tori*, so wie sich in HF 2f. Iuno selbst als *vidua* (»ohne
Mann«) bezeichnet, weil ihr Gatte, stets durch neue Liebesabenteuer
gefangen, sich ihr entfremdet hat (*semper alienum Iovem*).

e) HF 269-70 tremitis ignavum exulem,
suis carentem finibus, nostris gravem.

Der Hauptbegriff *exulem* wird durch *suis carentem finibus* wiederholt, das
seinerseits das antithetische *nostris gravem* erzeugt.

f) Raffinierter, da übers Kreuz angeordnet, ist die Abwandlung der
Begriffe in

HF 390-91 *riget* superba Tantalis *luctu* parens
maestusque Phrygio manat in Sipylo *lapis*.

In den exponierten Verspositionen entsprechen sich *riget* und *lapis*, als
Innenglieder *luctu* und *maestus*. Das überlieferte *superba* ist gegen Ascen-
sius' Änderung *superbo* (sc. *luctu*), gefolgt von Zwierlein, hinreichend
geschützt durch Med. 954 *superbae ... Tantalidos*, Oed. 613f. *Tantalis ...
superba*; vgl. ferner meinen Komm. ad loc.

§ 214. Es folgen einige Beispiele, welche die Variation von ganzen Ausdrücken illustrieren:

a) Die Umkehrung der Sonnenbahn beschreibt Seneca zweifach in einem
einzigen Vers,

Med. 31 non redit in ortus et remetitur diem?

b) In das gleiche gedankliche Umfeld gehört

HF 1061-63 *obitus* pariter tecum Alcides
vidit et *ortus*
novitque tuas *utrasque domos*.

c) HF 4-5 locumque caelo pulsa paelicibus dedi;
tellus colenda est: paelices caelum tenent.

Dass V. 5 nicht interpolationsverdächtig ist (getilgt von Viansino, E.
Courtney, CR n.s. 20 [1970] 199; Zwierlein, WJA, N.F. 2 [1976] 197
Anm. 70, jetzt aber als echt anerkannt), ergibt sich aus der expositori-

schen Funktion von Iunos Aussage: sie erklärt, warum sie auf der Erde
weilt; richtig dazu F. Frenzel, die Prologe der Tragödien Senecas (Diss.
Leipzig 1914) 37, und K. Heldmann, Untersuchungen zu den Tragödien Senecas. Hermes-Einzelschriften 31 (Wiesbaden 1974) 14.

d) HF 119-20   librabo manu, / regam furentis arma

So in E, *manum* A. Beim Ausdruck *regam furentis arma* handelt es sich nicht
um einen lästigen Pleonasmus, der sich mit Hilfe der Variante *manum*
(sc. *eius*) beseitigen lässt (so Gronovius und Bothe), sondern um eine
erklärende Variation des Ausdrucks *librare manu*, welcher gewöhnlich den
vorbereitenden Schwung zum Abschuss eines Wurfgeschosses bezeichnet, vgl. HF 1127f., Med. 534f., Ov. met. 2,312.

§ 215. Die folgenden Ausdrucksabwandlungen sind thematisch ein-
gebunden:

a) HF 337-40   non vetera patriae iura possideo domus
                     ignavus heres; nobiles non sunt mihi
                     avi nec altis inclitum titulis genus,
                     sed clara virtus.

Die Variation im engeren Sinn, *nobiles* und *inclitum titulis genus* wird von
den antithetischen Hauptbegriffen des Gedankengangs *ignavus heres* und
clara virtus eingerahmt.

b) Phoe. 94-96   *funus* extendis meum
                     longasque vivi ducis *exequias* patris.
                     aliquando *terra* corpus invisum *tege*;

c) HF 403-5   arma non servant modum;
                     nec temperari facile nec reprimi potest
                     stricti ensis ira.

Hier wie in den folgenden Beispielen sind die Grenzen zwischen blosser
Variation von Ausdrücken und abundanter Beschreibung nicht scharf zu
ziehen:

d) Med. 525-26   gemina si bella ingruant,
                     Creo atque Acastus arma si iungant sua?

e) HF 739-42   quisquis est placide potens
                     dominusque vitae servat innocuas manus
                     et incruentum mitis imperium regit
                     animoque parcit

Der Gedanke wird variiert, so dass sich je zwei Glieder entsprechen:
placide potens ~ *mitis regit* und *innocuas manus* ~ *incruentum imperium*. Dass

die alte Konjektur *animo* (»er zähmt seinen Zorn«) überliefertes *animae*
(A E) nicht nur inhaltlich aussticht (dazu s. Zwierlein, Rezitations-
dramen 186-88; Krit. Komm. 59), sondern auch sprachlich, zeigt
[Quint.] decl. 265,15 Winterb. *manibus tuis parce, parce animo tuo.*

b. Thema und Variation

§ 216. Das folgende Beispiel zeigt, wie Seneca ein Thema anschlägt und
es über mehrere Verse hinweg variierend ausbreitet.

HF 47-56	effregit ecce limen inferni Iovis
	et opima victi regis ad superos refert.
	parum est reverti, foedus umbrarum perit:
50	vidi ipsa, vidi nocte discussa inferum
	et Dite domito spolia iactantem patri
	fraterna. cur non vinctum et oppressum trahit
	ipsum catenis paria sortitum Iovi
	Ereboque capto potitur? en retegit Styga!
55	patefacta ab imis manibus retro via est
	et sacra dirae mortis in aperto iacent.

Das Thema (47-48) ist die Katabasis des Hercules und das Heraufholen
des Höllenhundes; die Verse 49-56 dienen weniger dazu, das Abenteuer
auszumalen als durch Einzelaspekte zu verdeutlichen, welches Gewicht
Iuno, in ihren Gefühlen gekränkt und in ihrem Stolz verletzt, ihm
zumisst. Die überlieferte Versabfolge ist mehrfach angezweifelt worden,
so zuerst von Leo, der V. 49 nach V. 54 umstellte; Tarrant (MH 36
[1979] 242f.) ging noch einen Schritt weiter und schlug zudem Tilgung
von V. 54 vor. Friedrich (Untersuchungen zu Senecas dramatischer
Technik 137-41) bezeichnete die Verse 50-54 als Autorenvariante und
Peiper hielt sie gar für eine Interpolation. Unbemerkt geblieben ist indes-
sen der ringkompositorische Aufbau der Passage: V. 55 und dessen
Variation 56 (*patefacta ~ in aperto*) schliessen den Gedanken von V. 47
(*effregit*) ab. Die Erbeutung des Cerberus und Hercules' siegreiche Rück-
kehr füllen das Zwischenstück. Verklammert sind die Partien nach oben
durch das erklärend steigernde *parum est reverti*, nach unten durch das
gedanklich vorbereitende *en retegit Styga.*[4] Ferner entsprechen sich *victi*

---

[4] Dass *parum est reverti* eine Klimax zu *refert* darstellt und daher nicht durch Versumstellung von V. 48 getrennt werden darf (so jedoch Leo), hat schon Friedrich (op. cit.
139) zu Recht betont. Weitergeführt wird die Steigerung in *foedus umbrarum perit*: die
Weltordnung wird zunichte, da die Bereiche von Ober- und Unterwelt nicht mehr strikte
getrennt sind. Der Gedankengang zeigt Ähnlichkeit mit Manil. 2,46-48 *quin etiam tenebris
immersum Tartaron atra / in lucem de nocte vocant orbemque revolvunt / interius versum naturae
foedere rupto.* Verwandt ist der Ausdruck *foedera mundi* (Med. 335. 606, Lucan. 1,80); der
blosse Sing. *foedus* begegnet in Phae. 540. Vorgeschwebt hat die Passage aus dem HF
dem späteren Dichter Prudenz (cath. 9,70ff.), hinter dessen *lege versa* (75) wohl *foedus perit*
steht.

regis (48), *Dite domito* (51), *vinctum et oppressum ipsum* (52f.) und *Erebo capto* (54), im weiteren Sinn auch *umbrarum* (49), *inferum* (50) und *manibus* (55).

§ 217. Nicht selten wird das Thema zuerst knapp umrissen und anschliessend ausgesponnen.

a)   Tro. 464-68   nimiumque patri similis. hos vultus meus
                       habebat Hector, talis incessu fuit
                       habituque talis, sic tulit fortes manus,
                       sic celsus umeris, fronte sic torva minax
                       cervice fusam dissipans iacta comam —

Die Ähnlichkeit des Astyanax mit seinem Vater (Thema 464a) wird in die Einzelaspekte zerlegt (Variation 464b-68).

b) HF 735-47: Das Thema (735a *quod quisque fecit, patitur*) wird in antithetischer Doppelausführung variiert: 735b-39a die grausamen Herrscher und ihre Bestrafung; 739b-45a die milden Herrscher und ihre Belohnung (dazu s. § 215 e).

c)   Phae. 365-83   nil idem dubiae placet,
                       artusque varie iactat incertus dolor:
                       nunc ut soluto labitur moriens gradu
                       et vix labante sustinet collo caput,
                       nunc se quieti reddit et, somni immemor,
        370   noctem querelis ducit; attolli iubet
                       iterumque poni corpus et solvi comas
                       rursusque fingi: semper impatiens sui
                       mutatur habitus. nulla iam Cereris subit
                       cura aut salutis; vadit incerto pede,
        375   iam viribus defecta: non idem vigor,
                       non ora tinguens nitida purpureus rubor;
                       populatur artus cura, iam gressus tremunt,
                       tenerque nitidi corporis cecidit decor.
                       et qui ferebant signa Phoebeae facis
        380   oculi nihil gentile nec patrium micant.
                       lacrimae cadunt per ora et assiduo genae
                       rore irrigantur, qualiter Tauri iugis
                       tepido madescunt imbre percussae nives.[5]

---

[5] 367 *moriens* E A : *marcens* Axelson (gefolgt von Zwierlein [Krit. Komm. 188], der sich allerdings ausschweigt, wie dann *ut* zu verstehen sei). Zum Gedanken vgl. Eur. Hipp. 277 ἀσιτεῖ γ' εἰς ἀπόστασιν βίου.

Die Passage illustriert mit aller wünschbaren Klarheit, wie Seneca eine Abfolge von Thema und Variation durchkomponiert:

1. Phaedra ist unschlüssig, was sie tun soll (365b-66). Die entsprechenden Begriffe *dubiae, varie* und *incertus* widerspiegeln sich in der folgenden alternativen Aufzählung *nunc ... nunc ... iterum ... rursus.* Der Abschnitt schliesst ringkompositorisch (373 *mutatur habitus*).

2. Phaedra vernachlässigt ihr leibliches Wohl: Nahrung (*nulla Cereris cura*) und Gesundheit (*nulla salutis cura*). Eng zusammen wie diese Begriffe (vgl. benef. 3,9,2) gehen im folgenden auch die ausdeutenden Beschreibungen. 374b-376 beschreiben die Folgen von Phaedras Nahrungsverweigerung; 377-78 zeigen sinnfällig, wie der Liebeskummer an ihr nagt und ihre Kräfte verzehrt. Dass es sich bei den Versen 377-78 also keineswegs um eine Interpolation handelt (so jedoch Leo, Peiper-Richter und Zwierlein), ergibt sich nicht nur aus dem binären Aufbau, sondern auch aus der Ökonomie der ganzen Partie, die aus drei annähernd gleichlangen Teilen (365b-373a, 373b-378, 379-383) besteht; ähnlich auch HF 735-57 (s. oben b).

3. Die Augen, welche ihren Glanz verloren haben, bilden ein selbständiges Thema (379-80) mit seiner eigenen Variation (381-83).

§ 218.

Phae. 609-23

> Matris superbum est nomen et nimium potens:
> nostros humilius nomen affectus decet;
> me vel sororem, Hippolyte, vel famulam voca,
> famulamque potius: omne servitium feram.
> non me per altas ire si iubeas nives,
> pigeat gelatis ingredi Pindi iugis;
> 615   non, si per igne ire et infesta agmina,
> cuncter paratis ensibus pectus dare.
> mandata recipe sceptra, me famulam accipe:
> te imperia regere, me decet iussa exequi.
> muliebre non est regna tutari urbium;
> 620   tu qui iuventae flore primaevo viges,
> cives paterno fortis imperio rege;
> sinu receptam supplicem ac servam tege.
> miserere viduae.

Diese Rede Phaedras an Hippolytus veranschaulicht, wie bei Seneca Thema und Variation nicht nur aufeinander folgen, sondern auch miteinander verwoben sein können. Nach dem einleitenden Doppelvers (609-10) fällt das thematische Stichwort: 611 *famulam*, das sich als Leitmotiv durch die ganze Passage zieht, 612 *famulam* und *servitium* (mit beschreibender Erweiterung des Gedankens in 613-16), dann 617 *famulam*, 618 *me iussa exequi*, 622 *servam*. Antithetisch zu diesem Thema ist ein zweites eingewoben, die Herrschaft: 617 *sceptra*, 618 *te imperia regere* (im Gegensatz zu *me iussa exequi*), 619 *regna*, 621 *imperio rege*. Auch hier wurde, in Verkennung von Senecas Stileigenheit, in die Überlieferung eingegriffen und V. 618 zu Unrecht wegkonjiziert (so Peiper, Leo, Zwierlein). Phaedras Rede an Hippolytus ist eine *suasoria*. Die Sentenz in V. 619 (eine verallgemeinernde Erweiterung des Themas »Herrschaft«) weist auf 620-21 voraus; vorbereitet wird sie nicht durch *famulam* (617), sondern durch den Überleitungsvers 618 (übernimm du, Hippolytus, als junger Mann die Herrschaft; mir als Frau steht es an, deine Befehle auszuführen. Denn nicht Frauensache ist es, über königliche Städte zu wachen).

Abschliessend ist festzuhalten, dass die Abfolge bzw. Verknüpfung von Thema und Variation auch zu Senecas prosaischen Stileigenheiten gehört. Ausführliche Beschreibungen zu einem Thema stehen im Dienst der Beweisführung und der Paränese, wobei die umfangreichen Schilderungen bisweilen zum Selbstzweck werden können; dazu s. Trillitzsch, Senecas Beweisführung 62f., 124ff.; Traina, Lo stile »drammatico« 112-15.

2. *Abundanz*

§ 219. Der Begriff der Abundanz wird hier eingeschränkt auf Beschreibungen, die ausführlich sind, ohne jedoch wesentlich neue Gesichtspunkte einzuführen. Dem Dichter kommt es in erster Linie darauf an, beim Hörer den Eindruck der sprachlichen Fülle und der abwechslungsreichen Darstellung zu erwecken. In dieser Hinsicht unterscheidet sich die Abundanz also kaum von der thematischen Variation,[6] doch lässt sie sich im Gegensatz zu dieser weniger deutlich strukturieren. Abundante Schilderung ist ein Merkmal des kaiserzeitlich-epischen Stils und begegnet auch in den Seneca-Tragödien vornehmlich in den Botenberichten und Ekphrasen. Dennoch hat diese Stileigentümlichkeit bei Herausgebern wiederholt Anstoss erregt und zu schweren Eingriffen in die Überlieferung Anlass gegeben. Einige solche Stellen, an welchen philologischer Scharfsinn wegoperierte, was der angeblichen Logik zuwiderläuft, sollen im folgenden näher unter die Lupe genommen werden.

§ 220. Oed. 957-79; der Bote berichtet die Selbstblendung des Oedipus und schildert ausführlich deren Ablauf. Abundanz zeigen besonders die Verse 962-70

---

[6] So z.B. HF 403-5 (s. § 215c), Phae. 373-78 (s. § 217c). Ähnliches hat H. Tränkle bei Catull aufgezeigt, Philologus 111 (1967) 210.

<blockquote>

manus in ora torsit. at contra truces
oculi steterunt et suam intenti manum
ultro insecuntur, vulneri occurrunt suo.
965   scrutatur avidus manibus uncis lumina,
radice ab ima funditus vulsos simul
evolvit orbes; haeret in vacuo manus
et fixa penitus unguibus lacerat cavos
alte recessus luminum et inanes sinus,
970   saevitque frustra plusque quam satis est furit.

</blockquote>

Die drastische Schilderung und die Ausführlichkeit, mit welcher grausige Einzelheiten beschrieben werden, ist bei Seneca nicht ungewöhnlich und zeigt sich z.B. auch in den Berichten über die Schleifung des Hippolytus (Phae. 1088-1104; dazu § 225) und der Schlachtung der Thyestsöhne (Thy. 685-775); zu beidem s. M. Fuhrmann, Die Funktion grausiger und ekelhafter Motive in der lat. Dichtung. Poetik und Hermeneutik 3 (München 1968) 45-50. Ferner gehören hierher die Ermordung der Herkuleskinder und der Megara (HF 1002-1007, 1022-1026), die Zubereitung von Medeas Schlangengift (Med. 731-35) sowie die Beschreibung des Höllenhundes (HF 785-87). Auf ähnliche Züge in Senecas Prosa verweist Trillitzsch, Senecas Beweisführung 114, 125-27.

§ 221. Oed. 530-47; die Abundanz in der Ekphrasis des Haines kommt vor allem durch den Baumkatalog zustande,

<blockquote>

Est procul ab urbe lucus ilicibus niger
Dircaea circa vallis inriguae loca.
cupressus altis exerens silvis caput
virente semper alligat trunco nemus,
curvosque tendit quercus et putres situ
535   annosa ramos: huius abrupit latus
edax vetustas; illa, iam fessa cadens
radice, fulta pendet aliena trabe.
amara bacas laurus et tiliae leves
et Paphia myrtus et per immensum mare
540   motura remos alnus et Phoebo obvia
enode Zephyris pinus opponens latus:
medio stat ingens arbor atque umbra gravi
silvas minores urguet et magno ambitu
diffusa ramos una defendit nemus.[7]

</blockquote>

---

[7] Vor V. 538 setzt Zwierlein (M. Reeve folgend) eine Lücke an; doch begegnet verblose Reihung kurz darauf noch einmal, Oed. 592ff. Zudem dürfte hier das Vorbild von Ovids Baumkatalog (met. 10,90ff.) auch stilistisch eingewirkt haben.

Eine verkürzte Version dieser Hainbeschreibung findet sich in der
Ekphrasis des geheimen Bezirks, Thy. 651-56

> alta vetustum valle compescens nemus,
> penetrale regni, nulla qua laetos solet
> praebere ramos arbor aut ferro coli,
> sed taxus et cupressus et nigra ilice
> obscura nutat silva, quam supra eminens
> despectat alte quercus et vincit nemus.

§ 222. Med. 466-70

> revolvat animus igneos tauri halitus
> interque saevos gentis indomitae metus
> armifero in arvo flammeum Aeetae pecus,
> hostisque subiti tela, cum iussu meo
> terrigena miles mutua caede occidit.

Medea klagt Iason der Undankbarkeit an (465 *ingratum caput*) und hält
ihm einzeln vor, was sie für ihn getan hat (466-76):
(1 + 2) Hilfe bei der Bändigung der feuerschnaubenden Stiere und beim
         Kampf mit der Drachensaat (466-70)
(3)   Einschläferung des Drachen und Gewinnung des goldenen Vlies-
         ses (471-73a)
(4)   Ermordung und Zerstückelung des Bruders (473b-74)
(5)   Tötung des Pelias (475-76)

Die Abundanz in den Versen 466-69a unterstreicht die Eindringlichkeit,
mit welcher Medea Iason an die gefahrvollen Ereignisse in Colchis erinnert.[8] Eine Tilgung der Verse 467-68, wie sie Leo vornahm (gefolgt von
Peiper-Richter; Zwierlein [Rezitationsdramen 188-90], der jetzt aber
ihre Echtheit anerkennt), missachtet diese Absicht des Dichters. Dass die
Abundanz in keiner Weise die Ökonomie der Passage beeinträchtigt,
zeigt die durchschnittliche Zuteilung von 2 Versen je Tat (dazu s. auch
§ 217).

§ 223. Ag. 544-52

> tandem occupata rupe furibundum intonat:
> 545 'superasse †nunc se† pelagus atque ignes iuvat,[9]
> vicisse caelum Palladem fulmen mare.

---

[8] Dass mit *gentis indomitae* (467) die Spartoi gemeint sind, nicht die Colchier (so jedoch
Costa ad loc.), ergibt sich nicht bloss aus der Abundanzverklammerung, sondern auch
aus *saevos*, das in diesem Zusammenhang nur zu der Drachensaat passt.

[9] So A, *nunc* E. Verschiedene Versuche wurden unternommen, den Text zu heilen,
wovon freilich keiner überzeugt: *me nunc* Düring, *nunc iam* Peiper, *cuncta* Richter, *iuvit*

非   non me fugavit bellici terror dei,
        et Hectorem una solus et Martem tuli,
        Phoebea nec me tela pepulerunt gradu:
550   cum Phrygibus istos vicimus — tene horream?
        aliena inerti tela iaculantem manu?
        quid si ipse mittat?'

An die Lästerrede hat man verschiedentlich das kritische Messer ange-
setzt und sie so ihrer Schärfe beraubt. Am weitesten ging Tarrant, der
nicht nur Leo in seiner Athetese von V. 548 folgt (wie Peiper-Richter,
Zwierlein), sondern auch gleich die Verse 545-46 als unecht verdammt.
Wo findet da Neptun überhaupt noch Grund, den Göttertrotzer zu ver-
derben? Schon Carlsson (Überlieferung 71f.) hat mit Recht auf den stark
rhetorischen Aufbau der Passage und die Steigerung der Hybris hingewiesen. Wer Aias der mythologischen Unwahrheit zeiht und daraus
ein Argument gegen die Echtheit des Verses dreht (so jedoch Zwierlein,
Rezitationsdramen 184-86), schaut an der dichterischen Wahrheit vorbei. Hector und Mars illustrieren namentlich, was *bellicus terror dei* allgemein impliziert.[10] Aias glaubt Pallas trotzen zu können, weil er Mars
und Phoebus widerstanden hat (*non me fugavit ... tuli*). Mythologische
Ungenauigkeit im Dienst der rhetorischen *auctio* wird auch sonst von
Seneca in Kauf genommen, z.B. HF 485f. Die Eigenschaft der Unver-
wundbarkeit wird von Cycnus, dem Sohn des Ares, auf den Poseidon-
sohn gleichen Namens übertragen, um den Sieg des Hercules über den
letzteren zu vergrössern.[11]

§ 224. HF 821-27

        [Cerberus] vidit ut clarum diem
        et pura nitidi spatia conspexit poli,

Leo, *novi* Wilamowitz, zuletzt *numen* oder *nunc nunc* Axelson. Unwahrscheinlich sind Vor-
schläge, die von der A-Lesart ausgehen; diese renkt zwar den Vers metrisch ein, läuft
aber der sonstigen Verstechnik entgegen: auf ähnliche versbeginnende Infinitivformen
($\underset{\smile\smile}{}{-}\smile$) folgt nämlich in der Regel ein zweisilbiges Wort ($-\smile$), z.B. Ag. 546. 580. 973,
HF 91 (auch 657), Med. 913. 914. Dass es sich dabei um ein weiteres Objekt (neben *pela-
gus* und *ignes*) zu *superasse* handelt, ist kaum anzunehmen, da eine solche Reihung gegen
den Gebrauch von *atque* in den Seneca-Tragödien verstiesse. Vom Sinn her erwarten wir
am ehesten ein Adverb.

[10] Das erläuternde Exemplum hat nicht nur seinen angestammten Platz in der Dichtung überhaupt, sondern gehört zu der popularphilosophischen Argumentationsweise,
von welcher Seneca in seinen Prosaschriften ausführlich Gebrauch macht; Trillitzsch,
Senecas Beweisführung, bes. 32-36, 95-112.
[11] Carlsson (Überlieferung 73 Anm. 1) bemerkt zu Recht, dass hier nicht an eine uns
unbekannte Szene Aias-Mars zu denken sei. Berühmt wurde natürlich der Zweikampf
zwischen Hektor und dem grossen Aias (Il. 7,182-312), aber auch Aias Oileus stellte sich
Hektor (Il. 7,164). Seine kriegerische Tüchtigkeit beweist er zudem dadurch, dass er fast
durchwegs im Verbund mit dem Telamonier kämpft.

825
> oborta nox est, lumina in terram dedit,
> compressit oculos et diem invisum expulit
> aciemque retro flexit atque omni petit
> cervice terram; tum sub Herculeas caput
> abscondit umbras.

In ausladender Breite beschreibt Seneca, wie der Höllenhund auf das niegeschaute Tageslicht reagiert. Nur an die Dunkelheit der Unterwelt gewöhnt, kneift er die Augen und heftet seinen Blick auf den Boden. Schon Bothe schied V. 823 als tautologisch und als Seneca unwürdig aus (gefolgt von Leo, Peiper-Richter, Zwierlein); mag sein, dass auch der Ausdruck *oborta nox est* dem Verständnis Schwierigkeiten entgegensetzte.[12] Völlig durchsichtig und verständlich wird der Gedanke jedoch im Licht von Senecas Beobachtung über das Verhalten von Nachttieren, dial. 7,20,6 *nam et solem lumina aegra formidant et aversantur diem splendidum nocturna animalia, quae ad primum eius ortum stupent et latibula sua passim petunt, abduntur in aliquas rimas timida lucis.* Charakteristisch ist also ihr Stutzen (*stupere*)[13] und ihre Angst, ein Zug, den Seneca auch in den Tragödien sich nochmals zu Nutzen macht, Oed. 337-39 *altum taurus attollens caput / primos ad ortus positus expavit diem / trepidusque vultum obliquat et radios fugit* (eine Passage, die der unsrigen sprachlich nahe steht). Wegen des ungewohnten Lichts wird Cerberus schwarz vor den Augen, so wie Phaethon Schwindel befällt, als er im gleissenden Sonnenlicht steht, Ov. met. 2,181 *suntque oculis tenebrae per tantum lumen obortae.*

§ 225. Phae. 1097-1102

1100
> moribunda celeres membra pervolvunt rotae:
> tandemque raptum truncus ambusta sude
> medium per inguen stipite ingesto tenet,
> paulumque domino currus affixo stetit.
> haesere biiuges vulnere — et pariter moram
> dominumque rumpunt.

1099 *ingesto* N. Heinsius (cf. HO 1449), *iecto* E, *eiecto* A, *erecto* Trevet

In einer Greuelschilderung (vgl. § 220) beschreibt Seneca, wie Hippolytus, an seinem eigenen Wagen geschleift, durch die Weghindernisse elendiglich zerrissen und zerstückelt wird. Als besonders grausig empfin-

---

[12] H. Weber, Philologus 66 (1907) 361f. wollte das Problem anders lösen und konjizierte (in Anlehnung an Lucr. 3,155) *aborta vox est.*

[13] Mit *stupere* reagieren der Landmann und Aurora, als die Sonne beim Thyestmahl sich verfinstert, Thy. 800f. *stupet ad subitae tempora cenae / nondum fessis bubus arator,* 815-18 *stupet Eoos assueta deo / tradere frenos / genetrix primae roscida lucis / perversa sui limina regni.*

den wir die Ausführlichkeit, mit welcher der Dichter die Spiessung durch einen Baumstrunk darstellt. Wie der Pfahl ihm durch die Weichen dringt, kommt der Wagen für kurze Zeit zum Stehen. Der Körper des Hippolytus hängt fest und hindert das Gespann am Weitertraben. Dann reissen sich die Pferde los und schleifen ihren Herrn samt Pflock mit. Axelson (gefolgt von Zwierlein; vgl. Krit. Komm. 215) tilgt V. 1100 und beraubt dadurch die Stelle nicht bloss eines charakteristisch grausigen Einzelzuges und einer Abundanzfigur (*domino ... affixo*), sondern auch der Voraussetzung für das (erklärende) *haesere biiuges vulnere*.

§ 226. Die drei folgenden Beispiele verkannter Abundanz können zusammen betrachtet werden, da sie alle nach der Meinung ihrer Kritiker die unzulässige Vorwegnahme eines Gedankens enthalten:

a) Phae. 1011-18   non tantus Auster Sicula disturbat freta
                     nec tam tumenti pontus exsurgit sinu[14]
                     regnante Coro, saxa cum fluctu tremunt
                     et cana summum spuma Leucaten ferit.
     1015   consurgit ingens pontus in vastum aggerem,
                     tumidumque monstro pelagus in terras ruit.
                     nec ista ratibus tanta construitur lues:
                     terris minatur.

Weil das Seeungeheuer erst in 1019f. (*nescio quid onerato sinu / gravis unda portat*) ins Gedankenfeld rücke und daher nicht schon drei Verse vorher erwähnt sein könne, tilgte Leo V. 1016 (Observationes 207; gefolgt von Peiper-Richter, Zwierlein). Auf diese Logik kommt es dem Dichter hier aber ebensowenig an wie Euripides, der das Erscheinen des Stiers in ähnlicher Weise vorbereitet, Hipp. 1205-7 ἐς δ' ἁλιρρόθους / ἀκτὰς ἀποβλέψαντες ἱερὸν εἴδομεν / κῦμ' οὐρανῷ στηρίζον. Das »unheimlich Übernatürliche« (ἱερόν, s. Barrett ad loc.) hat Seneca sinngemäss mit *monstro* widergegeben. Die Verse 1015-16 greifen auf den vorausgehenden Vergleich 1011-14 zurück. Das Meer schwillt an: 1012 *tumenti pontus exsurgit sinu* ~ 1015 *consurgit ingens pontus in vastum aggerem*. Das Meer peitscht das Festland: 1014 *summum ... Leucaten ferit* ~ 1016 *in terras ruit*. Der Ausdruck *tumidum ... monstro pelagus* (1016) variiert Vers 1015, wie sich *lues* (1017) im Licht von *monstro* (1016) aufklärt; dazu vgl. Oed. 106ff. *ille, ille dirus callidi monstri cinis / in nos rebellat, illa nunc Thebas lues / perempta perdit.*[15]

---

[14] 1012 *furenti pontus exsurgit sinu* E A : *furenti Ionius exsurgit sinu* Jac. Gronovius : *furens Ionius exsurgit sinus* Bothe (gefolgt von Leo, Peiper-Richter, Zwierlein). Die leichte Korrektur *tumenti* entfernt jeglichen Anstoss, vgl. nat. 3,28,4 *haec fatis mota, non aestu, — nam aestus fati ministerium est —, attollit vasto sinu fretum agitque ante se.*

[15] Ähnlich nehmen im Agamemnon die Verse 535f. die Lästerung des Aias voraus (546 und bes. 550f.).

b)   Ag. 469-74   agitata ventis unda venturis tumet:
                       cum subito luna conditur, stellae latent,
                       in astra pontus tollitur, caelum perit.
                       nec una nox est: densa tenebras obruit
                       caligo et omni luce subducta fretum
                       caelumque miscet.

Auch hier steuert in V. 471 *in astra pontus tollitur* zur Beschreibung des anschwellenden Meeres (*unda tumet*) grundsätzlich nicht mehr bei als *caelum perit* zum Gedanken, dass Mond und Sterne verschwinden (*luna conditur, stellae latent*). Freilich sticht das folgende dadurch noch stärker ab: wenn sich die Wellen schon so hoch türmen, dass der Himmel nicht mehr sichtbar ist, wie schwarz und undurchdringbar ist da die Nacht! Vollends unheimlich erscheint die Dunkelheit, wie sich auch noch dichter Nebel über alles breitet. Fehlt also jegliche Grundlage, den wirkungssteigernden Vers 471 zu tilgen (so jedoch Kassel bei Zwierlein, Gnomon 38 [1966] 687), dann spricht ebenso wenig dafür, ihn mit Tarrant (jetzt gefolgt von Zwierlein) nach 489 umzustellen.[16] Die Verse 489-90 bilden eine gedankliche Einheit: das Meer überbordet, denn Flut und Regen mischen ihre Wasser.[17]

c)   Tro. 175-81   Idaea ruptis saxa ceciderunt iugis.
                       nec terra solum tremuit: et pontus suum
                       adesse Achillem sensit ac stravit vada.
                       tum scissa vallis aperit immensos specus
                       et hiatus Erebi pervium ad superos iter
                       tellure fracta praebet ac tumulum levat.
                       emicuit ingens umbra Thessalici ducis.

Dass die Verse 176-77 die Spannung der Szene zerstörten, weil sie vorwegnähmen, was erst 181 am Platz sei, und sich dadurch als Machwerk eines Interpolators entpuppten (Zwierlein, WJA, N.F. 2 [1976] 183-85), leuchtet nicht ein. Die unheimliche Erscheinung Achills spielt sich am Meeresstrand von Sigeion ab (vgl. 190 *implevit omne litus irati sonus*), wo sein Grabhügel aufgeschüttet worden war. Mit einer *nec*-Antithese[18]

---

[16] Das Argument, *in astra pontus tollitur* sei ein Phänomen des Windes und als solches nach V. 470 falsch am Platz (vgl. aber 469 *agitata ventis unda venturis tumet*), weil die eigentlichen Sturmböen erst in 474ff. aufträten, schlägt nicht durch. Verwiesen sei hier auch auf Vergils Beschreibung eines aufkommenden Sturmes, Aen. 7,528-30.

[17] *Non capit sese mare / undasque miscent imber et fluctus suas.* Die Bedeutung von *non capit sese* (= *exuberat*) erhellt ja gerade aus der Vermischung von Regen und Meeresflut und darf hier nicht verdunkelt werden, vgl. Manil. 4,829-31 *natat orbis in ipso / et vomit Oceanus pontum ... / nec sese ipse capit.*

[18] Seneca liebt solche *nec*-Antithesen, z.B. Med. 592, Phae. 314. 681. 748, Thy. 26.

leitet Seneca geschickt zum Schauplatz des Geschehens über. Die Reverenz des Meeres an seinen Abkömmling (177 *stravit vada*)[19] ist der Wirkung von Achills Erscheinen (181) nicht abträglich, sondern bereitet sie vor.[20]

Ausdrucksfülle, so hat sich gezeigt, ist ein Merkmal von Senecas Stil. Philologischer Scharfsinn kann den Blick auf diese Stileigentümlichkeit hinlenken. Hyperkritik und Interpolationenjägerei schaffen hingegen Befangenheit und machen Seneca um eine dichterische Eigenheit ärmer.[21]

3. *Apposition*

§ 227. Wie schon bemerkt (§ 199), ersetzt bei Seneca die Apposition oft die Hypotaxe und trägt somit entscheidend dazu bei, dem Stil ein parataktisches Gepräge zu verleihen.[22] Die Appositionen sind in ihrem Umfang unterschiedlich und reichen von Beistellung eines Wortes bis zur Reihung ganzer Sätze. Besonders beliebt bei Seneca ist die Einleitung von Appositionen durch hervorhebendes *sed* (»und zwar«). Eine eigene Gruppe bilden die sogenannten lockeren Appositionen. Es handelt sich um resümierende Beisätze, die ohne Bezug zu einem bestimmten Wort oder Ausdruck angehängt werden.

a. Wortapposition

§ 228. Die Wortapposition ist eine häufige Erscheinung in der Dichtung wie in der Prosa und bedarf als solche hier keiner weiteren Erläuterung. Aufmerksamkeit hingegen verdienen jene Fälle, wo die Apposition in Sperrung um das Bestimmungswort angeordnet ist:

HF 552	geminum Tyndaridae genus
Tro. 15	alta muri decora
Tro. 63	turba captivae mea

---

[19] Zu diesem Motiv (ein Topos bei göttlichen Epiphanien) s. die Stellensammlung bei Zwierlein, op. cit. 185 Anm. 19, der freilich die falschen Schlüsse zieht. Senecas Beschreibung der Szene basiert offensichtlich auf Ovid (met. 13,429ff.), der Sturmwetter als Grund angibt, weshalb die Griechenflotte nicht ausläuft, 439f. *litore ... classem religarat Atrides, / dum mare pacatum, dum ventus amicior esset.* Aus Tro. 199-201 ergibt sich, dass auch bei Seneca Sturm die Heimfahrt des Heeres verzögerte. Nicht weniger unheimlich als das Grollen der Erde muss die plötzliche Meeresglätte auf die Griechen gewirkt haben.
[20] Fantham (ad loc.) weist mit Recht darauf hin, dass *tumulum* (180) bereits identifiziert sein muss.
[21] Nach den obigen Ausführungen erübrigt es sich, die Echtheit der Abundanz in Phoe. 112 (vgl. § 170 Anm. 183) und Phae. 1179f. gegen die jüngsten Eingriffe zu verteidigen.
[22] Zur (epexegetischen) Apposition in Senecas Prosa s. Traina, Lo stile »drammatico« 87, 108.

Med. 980	fortis armiferi cohors
Ag. 800	fida famuli turba

Diese Stilfigur ist in der lateinischen Dichtung seit Vergils Eclogen bekannt und dürfte auf hellenistisches Vorbild zurückgehen; G. Williams, Tradition and Originality in Roman Poetry (Oxford 1968) 726-28.

Auch das Umgekehrte kommt vor, Apposition umrahmt von der Bestimmungsgruppe:

Phae. 305	perque fraternos, nova regna, fluctus
Ag. 837-38	geminosque fratres
	pectore ex uno tria monstra natos[23]

Ebenso findet sich verschränkte Stellung der Apposition:

HF 14	clara gemini signa Tyndaridae

b. Epexegetische Apposition

§ 229. Appositionen, welche der Verdeutlichung eines Wortes oder Ausdrucks dienen, werden von Seneca oft mit hervorhebendem *sed* (»und zwar«) eingeleitet:[24]

HF 724-25	vultus est illi Iovis, / sed fulminantis
HF 1177	at tu ede, Theseu, sed tua, Theseu, fide
Tro. 343	et ex Achille nate, sed nondum viro
Phoe. 106-7	ensem parenti trade, sed notum nece
	ensem paterna
Phoe. 109-10	natus hunc habeat meus, / sed uterque
Med. 964-65	frater est, poenas petit:
	dabimus, sed omnes.

Hier ist auch auf die pointierten Wortappositionen im Enjambement hinzuweisen:

Phoe. 55-56	pars summa magno patris e regno mea est,
	pater ipse.
Med. 516-17	est et his maior metus: / Medea.
Med. 881-82	qua solent reges capi: / donis.

---

[23] Brink (bei Tarrant ad loc.) weist darauf hin, dass *geminos* durch *tria monstra* präzisiert wird.

[24] Zum umgangssprachlichen Charakter dieses hervorhebenden *sed* s. § 251.

§ 230. Epexegetische Satzappositionen verdeutlichen ein Demonstrativ-
pronomen, vor allem *hoc*:

HF 832-33	derat *hoc* solum numero laborum,
	tertiae regem spoliare sortis.
Tro. 489-90	*haec causa* multos una ab interitu arcuit,
	credi perisse.
Phoe. 89-90	*unica* Oedipodae est *salus*,
	non esse salvum.
Phoe. 514-15	*hoc* quoque ex illis habes,
	errasse thalamis.
Phoe. 527-28	*hoc* quoque est magnum *nefas*,
	tam prope fuisse.

Eine ganze Abfolge solcher Satzappositionen enthält

Med. 222-28	hoc reges habent
	magnificum et *ingens*, nulla quod rapiat dies:
	prodesse miseris, supplices fido lare
	protegere. *solum hoc* Colchico regno extuli,
	decus illud ingens Graeciae et florem inclitum,
	praesidia Achivae gentis et prolem deum
	servasse memet.

Obwohl in epexegetischen Satzappositionen eine Infinitiv- bzw. AcI-
Konstruktion das Gewöhnliche ist, kommt auch der freie Nominativ vor:

Med. 237-38	obici crimen *hoc solum* potest,
	Argo reversa
Phae. 842-43	*pars una* vitae mansit extincto mihi:
	sensus malorum

Satzappositionen können ihrerseits erweitert werden:

Med. 318-25	ausus Typhus pandere vasto
	carbasa ponto
320	legesque novas scribere nautis: [25]
	nunc lina sinu tendere toto,
	nunc prolato pede transversos
	captare notos, nunc antemnas
	medio tutas ponere malo,
	nunc in summo religare loco

---

[25] Richters Verbesserung *nautis* für *ventis* (E A) ist wohl unumgänglich, da ja Tiphys
als Erfinder der nautischen Künste gilt, wie sie im folgenden aufgezählt sind.

Ag. 446-48
              bella narrat: Hectoris fortis minas
              currusque et empto redditum corpus rogo,
              sparsum cruore regis Herceum Iovem.

c. Lockere Apposition

§ 231. Unter lockerer Satzapposition verstehen wir einen Beisatz, der sich nicht direkt auf ein Bestimmungswort oder einen Bestimmungsausdruck bezieht, sondern, einem affektischen Ausruf ähnlich, eine vorausgehende Schilderung oder Aussage gleichsam kommentierend abrundet.[26]

HF 1002-4
                        en blandas manus
              ad genua tendens voce miseranda rogat:
              scelus nefandum, triste et aspectu horridum!
Tro. 397-98
              post mortem nihil est ipsaque mors nihil,
              velocis spatii meta novissima.

§ 232. Anhangmässig sei hier auch auf den appositiven Gebrauch von Präsenspartizipien hingewiesen. Diese sprachlich-stilistische Erscheinung hat Westman (s. oben Anm. 191) für das Futurpartizip nachgewiesen; hier sollen einige Beispiele aus den Tragödien aufzeigen, wie Seneca nicht selten Präsenspartizipien frei anschliesst, d.h. »die Eigenbedeutung des Partizips einer Aussage entspricht, die nicht bloss eine Modifikation der Haupthandlung enthält, sondern mit dieser Handlung grundsätzlich auf gleicher Stufe steht ... und über [den Subjektsbegriff] etwas wesentlich Neues ausgesagt [wird].« (Westman 117f.). Das Partizip reiht sich in solchen Fällen gewöhnlich asyndetisch an die Hauptaussage an:

HF 468-71
              fortem vocemus cuius horrentes comae
              maduere nardo, laude qui notas manus
              ad non virilem tympani movit sonum,
              mitra ferocem barbara frontem *premens*?

Lycus erinnert an Hercules' Dienst bei Omphale, um so seine grossen Taten zu schmälern. Dass der Held sich bei der Lyderin sogar einen Turban aufsetzte, passt ebenso zu seiner Entartung wie das Pomadisieren der Haare und das Zimbelnschlagen.

HF 542-46
              illic quae viduis gentibus imperat,
              aurato religans ilia balteo,

---

[26] Hofmann-Szantyr 429.

> detraxit spolium nobile corpori
> et peltam et nivei vincula pectoris,
> victorem posito *suspiciens* genu.

Die Amazonenkönigin gibt sich geschlagen. Sie händigt Hercules ihre Waffen aus und fällt ihm, um Schonung bittend, zu Füssen; zur Unterwerfungsszene und ihrer bildlichen Tradition s. Komm. HF ad loc.

Tro. 318-21   at non timebat tunc tuus, fateor, parens,
                 interque caedes Graeciae atque ustas rates
                 segnis iacebat belli et armorum immemor,
                 levi canoram *verberans* plectro chelyn.

Achill kämpft nicht; untätig liegt er in seinem Zelt und vertreibt sich die Zeit mit Leierspiel.

Med. 285-90   per ego auspicatos regii thalami toros,
                 per spes futuras perque regnorum status,
                 Fortuna varia dubia quos agitat vice,
                 precor, brevem largire fugienti moram,
                 dum extrema natis mater infigo oscula,
                 fortasse *moriens*.

Fortasse moriens unterscheidet sich kaum von *moritura* und zeigt die Nähe zum ähnlichen Gebrauch der Futurpartizipien. Medea möchte ihre Kinder zum letzten Mal umarmen, bevor sie in die Verbannung geht; wer weiss, wie lange sie noch zu leben hat!

4. *Polare Ausdrucksweise*

§ 233. Zur Abundanz im weiteren Sinn gehört die polare Ausdrucksweise, bei welcher »ausser dem für die jeweilige Situation passenden Begriff noch sein Gegensatz hinzugefügt wird«.[27] Die Erscheinung findet sich bei Seneca relativ häufig, wofür zweierlei Gründe angeführt werden könnten: (1) die disjunktive Zweigliedrigkeit ist parataktisch (bei Seneca oft asyndetisch) und eignet sich vorzüglich zur Verserweiterung. (2) Die Zerlegung des Ganzen in Einzelheiten (*partitio*) ist ein rhetorisches Mittel, das nicht nur die Anschaulichkeit von Schilderungen fördert,

---

[27] Hofmann, Umgangssprache § 93; dass die polare Ausdrucksweise nicht nur eine subjektiv-affektische Seite der Umgangssprache darstellt, sondern auch in der Dichtung verwurzelt ist, hat E. Kemmer, Die polare Ausdrucksweise in der griechischen Literatur (Würzburg 1903), für das Griechische nachgewiesen; eine vergleichbare Untersuchung für die lateinische Literatur fehlt. Speziell zu Tacitus äussert sich B. R. Voss, Der pointierte Stil des Tacitus (Münster ²1980) 25 (mit Beispielen 124-26).

sondern auch auf *amplificatio* abzielt.[28] Ebenso unerlässlich wie in der Redekunst (vgl. Quint. 8,3,69; 9,2,40) ist sie in der popularphilosophischen Beweisführung; dazu Trillitzsch, Senecas Beweisführung 42f., 125f.

§ 234. Zuerst einige Beispiele von gegensätzlichen Begriffspaaren, die sich dem Zusammenhang einfügen:

Tro. 674-76	percussa Maenas entheo silvas gradu
	armata thyrso terret atque expers sui
	vulnus dedit nec sensit
Med. 431-32	o dura fata semper et sortem asperam,
	cum saevit et cum parcit ex aequo malam!
Phae. 976-77	non sollicitus prodesse bonis,
	nocuisse malis
Phae. 1166-67	pervertis domum
	amore semper coniugum aut odio nocens
Oed. 1023	per omne nostri nominis fas ac nefas
Ag. 359-61	te permixto matrona minor
(372-74)	maiorque choro / colit
Ag. 642-43	ducunt turmas, haec femineas, / ille viriles
Ag. 752-54	haec hodie ratis
	Phlegethontis atri regias animas vehet,
	victamque victricemque
Thy. 138-39	peccatum satis est; fas valuit nihil
	aut commune nefas
Thy. 182-83	iam flammis agros
	lucere et urbes decuit

§ 235. Aufschlussreich für den abundanten Charakter der polaren Ausdrucksweise bei Seneca sind jene Gegensatzpaare, bei welchen eigentlich nur der eine der beiden Begriffe in den Zusammenhang passt, der andere hingegen der Ausdrucksfülle dient:

HF 386-87	Thebana novi regna: quid matres loquar
	passas et ausas scelera?

---

[28] Eine beliebte Form der Zergliederung bei Seneca sind die Aufzählungen und Kataloge, z.B. jener der Argonauten (Med. 616-55), der Agamemnongegner (Ag. 208-18) und besonders jener der Unterweltsbüsser (HF 750-59, Med. 743-49, Phae. 1229-37, Ag. 15-21, Thy. 6-12). Auch kann eine disjunktive Zergliederung verdoppelt werden, z.B. Phae. 285-89 (die 2 + 2 Himmelsrichtungen). Dass Zergliederung, die ihrerseits zu Häufung führt, nicht in Widerspruch steht zu einem knappen, epigrammatischen Stil, zeigt Martial, dessen Vorliebe für Häufungsfiguren bekannt ist; dazu ausführlich E. Siedschlag, Zur Form von Martials Epigrammen (Berlin 1977) 39ff.; allgemein zur Zergliederung auch G. Maurach, Enchiridion Poeticum (Darmstadt 1983) §§ 36 und 37.

Megara weist Lycus auf den Fluch des thebanischen Königshauses hin; die Götter haben nie gefehlt, dessen Untaten zu bestrafen. Als Beispiel nennt sie auch die Cadmustöchter (Agaue, Ino) und Niobe, die für ihre Frevel bekannt sind. *Ausas* ist das Wort, worauf es dem Dichter (in der Verbindung mit *scelera*) hier in erster Linie ankommt, doch bildet *ausi* / *passi* ein festes Gegensatzpaar, vgl. Phae. 723, nat. 3 pr. 5; Kemmer, Polare Ausdrucksweise 227f.

Volkstümlichen Einschlag der Stilfigur zeigt

Med. 566-67   perge, nunc aude, incipe
            quidquid potest Medea, quidquid non potest.

Medea reizt sich auf, alles nur erdenklich Mögliche gegen Iason ins Werk zu setzen, wessen eine Medea überhaupt fähig ist. (Im Licht von 171 *Medea — fiam*, und 910 *Medea nunc sum* besteht natürlich kein Zweifel, dass E mit der 3. Pers. gegen das trivialisierende *potes ... potes* in A das Richtige bewahrt hat). Ähnlich lautet die Formel bei Catull. 76,16 *hoc facias, sive id non pote sive pote* (s. Fordyce ad loc.).

Mythologisch prägnant ist die polare Phrase in Oedipus' Anrede an den Cithaeron,

Phoe. 34-35   semper cruente saeve crudelis ferox,
            cum occidis et cum parcis

Die Beispiele, welche Oedipus aufgezählt hat (14ff.), deuten alle auf *occidis*: Actaeon, Pentheus und Agaue, Zethus und Dirce. Pointiert ist das gegensätzliche *parcis* deshalb, weil es auf Oedipus' unglückliche Rettung anspielt, als er im Cithaerongebirge ausgesetzt worden war.

HF 613   vidi et ostendi inferos

Nichts gibt es mehr, was der Zorn der göttlichen Stiefmutter Hercules aufbürden könnte. Selbst die Unterwelt hat er gesehen (606 *vidi inaccessa omnibus*). Dass er sie den Sterblichen gezeigt habe, sagt er sonst nirgends; Iuno hatte es in ihrer Hassrede allerdings impliziert (55f. *patefacta ab imis manibus retro via est / et sacra dirae mortis in aperto iacent*).

§ 236. Hingewiesen sei hier ferner auf ein Beispiel von polarer Ausdrucksweise, Knoten und Lösen der Haare, das wir dreimal, in unterschiedlich passendem Zusammenhang, antreffen:

a)   Phae. 370-73   attolli iubet
            iterumque poni corpus et solvi comas

>   rursusque fingi: semper impatiens sui
>   mutatur habitus.

Dass Phaedra sich einmal ihr Haar flechten, dann wieder auskämmen lässt, gilt als Zeichen ihrer inneren Unruhe.

b)   Phae. 401-2   Tanaitis aut Maeotis et nodo comas
                    coegit emisitque

Wallendes, offenes Haar gilt Phaedra als Inbegriff des einfachen Lebens, nach welchem sie sich in Liebe zu Hippolytus sehnt, 393-95 *odore crinis sparsus Assyrio vacet. / sic temere iactae colla perfundant comae / umerosque summos.* Wenn sie dann in ihrem Vergleich mit einer Amazone (401f.) auch vom geknoteten Haar spricht, dann will das nicht recht in den Zusammenhang passen.

c) Eine ähnliche polare Haartrachtbeschreibung finden wir im grossen Bacchuslied,

>   Oed. 416-17   spargere effusos sine lege crines,
>   rursus adducto revocare nodo

Der Passus folgt auf eine Aufzählung von Bacchus' Kopfschmuck: Blumen (412 *floribus vernis*), Turban (413 *Tyria ... mitra*) oder Efeukranz (414f. *hedera .../ bacifera*). Dass die disjunktiv zergliederte Beschreibung der Haartracht in erster Linie dazu dient, die *variatio* fortzusetzen, dürfte deutlich geworden sein.

5. *Pointiertes Asyndeton*

§ 237. Die rhetorische Figur des Asyndeton verleiht dem Stil in besonderem Mass den Charakter von Kürze, Lebhaftigkeit und Prägnanz. Häufig erscheint es bei Seneca in Aufzählungen, nicht selten auch, um Gegensätze hervorzuheben oder Sachverhalte erklärend auszudeuten. Die Hauptformen dieser Erscheinung hat Canter (Rhetorical Elements 169-71) gesammelt und besprochen. Unbeachtet geblieben ist jedoch die besondere Verwendung von pointiertem Asyndeton (in Versanfangstellung). Seneca liebt es, einen gesteigerten Gedankengang unerwartet umzubrechen, um dadurch ironische oder gar sarkastische Wirkung zu erzielen.[29]

---

[29] Das Charakteristische an diesen Figuren ist das Unerwartete (ἀπροσδόκητον), welches natürlich ebenso für witzig-komischen Effekt genützt werden kann; vgl. Demetrius Eloc. 152f. Rad., Cic. de orat. 2,255. 284. Paradoxon und ἀπροσδόκητον haben ihren Platz auch in Senecas Prosa; Traina, Lo stile »drammatico« 35, 111f.

§ 238.

HF 1316-17   eat ad labores hic quoque Herculeos labor:
                      vivamus.

Das Asyndeton markiert den Sinneswechsel des Hercules, der soeben
noch zum Tod entschlossen war und sich nur durch die Selbstmord-
drohung des greisen Amphitryo von seinem Vorhaben abbringen lässt.
Dass nun auch das Leben, nach den zwölf Taten, zu einem neuen *labor
Herculis* wird, steigert natürlich den Gedankengang.

Ähnliche Gedankenfügung zeigt

Med. 19-20   Num peius aliquid? quod precer sponso malum?
                      vivat.

Der Tod ist für Creo und Creusa bestimmt (17f.); schlimmer für Iason
als der Tod wird das Leben sein, das er verbannt, als Fremdling herum-
irrend, verbringen muss (20-22).

Phoe. 645-46   ne metue. poenas et quidem solvet graves:
                      regnabit

Das thebanische Herrscherhaus steht unter einem Fluch; zu regieren
bedeutet, ihm zu verfallen und zu sterben (646-51).

Der Umbruch des Gedankens erhöht seine Wirkung, wenn die Steigerung durch rhetorische Mittel (Anapher, Worthäufung) zusätzlich unter-
strichen wird:

Phoe. 313ff.   hic Oedipus Aegaea transnabit freta
                      iubente te, ...
    318   iubente te praebebit alitibus iecur,
                      iubente te vel vivet.
Med. 25-26   parta iam, parta ultio est:
                      peperi.

6. *Rhetorische Fragen*

§ 239. Die rhetorische Frage ist ein wichtiges Mittel der Emotionalisie-
rung und findet daher in den Seneca-Tragödien häufige Anwendung,
besonders im Monolog; ausführlich darüber Canter, Rhetorical Elements 140-43. Ungenügend untersucht blieb indes ein formaler Aspekt
dieser Stilfigur, nämlich die Abfolge von Frage und Antwort, welche sich
ein und dieselbe Person stellt und gibt. Als ungerechtfertigt werden sich
die Eingriffe von Herausgebern in die Überlieferung dort erweisen, wo
dieses Prinzip missachtet wurde.

§ 240. Eine Frage wird unmittelbar beantwortet, so zum Beispiel:

HF 84-85   quaeris Alcidae parem?
                               nemo est nisi ipse.
Med. 893-94   egone ut recedam? si profugissem prius,
                ad hoc redirem.
Med. 929-30   egone ut meorum liberum ac prolis meae
                fundam cruorem? melius, a, demens furor!

Ähnlich ist der antwortende Ausruf des Theseus in

Phae. 1270-71   huc cecidit decor?
                o dira fata, numinum o saevus favor!
Oed. 35-36   sperare poteras sceleribus tantis dari
                regnum salubre? fecimus caelum nocens.
Ag. 123-24   quid timida loqueris furta et exilium et fugas?
                soror ista fecit; te decet maius nefas.

Einer Selbstbeantwortung kann eine ganze Reihe rhetorischer Fragen vorausgehen, so beim Topos 'quo nunc vertam?', Med. 451ff.; Fragen und Antworten alternieren, z.B. Phae. 671ff.

§ 241. Nun zwei umstrittene Passagen:

a)   Tro. 981-92   Quis tam impotens ac durus et iniquae ferus
                     sortitor urnae regibus reges dedit?
                     quis tam sinister dividit captas deus?
                     quis arbiter crudelis et miseris gravis
985   eligere dominos nescit et [saeva manu
                     dat iniqua miseris fata? quis] matrem Hectoris
                     armis Achillis miscet? ad Ulixem vocor:
                     nunc victa, nunc captiva, nunc cunctis mihi
                     obsessa videor cladibus — domini pudet,
990   non servitutis. [Hectoris spolium feret
                     qui tulit Achillis?] sterilis et saevis fretis
                     inclusa tellus non capit tumulos meos.

So drucken Leo, Peiper-Richter, Fantham. Zwierlein (WJA, N.F. 2 [1976] 182 Anm. 7) anerkennt mit Recht die Echtheit der Abundanz in den Versen 985b-986a, folgt aber in der Athetese von 990b-991a.
    Wie Hecuba erfährt, dass sie in der Verlosung der Kriegsgefangenen Odysseus zugefallen ist, bricht sie in laute Klage aus. Der Schmach, als Mutter des grössten trojanischen Helden dem Ränkeschmied zu gehören, der nur durch Wortgewalt in den Besitz von Achills Waffen gekommen ist, gibt sie in erregten Fragen und Antworten Ausdruck. Dass sie

die Freiheit verloren hat, nimmt sie als Besiegte in Kauf, dass sie Odysseus dienen soll, ist eine Verhöhnung. Die Schärfe ihrer Verachtung für den neuen Herrn und die Bitterkeit ihrer Klage werden aber erheblich gemindert, wenn wir die rhetorische Frage *Hectoris spolium feret qui tulit Achillis?* ausschneiden. Ausgedeutet wird *domini pudet* nicht durch den Hieb auf Odysseus' unbedeutendes Herrschaftsgebiet auf dem unfruchtbaren Eiland Ithaka (991f. *sterilis et saevis fretis inclusa tellus*), sondern durch den Hinweis, dass er nicht durch kriegerische Tüchtigkeit, sondern allein durch Wortgefecht in den Besitz von Achills Rüstung gekommen sei. In 992 erhält *non capit* erst im Licht von *spolium feret* (= *auferet*) sein volles Gewicht. Die Verwendung von *spolium* ἀπὸ κοινοῦ ist kühn, wird aber durch ähnliche Bedeutungserweiterungen von *spolium* in HF 51, Tro. 305, Phae. 772 hinreichend gestützt. Für kühnen Gebrauch von Zeugma vgl. HF 995f., Tro. 213f., Phae. 1101f. und 1178.

b) Verfehlt ist auch die von Gronovius (Leo, Peiper-Richter, Zwierlein) vorgenommene Versumstellung von Phae. 261 nach 266:

258-66	
PHAEDRA	Decreta mors est: quaeritur fati genus.
	laqueone vitam finiam an ferro incubem?
260	an missa praeceps arce Palladia cadam?
	proin castitatis vindicem armemus manum.
NUTRIX	Sic te senectus nostra praecipiti sinat
	perire leto? siste furibundum impetum.
264	[haud quisquam ad vitam facile revocari potest.]
PHAEDRA	Prohibere nulla ratio periturum potest,
	ubi qui mori constituit et debet mori.

Hinter Phaedras (rhetorischer) Frage, auf welche Weise sie sich umbringen soll, steht natürlich Senecas literarischer Tribut an den Topos der »Selbstmordwege«.[30] Dass sie diese Überlegungen bei sich selbst anstellt und nicht etwa die Amme um Rat angeht, liegt auf der Hand. Dies allein müsste schon zur Vorsicht mahnen, Vers 261 von seinem ursprünglichen Platz wegzurücken. Ein zusätzliches Argument zugunsten der Überlieferung liefert die gedanklich nahe verwandte Beschreibung von Iocastas Selbsttötung, Oed. 1036-39 *utrumne pectori infigam meo / telum an patenti conditum iugulo inprimam? / eligere nescis vulnus: hunc, dextra, hunc pete / uterum capacem, qui virum et gnatos tulit.* Vergleichbar ist auch die vom Boten berichtete Selbstaufforderung des Oedipus: Oed. 927-34 '*hoc scelestum*

---

[30] Ed. Fraenkel, Philologus 87 (1932) 470-73 (= Kl. Beiträge I 465-67); vgl. auch Y. Grisé, Le suicide dans la Rome antique (Montréal/Paris 1982) 233ff.

pectus aut ferro petat, / aut fervido aliquis igne vel saxo domet. / quae tigris aut quae saeva visceribus meis / incurret ales? ipse tu scelerum capax, / sacer Cithaeron, vel feras in me tuas [31] */ emitte silvis, mitte vel rabidos canes — / nunc redde Agauen. anime, quid mortem times? / mors innocentem sola Fortunae eripit.*' Verallgemeinernd lässt sich ferner beobachten, dass Reden gewöhnlich nicht mit einer rhetorischen Frage, sondern mit deren Selbstbeantwortung schliessen, besonders vor Bühnenabtritt, z.B. Phae. 715-18 *quis eluet me Tanais aut quae barbaris / Maeotis undis Pontico incumbens mari? / non ipse toto magnus Oceano pater / tantum expiarit sceleris. o silvae, o ferae!* (Hippolytus ab), 734-35 *quid te ipsa lacerans omnium aspectus fugis? / mens inpudicam facere, non casus, solet* (Amme ab), 1272-74 *sic ad parentem natus ex voto redit? / en haec suprema dona genitoris cape, / saepe efferendus; interim haec ignes ferant* (Theseus gibt nur noch 'Regieanweisung' und verlässt dann die Bühne). Dass mit der Umstellung von Vers 261 nach 266 schliesslich auch die Sentenz *ubi qui mori constituit et debet mori* (266) um ihre Wirkung gebracht wird, macht die Fragwürdigkeit der kritischen Operation noch deutlicher; abschliessende Sentenzen sind ein Hauptmerkmal von Senecas Stil, z.B. HF 201, 328, 462, 874; Tro. 162f., 291, 425, 954; Med. 109, 154; Phae. 430, 735 (s. oben); Oed. 86, 909f., Ag. 144, 610.

7. *Correctio*

§ 242. Bei Seneca hat die Figur der *correctio* in erster Linie steigernde Funktion,[32] zum Beispiel:

HF 643-44	Lycus Creonti debitas poenas dabit.
	lentum est dabit: dat, hoc quoque est lentum:
	dedit.
Phoe. 367-69	hoc leve est quod sum nocens:
	feci nocentes. hoc quoque etiamnunc leve est:
	peperi nocentes.

Anstelle von Polyptoton verwendet Seneca auch *potius*:

Phae. 611-12	me vel sororem, Hippolyte, vel famulam voca,
	famulamque potius.
Phae. 654-55	tuaeve Phoebes vultus aut Phoebi mei,
	tuusque potius.[33]

---

[31] So die Paradosis, *tuis* in jüngeren Hss. (gefolgt von Zwierlein).

[32] Zum Gebrauch der *correctio* in den Tragödien s. auch Marx, Funktion und Form der Chorlieder 62; für die Prosa vgl. Traina, Lo stile »drammatico«, bes. 93-97.

[33] Im Licht von Phae. 611f. erweist sich die Überlieferung als untadelig (hingegen *tuaeque ... tuusve* Bothe, gefolgt von Zwierlein); zur Verbindung *ve ... aut* vgl. Oct. 899f. *quodve tyrannus / aut exilium regina iubet?* Zur Abfolge *non (nec) ... ve ... aut* vgl. Med. 411f., 592f.

Zu einer dialektischen Argumentation ausgeweitet wird die *correctio* in:

Phoe. 98-102   qui cogit mori
            nolentem in aequo est quique properantem
                                                impedit;
            occidere est vetare cupientem mori;
            nec tamen in aequo est: alterum gravius reor:
            malo imperari quam eripi mortem mihi.[34]

8. *Ellipse*

§ 243. Ellipse und Brachylogie kennzeichnen Senecas pointierten Stil nicht weniger als die Ausdrucksfülle, wo sie im Dienst der Antithese und der rhetorischen Steigerung steht.[35] Um maximalen Effekt zu erzielen, können auch beide Stilfiguren zusammengehen, z.B.

Ag. 835-36   morte fecundum domuit draconem
                  vetuitque collo pereunte nasci.

Die beiden Verse sind sehr pointiert: *morte fecundum* (vgl. Ov. epist. 9,95f. *fecundo vulnere serpens / fertilis*) gibt prägnant wieder, was Seneca ähnlich in HF 529 mit *colla feracia* (ς, *ferocia* E A), in 781 mit *fecunda ... capita* und in Med. 702 mit *caede se reparans sua* ausdrückt. Hier variiert V. 836 der vorausgehenden (*domuit* ~ *vetuit nasci*; *morte* ~ *collo pereunte*), wobei wir *nova colla* (sc. *nasci*) zu verstehen haben; anders hingegen Martial, der die Stelle imitiert, 9,101,9 *fecundam vetuit reparari mortibus hydram*.

Mit Parallelismus kombiniert wird die Ellipse in:

Phoe. 405-6   nudum inter enses pectus infestos tene:
                   aut solve bellum, mater, aut prima excipe.

---

[34] Leo (gefolgt von Zwierlein) sondert V. 100 als Interpolation aus, andere stellen ihn um. An der sprachlichen Härte, die dadurch entsteht, hat schon M. Müller (Quaestiones criticae 29f.) zu Recht Anstoss genommen. Die *correctio* (101, bes. *alterum gravius*) geht auf die Sache, nicht mehr auf die ausführende Person (98f.); zudem entsprechen sich *vetare* und *imperari* wie *cupientem* und *eripi*. Der *correctio* geht ein dialektischer Schluss voraus: zum Tod zu zwingen, wer nicht sterben will, ist nicht anders als einen am Sterben zu hindern, der dem Tod entgegeneilt. Denn zu sterben verbieten dem, der sterben will, heisst ihn töten. Also gilt es gleichviel, ob man einen Lebenswilligen tötet oder einen Todeswilligen nicht tötet. Die folgende *correctio* bringt die *gradatio*: nein, leben zu müssen ist noch schlimmer als sterben zu müssen. Zum dialektischen Schluss als popularphilo-sophisches Beweiselement bei Seneca, s. Trillitzsch, Senecas Beweisführung 46ff. ˙
[35] Speziell zur Ellipse in der Stichomythie s. Seidensticker, Gesprächsverdichtung 38. Ersparung findet sich natürlich auch in Senecas Prosa; Bourgery, Sénèque prosateur 403ff.

Gemeint sind natürlich die Schwerter, die Iocasta als erste treffen sollen.

Med. 771-74   Tibi haec cruenta serta texuntur manu,
                   novena quae serpens ligat,
                tibi haec Typhoeus membra quae discors tulit,
                   qui regna concussit Iovis.

Die Verbalellipse im Parallel-Glied (*tibi haec* ... *membra*) ist kühn, erklärt sich aber durch den Vergleich der Schlangenwindungen mit Kränzen im ersten Glied. Schlangenartig waren nämlich auch Typhons hundert Köpfe und Füsse (Hes. Theog. 824-25; Apollod. 1,6,3).

Impliziert durch die Ellipse ist der Parallelismus in den folgenden Beispielen:

HF 1048-49   vivis an leto dedit (sc. te)
                         idem tuos qui misit ad mortem furor?
Tro. 448-50   non ille vultus flammeum intendens iubar,
                         sed fessus ac deiectus et fletu gravis
                         similisque nostro (sc. vultui).

Mit Recht hat bereits Fantham (ad loc.) Peipers *maesto* (für überliefertes *nostro*) zurückgewiesen und auf den Bezug zu *vultus* (das sie freilich irrigerweise als Genitiv auffasst) aufmerksam gemacht.

Bis zu verdunkelnder Knappheit verwoben sind Parallelismus und Ellipse in

Med. 646-49   meruere cuncti
                         morte quod crimen tener expiavit
                         Herculi magno puer inrepertus,
                         raptus, heu, tutas puer inter undas.

Der Gedanke läuft folgendermassen: alle haben verdient, mit dem Tod das Verbrechen zu sühnen, wofür Hylas sterben musste. Die Argonauten verletzten mit ihrer Fahrt die heiligen Gesetze des Meeres. Hylas allein hat diesen Frevel mit entsprechender Strafe gebüsst.[36]

§ 244. Eine besondere Form elliptischer Ausdrucksweise beim Dichter Seneca ist die Ersparung des zweiten Vergleichsbegriffs beim Komparativ.[37] Anzutreffen ist sie vor allem bei *melior/melius*. Dass es sich dabei

---

[36] Ähnlich verbindet auch Tacitus Parallelismus mit Ellipse und Ausdruckskürze; Voss, Der pointierte Stil des Tacitus 43-47.
[37] Die Erscheinung wurde ebenso in seiner Prosa beobachtet; Bourgery, Sénèque prosateur 415.

nicht um den umgangssprachlichen und besonders im Spätlatein verbrei-
teten Gebrauch des Komparativs für Positiv handelt (dazu Hofmann-
Szantyr 168f.), erhellt aus dem jeweiligen Zusammenhang, welcher den
Vergleichspunkt impliziert.

Tro. 726-28   'suscipe' dixit 'rector habenas
                  patrioque sede celsus solio;
                  sed sceptra fide meliore tene.'

Hercules setzt den jungen Priamus als Herrscher ein und empfiehlt ihm,
treuer als sein wortbrüchiger Vater Laomedon das einmal gegebene
Wort zu halten. Dies alles muss der Hörer erschliessen, der von der Vorgeschichte nur erfährt, dass Klein-Priamus einst mit seinen Tränen den
trotzigen Alkiden erweichte (718-25).

Med. 9-12   noctis aeternae chaos,
                  aversa superis regna manesque impios
                  dominumque regni tristis et dominam fide
                  meliore raptam, voce non fausta precor.

Pluto hatte Proserpina entführt und sie in der Unterwelt zu seiner Mit-
regentin gemacht. Grösser also ist seine Treue als jene Iasons, der Medea
entführte, jetzt aber verlassen hat.

Thy. 56-57   Thracium fiat nefas
                  maiore numero

Der »thrakische Frevel« spielt auf das Tereusmahl an, dessen Greuel an
einem Opfer (Itys) Atreus mit seinen drei Opfern übertreffen wird.

Phae. 1238-39   dehisce tellus, recipe me dirum chaos,
                  recipe, haec ad umbras iustior nobis via est.

Diesmal, meint Theseus, wäre sein (endgültiger) Weg ins Totenreich
gerechtfertigter als sein Abstieg, den er mit Peirithoos unternommen
hatte und von welchem er dank Hercules wieder zurückgekehrt war (vgl.
835ff.).[38]

§ 245. Diese Passagen geben uns die Mittel an die Hand, ein umstritte-
nes Beispiel verkürzter Komparation zu klären:

---

[38] Weniger ausgeprägt ist die Ellipse des Vergleichsgliedes in den beiden folgenden
Beispielen: Phae. 821f. *te melior deus / tutum praetereat* (Hippolytus möge kein Opfer seiner
Schönheit werden wie andere Jünglinge, z.B. Hylas, den sich die Nymphen holten, vgl.
777-94). Med. 66 *donetur tenera mitior hostia* (Pax werde mit einem zarten Opfertier
beschenkt und möge daher milder gestimmt sein, sc. als sie es sonst wäre; der Vers ist
offensichtlich Horaz, carm. 1,19,16 [*Venus*] *mactata veniet lenior hostia* nachgebildet.

HF 68-74   robore experto tumet,
                   et posse caelum viribus vinci suis
70   didicit ferendo; subdidit mundo caput
                   nec flexit umeros molis immensae labor
                   meliusque collo sedit Herculeo polus.
                   immota cervix sidera et caelum tulit
                   et me prementem: quaerit ad superos viam.

72 *meliusque* E (Leo, Peiper-Richter, Moricca, Herrmann), *mediusque* A (Viansino, Giardina, Zwierlein)

In ihrem Hass auf Hercules und seine siegreichen Taten steigert sich Iuno in die Vorstellung, dass selbst der Himmel vor diesem Kraftmenschen nicht mehr sicher sei. Schliesslich habe er seine Kräfte erprobt und erwiesen, als er Atlas die Himmelslast abnahm und sie auf seine eigenen Schultern lud. Ohne zu schwanken habe er das enorme Gewicht getragen, besser noch als Atlas, und dies, obwohl sie den Himmel mit ihrem göttlichen Gewicht beschwerte.[39] Kein Zweifel, Hercules bahne sich den Weg zu den Unsterblichen.

Diese rhetorisch gesteigerte Vorstellung von Hercules als dem besseren Atlas blieb nicht ohne Nachwirkung; gleich dreifach lässt sich der literarische Einfluss dieser Stelle bei späteren Autoren nachweisen, so bei Claudian, Stil. 1,142-47 *ancipites rerum ruituro culmine lapsus / aequali cervice subis: sic Hercule quondam / sustentante polum melius librata pependit / machina nec dubiis titubavit Signifer astris / perpetuaque senex subductus mole parumper / obstipuit proprii spectator ponderis Atlas.* Rapt. 2 pr. 45-48 *te Libyci stupuere sinus, te maxima Tethys / horruit, inposito cum premerere polo: / firmior Herculea mundus cervice pependit; / lustrarunt umeros Phoebus et astra tuos.* Ähnlich bei Sidonius Apollinaris, carm. 7,581-84 *haud alio quondam vultu Tirynthius heros / pondera suscepit caeli simul atque novercae / cum Libyca se rupe Gigas subduceret et cum / tutior Herculeo sedisset machina dorso.* Dass Hercules den Himmel mühelos (und daher besser als Atlas) getragen hat, wird auch sonst impliziert, vor allem in der Beschreibung der Szene bei Philostrat, imag. 2,20,1f. Schönb. Καὶ Ἄτλαντι ὁ Ἡρακλῆς οὐδὲ προστάξαντος Εὐρυσθέως ἤρισεν, ὡς τὸν οὐρανὸν οἴσων μᾶλλον ἢ ὁ Ἄτλας· τὸν μὲν γὰρ συγκεκυφότα ἑώρα καὶ πεπιεσμένον καὶ κείμενον ἐς γόνυ ἕτερον καὶ μικρὰ καταλειπόμενα αὐτῷ τοῦ ἑστάναι, αὐτὸς δ᾽ ἂν καὶ μετεωρίσαι τὸν οὐρανὸν καὶ στῆσαι ἀναθέμενος εἰς μακρὸν (Χ, μίκρον F P) τοῦ χρόνου. τὸ μὲν δὴ φιλότιμον τοῦτο οὐδαμοῦ ἐκφαίνει, φησὶ δὲ συναλγεῖν τε Ἄτλαντι ἐφ᾽ οἷς μοχθεῖ καὶ μετασχεῖν ἂν τοῦ ἄχθους αὐτῷ. ὁ δ᾽ οὕτω τι ἄσμενος εἴληπται τοῦ Ἡρακλέους, ὡς

---

[39] Zum Topos, dass Götter schwerer sind als Sterbliche vgl. Il. 5,838f., Ov. fast. 3,330; met. 4,449f.; 9,273. 287-89; 15,693f.; Lucan. 1,56f.

ἱκετεύειν αὐτὸν τλῆναι ταῦτα. (2) Γέγραπται δὲ ὁ μὲν ἀπειρηκώς, ὡς ἱδρῶτι συμβάλλεσθαι, ὁπόσος ἀπ' αὐτοῦ στάζει, βραχίονός τε ξυνεῖναι τρέμοντος, ὁ δὲ ἐρᾷ τοῦ ἄθλου. δηλοῖ δὲ τοῦτο ἥ τε ὁρμὴ τοῦ προσώπου καὶ τὸ ῥόπαλον κατα-βεβλημένον καὶ αἱ χεῖρες ἀπαιτοῦσαι τὸν ἄθλον. Ferner Lucan. 4,637-39 *numquam saevae sperare novercae / plus licuit: videt exhaustos sudoribus artus / cervicemque viri, siccam cum ferret Olympum*, und HO 1905-8 *vestrum Alcides cervice meus / mundum, superi, caelumque tulit, / cum stelligeri vector Olympi / pondere liber spiravit Atlans*. In der Kunst wird Atlas seit dem Hellenismus durchwegs mit eingesunkenen Knien dargestellt, als ob er demnächst unter der Last der Himmelskugel zusammenbräche; Roscher I 710f., RE II 2,2132f. und Suppl. III 1074; LIMC III 1 (1986) 15.

Um ihre Wirksamkeit und Pointe gebracht wird die ganze Passage aber von jenen Erklärern, welche die A-Lesart *medius* verteidigen und argumentieren, im Fall von *melius* vermisse man einen ausgesprochenen Vergleich mit Atlas; so besonders Wagenvoort, Mnem. 60 (1933) 171. Dass Seneca vornehmlich in mythologischem Zusammenhang *melior/ melius* Komparationen verkürzt, haben uns jedoch die obigen Beispiele bereits gelehrt. Wenig überzeugend ist ferner der Versuch, *medius* mit Hinweis auf Eur. Herc. 403f. οὐρανοῦ θ' ὑπὸ μέσσαν / ἐλαύνει χέρας ἕδραν zu stützen.[40] Die Vorlage des euripideischen Threnos über den Dode-kathlos (Herc. 348ff.) ist erst fassbar im Tatenkatalog des Amphitryo (HF 205ff.) und geht zudem über das Motivische nicht hinaus. Der ent-scheidende Unterschied zu Euripides (und dem erwähnten Amphitryo-Monolog) liegt aber darin, dass hier, in Iunos Hassrede, das Atlasaben-teuer nicht bloss der Aretalogie des Helden dient, sondern hyperbolische Funktion hat, da es der Göttin einzig und allein darauf ankommt, die Gefährlichkeit ihres Gegenspielers herauszustellen. Ebendieser Absicht entspricht *melius* in vorzüglicher Weise, während *medius* kaum mehr als einen deskriptiven Zug zur Beschreibung beiträgt. Denn dass die Him-melskugel auf einem so starken Nacken wie jenem des Hercules (*collo ... Herculeo*; dazu Löfstedt, Syntactica I² 122) im Gleichgewicht sass, hebt der Dichter genügend hervor (71 *nec flexit umeros*, 73 *immota cervix*).

9. *Implizierter Personenwechsel*

§ 246. Abhandlungen über die dramatische Technik Senecas pflegen auf den statischen Zug der Monologe sowie die mangelnde Fassbarkeit der

---

[40] So Carlsson, C & M 10 (1949) 39f.; Zwierlein, Prolegomena 30-32, der nicht nur (in der Nachfolge Peipers) die Verse 71/72 umstellt, sondern aus dem vermeintlich fehlerhaften *melius* auch weitreichende Schlüsse für seine Rekonstruktion des Hyparche-typus ε und dessen Datierung ins ausgehende 4. Jh. zieht. In diesem Zusammenhang dürfte aber nicht unerwähnt bleiben, dass eine ähnliche Spaltung der Hss. noch einmal in HF 1110 vorkommt, wo E (*medius*) das Richtige gegen A (*melius*) bewahrt hat.

Personen im Handlungsablauf hinzuweisen und daraus Schlüsse hinsichtlich der Aufführbarkeit der Tragödien zu ziehen.[41] Die folgenden Beobachtungen haben nicht den Sinn, ein weiteres Kapitel zu diesem Fragenkomplex beizusteuern. Vielmehr sollen hier, unter dem Gesichtspunkt des Stils, mehrere Passagen (auch strittige) vorgestellt werden, in welchen ein Wechsel der angesprochenen bzw. beredeten Person nicht ausdrücklich angezeigt ist, sich aber aus dem Zusammenhang ergibt.[42]

§ 247.

> Phoe. 138-43   ego ipse, victae spolia qui Sphingis tuli,
> haerebo fati tardus interpres mei.
>   Quid perdis ultra verba? quid pectus ferum
> mollire temptas precibus? hoc animo sedet
> effundere hanc cum morte luctantem diu
> animam et tenebras petere.

In seinem zweiten Monolog der ersten Szene richtet sich Oedipus wiederholt ausdrücklich an seine Tochter (94, 103, 105f., 115, 117), dann verliert er sich in der Vorstellung von einem neuen, diesmal unlösbaren Rätsel, das er anstelle der Sphinx jedem Wanderer aufgeben will (131 *adverte mentem*). Abrupt wendet er sich in V. 140 wieder Antigona zu, um ihre Beruhigungsversuche (wie wir sie dem Zusammenhang zufolge vorauszusetzen haben) unwirsch abzulehnen. Dass nach 139 eine Lücke anzunehmen ist, weil in der Überlieferung Verse ausgefallen seien (so Swoboda) oder weil die Passage hier unvollendet blieb (so Leo), hat schon Friedrich (Untersuchungen zu Senecas dramatischer Technik 130f.) mit Recht zurückgewiesen. Der implizierte Wechsel von der Selbstvorstellung (138 *ego ipse*) zur namenlosen Abweisung an die Tochter (*quid perdis ultra verba?*) klärt sich im Kontext völlig auf.

Ganz ähnlich verhält es sich im dritten Oedipus-Monolog derselben Szene:

> 239-42   cuncta sors mihi infesta abstulit;
> lacrimae supererant: has quoque eripui mihi.
>   Absiste: nullas animus admittit preces
> novamque poenam sceleribus quaerit parem.

---

[41] So z.B. Friedrich, Untersuchungen zu Senecas dramatischer Technik, bes. 24ff.; Zwierlein, Rezitationsdramen 52ff.; Fantham, Seneca's *Troades* 44-46; Tarrant, Seneca's *Thyestes* 14f.

[42] Auf die dramatische Konvention, stummes Begleit- und Dienstpersonal auf der Bühne ohne spezielle Anrede (*famuli*) zu beordern und anzusprechen (vgl. Tro. 627. 678; Phae. 863), hat schon Tarrant ad Ag. 787 ausführlich hingewiesen.

Sich selbst zum Tod aufreizend, unterbricht Oedipus seine quälenden Selbstanklagen mit kurzem Anruf an die Tochter (229 *nata*), dann an seine Augen (233 *oculi*). Abwehrend, ohne Namensnennung, richtet er sich an Antigona (241 *absiste*). Auch hier lässt der erklärende Zusatz (*nullas animus admittit preces*) keinen Zweifel an der Identität der angesprochenen Person.

§ 248. Grundsätzlich gleich verfährt Seneca auch beim Chor:

HF 1088-93	nec adhuc omnis expulit aestus,
	sed ut ingenti vexata noto
1090	servat longos unda tumultus
	et iam vento cessante tumet.
	Pelle insanos fluctus animi,
	redeat pietas virtusque viro — [43]

Im Threnos über Hercules' Wahnsinnstat (1054ff.) ruft der Chor den Schlaf, Bezwinger aller Leiden, an, dem Helden den gesunden Verstand wieder zurückzubringen. Die ganze Partie zeichnet sich durch Wechsel in den Anreden aus und schwankt zwischen Imperativ und Jussiv der 3. Person.[44] Auf Ähnliches stossen wir im Tafellied des trunkenen Thyest (920ff.). Dort beginnt mit *pelle* (935) eine Reihe von imperativischen Selbstanreden (*dimitte*, 937 *mitte*). Hier kann sich *pelle* (1092) an Somnus richten, der freilich bereits in V. 1066 zuletzt genannt war, oder an den daliegenden Hercules, wie er in der Zwischenpassage (1082-91) beschrieben und im folgenden (1097 *te*) direkt angesprochen wird.

§ 249. Den raschen, sprunghaften Personenwechsel illustrieren gut die folgenden zwei Partien,

Thy. 236-44	hinc omne cladis mutuae fluxit malum;
	per regna trepidus exul erravi mea,
	pars nulla generis tuta ab insidiis vacat,
	corrupta coniunx, imperi quassa est fides,

---

[43] Leo (im Anschluss an Withof) und Zwierlein nehmen zu Unrecht eine Lücke vor *pelle* an, in welcher sie einen *sic*-Nachsatz vermuten (*sic pristina adhuc quatit ira virum*, wie Leo erklärungsweise ergänzte). Solche verkürzten Vergleiche, in welchen die Vergleichsbegriffe für beide Glieder, sowohl das *comparatum* als auch das *comparandum*, passen, sind bei Seneca nicht ungewöhnlich, 1046-48 *flexo genu iam totus ad terram ruit, / ut caesa silvis ornus aut portum mari / datura moles*, Med. 862-65, Ag. 776f.; vgl. ferner HO 1642f. Dass in HO 710-12 *ut fractus austro pontus etiamnum tumet, / quamvis quiescat languidis ventis dies, / ita mens adhuc vexatur excusso metu*, der Vergleich aus HF 1089-92 imitiert und ausgebaut wird, ist also kein Argument, an der Originalstelle eine Lücke anzusetzen.

[44] Imperativ: (1057), 1063, 1064, 1065, 1078, 1092; Jussiv: 1054, 1079, 1080, 1093, 1094, 1096.

240   domus aegra, dubius sanguis est—certi nihil
nisi frater hostis. quid stupes? tandem incipe
animosque sume. Tantalum et Pelopem aspice;
ad haec manus exempla poscuntur meae.
profare, dirum qua caput mactem via.[45]

Dass *quid stupes?* (241) trotz Fehlen eines entsprechenden, einführenden Vokativs (vgl. Phae. 719 *anime, quid segnis stupes?*) eine Selbstanrede des Atreus darstellt, hat schon Leo (Observationes 39; so auch Tarrant ad loc.) mit Recht hervorgehoben. An den Gefolgsmann richtet sich Atreus erst mit *profare* (244); anders darüber Friedrich (Untersuchungen zu Senecas dramatischer Technik 32 Anm. 2), der alles als Aufforderung an den Satelles verstehen will.

Med. 560-69   Discessit. itane est? vadis oblitus mei
et tot meorum facinorum? excidimus tibi?
numquam excidemus. hoc age, omnes advoca
vires et artes. fructus est scelerum tibi
nullum scelus putare. vix fraudi est locus:
565   timemur. hac aggredere, qua nemo potest
quicquam timere. perge, nunc aude, incipe
quidquid potest Medea, quidquid non potest.
    Tu, fida nutrix, socia maeroris mei
variique casus, misera consilia adiuva.

Was *discessit* (sc. Iason) beschreibend kommentiert, nimmt *vadis* pathetisch wieder auf. Wie sehr Medea sich in den Affekt steigert, zeigt die Selbstaufreizung *hoc age* (562).

Abschliessend sei noch auf eine Stelle aus der Phaedra verwiesen, die ihrerseits das Verständnis einer andern Passage fördert:

Phae. 663-71   te te, soror, quacumque siderei poli
in parte fulges, invoco ad causam parem:
665   domus sorores una corripuit duas,
te genitor, at me gnatus. — en supplex iacet
adlapsa genibus regiae proles domus.
respersa nulla labe et intacta, innocens
tibi mutor uni. certa descendi ad preces:
670   finem hic dolori faciet aut vitae dies.
miserere amantis. —

---

[45] 238 *generis* (E, *nostri* A, Zwierlein); 240 *est* (E A, *et* Heinsius, Zwierlein).

Als Mitbetroffene in unglücklicher Liebe ruft Phaedra ihre verstirnte Schwester Ariadne an (*te te, soror*), bevor sie sich, ihre Leidenschaft bekennend, Hippolytus zu Füssen wirft (*tibi mutor uni*). Der Wechsel in der angesprochenen Person (Ariadne - Hippolytus) wird hier durch das gestusbegleitende *en supplex iacet* verdeutlicht. Für das Verständnis des Zusammenhanges notwendig ist eine solche Verdeutlichung im Monolog des Amphitryo,

HF 1026-31   cernere hoc audes, nimis
vivax senectus? si piget luctus, habes
mortem paratam: pectus en telo indue,
vel stipitem istum huc caede monstrorum inlitum
converte, falsum ac nomini turpem tuo
remove parentem, ne tuae laudi obstrepat.

1028 *en telo indue* M. Müller, *in tela indue* E A

Mit geringfügiger Änderung hat Michael Müller (Quaestiones criticae 10f.) hier Sprachgebrauch (s. § 210) und Stil wieder hergestellt. Lebensmüde entschliesst sich der Greis, den Tod in Hercules' Waffen zu suchen. Wie in Phae. 666 schafft auch hier *en* über den Wechsel der angesprochenen Person die nötige Klarheit.

10. Umgangssprachliches

§ 250. Den stilistischen Teil unserer Untersuchungen abrundend folgt eine lockere Sammlung umgangssprachlicher Erscheinungen, welche die Vielfalt von Senecas dramatischer Diktion illustrieren. Solche Elemente finden sich hauptsächlich in den Dialogpartien (die Botenberichte und Ekphrasen sind im allgemeinen episch gefärbt), ohne freilich ausgesprochen der Personencharakterisierung zu dienen. So spricht beispielsweise Lycus, der Emporkömmling, grundsätzlich nicht anders als Amphitryo oder Agamemnon. Umgekehrt zeichnen sich in den Seneca-Tragödien die Gestalten, und unter ihnen die göttlichen nicht minder als die Herrscher und die Helden, durch affektbestimmte Sprache aus, weshalb wir umgangssprachlichem Kolorit auf allen Sprecherstufen begegnen.

§ 251. *sed* (»und zwar«)

In dieser, hervorhebenden Bedeutung verwendet Seneca *sed* gern bei Einführung epexegetischer Appositionen (s. § 229). Der umgangssprachliche Charakter dieser Gebrauchsweise zeigt sich vor allem in der Bekräftigungsformel *sed tua fide* (»bei deiner Treu«), HF 1177 (Hercules) *at tu ede, Theseu, sed tua, Theseu, fide*; Petron. 133,1 *narra mihi ... frater, sed tua fide* s. Petersmann, Petrons urbane Prosa 247; ferner Hofmann-Szantyr 487. Für *fide mea* (*tua*) allein vgl. auch Plaut. Men. 894, Merc. 1013, Plin. epist. 1,14,10.

§ 252. (*non*) *sic abire*

| HF 27 | non sic abibunt odia |
| HF 1186 | tacita sic abeant mala |

Der Ausdruck gehört zu den affektischen Sparsamkeitsellipsen (Hofmann, Umgangssprache § 154) und entspricht griechisch (οὐκ) αὕτως, οὕτως (z.B. Eur. Alc. 679f.), vgl. Donat zu Andr. 175 *mirabar hoc si sic abiret*, Catull. 14,16, Cic. Att. 14,1,1. In der Abwandlung *nequaquam istuc istac ibit* verwendet es schon Ennius (trag. 225 J = 226 R²). Zum umgangssprachlichen Ton von *sic* s. E. Löfstedt, Studia Neophilologica 11 (1938/39) 177.

§ 253. *bene est, abunde est*

> Tro. 630, Med. 550. 1019 (*bene est, peractum est*), Ag. 870, Thy. 279, 889

Diese Redewendungen sind volkstümlich; Hofmann, Umgangssprache § 151, Hofmann-Szantyr 171. Möglicherweise stammt der Ausdruck *bene est, tenetur* (Tro. 630, Med. 550) aus der Jagd- oder Gladiatorensprache, vgl. Thy. 491 *plagis tenetur clausa dispositis fera*.

§ 254. *hodie*

> Ag. 971   morieris hodie (»sterben wirst du, noch heute!«)

Neben Beteuerungen oder pathetischen Feststellungen hat *hodie* kaum mehr als versichernde Bedeutung (~ *hercle, edepol*); Hofmann, Umgangssprache § 47. Eine Beispielsammlung dieses umgangssprachlichen Gebrauchs sowie für das griechische Aequivalent τήμερον/σήμερον gibt Tarrant in seinem Kommentar zur Stelle.

§ 255. *etiam* (»auch noch«)

In Einleitung einer Frage drückt *etiam* Entrüstung und Unwille aus:

> Ag. 983   etiam monebit sceleris infandi artifex

ruft Electra entrüstet aus, wie Aegisth sie zur Mässigung ihrer Mutter gegenüber mahnt.

> Phae. 704-5   procul impudicos corpore a casto amove
>   tactus — quid hoc est? etiam in amplexus ruit?

Oed. 678-79   hortaris etiam, sponte deponam ut mea
               tam gravia regna?

Dieser Gebrauch von *etiam* ist schon in der altlat. Komödiensprache gut
belegt, z.B. Plaut. Bacch. 785, Truc. 621, Amph. 376; Ter. Hec. 507;
s. ThLL V 2,929,18ff. Für das umgangssprachliche Kolorit vgl. ferner
Cic. Verr. 3,48 und Petron. 21,7. 95,4. 137,1.

§ 256. *mihi crede*

Thy. 446   mihi crede, falsis magna nominibus placent

In der Alltagsrede wird die Verstärkungsformel *mihi crede* gewöhnlich
eingeschoben, z.B. Cic. Att. 1,20,6 *sed, mihi crede, simul atque hoc nostrum
legerunt, nescio quo pacto retardantur.* Pathetisch begegnet sie aber auch in
Anfangsposition, Cic. Att. 12,25,2 *mihi crede, una me causa movet*; Hofmann, Umgangssprache § 114.

Über das interjektionsähnliche *obsecro* s. § 193.

§ 257. *eatur*

Med. 459-61   exuli exilium imperas
            nec das. eatur. regius iussit gener:
            nihil recuso.
Thy. 328-31   si bella abnuunt
            et gerere nolunt odia, si patruum vocant,
            pater est. eatur. — multa sed trepidus solet
            detegere vultus.

Die unpersönliche Form ist eine Abbruchformel, Ter. Haut. 743, Cic.
Att. 13,42,3 und wird in der Umgangssprache heimisch gewesen sein;
richtig Tarrant zu Thy. 330.
    Aus der Alltagssprache stammt wohl auch der Ausdruck in Thy. 218
qua iuvat reges eant. Tarrant ad loc. verweist zu Recht auf Petron. 18,6 (ein
volkstümliches Epigramm) *hoc amo, quod possum qua libet ire via.*

§ 258. *terere / conterere diem*

HF 633   cur diem questu tero?
Tro. 758-59   non vacat vanis diem
            conterere verbis

Dass der Tag *totgeschlagen*, vertrödelt wird, erhellt besonders deutlich aus
dem Kompositum, Plaut. Cas. 566; Ter. Hec. 815; auch Cic. Att.
4,8a,1. 9,1,2; Prop. 2,1,46. Nicht weniger häufig ist das Simplex, Plaut.

Trin. 796, Truc. 912; Liv. 27,47,11. 37,27,8; Tac. hist. 3,50,1; 4,34,1.
Für die Dichtung vgl. ferner HO 1774 (Nachahmung von HF 633), Stat.
silv. 4,3,36; Hofmann, Umgangssprache § 136.

Weiteres über Umgangssprachliches s. in den §§ 58, 159, 196-198.

SCHLUSSBETRACHTUNG

§ 259. Die sprachlichen und stilistischen Untersuchungen zu den
Seneca-Tragödien hatten sich zum Ziel gesetzt, der Eigenart dieser Dichtung nachzuspüren und anhand von Wortschatz, Syntax und Stil aufzuzeigen, was Seneca als Dramatiker und eigenständiger Schriftsteller im
Vergleich zu seinen grossen augusteischen Vorbildern neu in die poetische Diktion einbrachte.

Im Wortschatz belaufen sich die Neuerungen gegenüber Vergil,
Horaz und Ovid auf knapp 5%. Davon stammt ein Grossteil (bes. Verbalkomposita und Adverbien) aus der Prosa. Manches, für den daktylischen Vers untauglich, kommt aus der iambischen Dichtersprache (bes.
Verbalabstrakta auf -tas), und weniges schliesslich findet sich überhaupt
zuerst bei Seneca belegt. Die Neologismen beschränken sich auf Analogiebildungen gängiger Kompositionstypen (z.B. -tor / -trix, -ficus, -ger und
-fer sowie Partizipialadjektive mit privativem in-) und zeigen im allgemeinen begrenzte dichterische Nachwirkung. Etwas nachhaltiger wirkten,
wohl dem Zeitgeist entsprechend, die Gräzismen.

Geprägt wird der Wortschatz in den Seneca-Tragödien also von den
95% der Wörter, welche sich mit dem Vokabular von Vergil, Horaz und
Ovid überschneiden. Ein stilistisches Auswahlkriterium für die restlichen
5% lässt sich nicht ermitteln, weder ein genusbezogenes (in Form von
Archaismen) noch ein spezifisch philosophisches. Ausschlaggebend für
die Wahl eines Wortes sind in erster Linie die verstechnischen und
synonymischen Bedürfnisse.

Die Syntax in den Seneca-Tragödien ist im allgemeinen einfach. An
die Stelle der logisch gliedernden Hypotaxe tritt die Zersplitterung der
Gedankengänge in parataktische Kurzeinheiten. Entsprechend ist der
Stil, besonders in den kurzen Metra der Chorlieder, stärker nominal als
verbal geprägt. Reichlichen Gebrauch macht Seneca vom Ablativ,
dessen mannigfaltige Ausdrucksmöglichkeit seinem Drang nach syntaktischer Kürze und Prägnanz in hohem Mass entgegenkommt. Ablativkonstruktionen treten nicht selten gehäuft auf und verstärken dadurch
den Eindruck vom Nominalstil. Besonders beliebt ist der Ablativus absolutus, der neben der Zeitbestimmung auch oft dazu dient, ein benach-
bartes Wort (z.B. Adjektiv) näher auszudeuten oder einen Gedanken
bzw. Ausdruck (versfüllend) abzurunden. Darin ähnelt er dem Ablativus
qualitatis, der freilich in der silbernen Latinität gegenüber dem Genetivus qualitatis langsam an Boden verliert.

Gemessen an den augusteischen Vorbildern nähert sich Seneca in seiner poetischen Syntax am ehesten Ovid; die Verlagerung aus der Verbal- in die Nominalkonstruktion ist jedoch in erster Linie Ausdruck von Senecas eigenem Stilwillen.

Hauptmerkmal von Senecas tragischem Stil sind die Antithese, die Steigerung und die Abundanz. Diese letztere steht nicht etwa im Widerspruch zu sprachlicher Kürze und Prägnanz, sondern erweist sich geradezu als deren Träger. Der Drang des Dichters nach syntaktischer Knappheit und pointiertem Ausdruck geht Hand in Hand mit seiner Neigung zur thematischen Variation und gedanklichen Abundanz. Wichtiger oft als die Aussage und der Gehalt des Satzes ist seine Formulierung. Eingängig soll die Vorstellung sein, einprägsam der Gedanke; tiefschürfende Erkenntnis macht noch keine Sentenz, wohl aber eine gelungene Wendung. Mit Recht hat schon Leo das senecanische Drama als *tragoedia rhetorica* bezeichnet, hat es doch der Dichter vor allem darauf angelegt, mit rhetorischen Mitteln beim Hörer Stimmung zu erzeugen und ihn für das Bühnengeschehen einzunehmen.

Die Abundanz ist vielgestaltig und reicht von der einfachen Wortvariation bis zur ausführlichen Abwandlung eines Themas. Wiederholungen dieser Art begegnen vornehmlich in episierenden Partien; moderne Herausgeber haben diese Stileigenheit Senecas nicht selten verkannt und sie als vermeintliche Interpolationen aus dem Text verbannt.

Sinnfällig zeigt sich die Verbindung von Abundanz und sprachlicher Kürze bei den Appositionen. Einerseits tragen sie entscheidend dazu bei, dem Stil ein parataktisch abgehacktes Gepräge zu verleihen; anderseits runden sie, wenn einem Wort oder Satz beigestellt, Gedankengänge erläuternd ab. Aufschlussreich in dieser Hinsicht sind die appositiven Präsenspartizipien sowie die lockeren Satzappositionen, welche, einem affektischen Ausruf ähnlich, eine vorausgehende Schilderung oder Aussage resümierend kommentieren.

Zergliederung eines Gesamtbegriffs in seine Teilaspekte gehört zu den Grundsätzen der Rhetorik und fehlt erwartungsgemäss auch in Senecas tragischem Stil nicht. Neben der gewöhnlichen Antithese finden sich weiter noch die Spielarten der polaren Ausdrucksweise und der Reihengliederung im Katalog. Antithetisch gebraucht Seneca auch das Asyndeton, welches er in der pointierten Form des ἀπροσδόκητον meisterhaft beherrscht.

Steigerung, besonders in den pathosbeladenen Monologen, erzielt der Dichter auf vielfache Weise. Beliebt sind die rhetorische Frage und die Figur der gradierenden *correctio*, die er beispielsweise durch verbales Polyptoton erreicht. Als geeignetes Mittel greift er ferner zur Komparation und scheut sich nicht (bes. bei *melior / melius* Konstruktionen) durch

Ersparung des zweiten Komparationsgliedes die Klimax prägnant zu schrauben.

Die gelegentlichen Unschärfen in der Monologführung (implizierter Personenwechsel) sowie die Vermischung der Stilhöhen (umgangssprachliche Elemente) erwecken hin und wieder den Eindruck von poetischem Dilettantismus. Den Ruhm seiner Zeit als glänzender Stilist verdankt Seneca ohne Zweifel seiner Prosa.

Die Neuerungen des Dichters Seneca sind, gesamthaft gesehen, eher bescheiden und liegen vor allem im Bereich des Stils. Dem Altertümeln abgeneigt, verschloss er sich dem Einfluss seiner grossen dramatischen Vorgänger. Von der altrömischen Tragödie, wie hin und wieder behauptet wird, findet sich bei ihm sozusagen nichts. Was er hingegen Vergil und Ovid verdankt, verraten die episch gefärbten Botenberichte und die Gefühlsdarstellung in den Monologen; was aus Horaz eingeflossen ist, offenbaren vor allem die Chorlieder. Der Dialog, besonders die Stichomythie, zehrt von der rhetorischen Tradition, von welcher Seneca auch in den Prosaschriften ein eindrückliches Zeugnis ablegt. Philosophisches ist von Rhetorischem oft kaum zu trennen und geht im Begrifflich-Gedanklichen über den Bestand der kynisch-stoischen Diatribe, im Sprachlich-Stilistischen über das Sentenzenhafte nicht hinaus.

Seneca, so dürfte man abschliessend wohl festhalten, markiert das Ende der augusteischen Dichtertradition. Verwurzelt in der Sprache und im Stil seiner grossen Vorbilder, pointiert er, was Vergil an dichterischem Grundgut eingebracht, Horaz in sinnreicher Fügung verdichtet und Ovid unter geistreicher Variation in eine poetische Koine verwandelt hat. Doch stärker als der Dichter in Seneca ist der Redner und der Stilist.

ANHÄNGE

ANHANG I

ZUR SPRACHE DES HERCULES OETAEUS

§ 260. Die Diskussion um die Verfasserschaft des Hercules Oetaeus hat dem Stück in der sprachlich-stilistischen Erforschung der Seneca-Tragödien lange eine Vorrangstellung eingeräumt.[1] Dennoch fehlt es bisher an einer systematischen Untersuchung, welche die Diktion des Oetaeus-Dichters beschreibt und aufzeigt, worin er sich grundsätzlich von Seneca unterscheidet. Dass er seinem Vorbild nacheifert, es auf Schritt und Tritt imitiert, ist offenkundig und in der Vergangenheit zur Genüge dargelegt worden. Als aufschlussreich für die Beurteilung von Sprache und Stil des Werks erweist sich aber weniger, was den Verfasser mit Seneca verbindet als was ihn trennt, oder anders gesagt, was er neu gegenüber den echten Dramen einbringt. Feststellen lässt sich dies vor allem im Vokabular, das über die Eigenart des Oetaeus-Dichters hinaus auch ein Licht auf die Datierungsfrage zu werfen vermag.

Der Wortschatz des HO deckt sich mit jenem der Tragödien Senecas bis auf einen Restteil von 105 Wörtern, einen kleinen Betrag also, wenn man die Länge des Stückes von rund 2000 Versen bedenkt.[2] Davon entfallen mehr als die Hälfte auf Verben (58); bedeutend geringer sind die Anteile an Substantiven (21) und Adjektiven (20). In beträchtlichem Abstand folgen die Adverbien (5) und Interjektionen (1).[3] Dass der HO mit der Octavia allein 7 Wörter gemeinsam hat, ist bemerkenswert und wird uns noch zu beschäftigen haben (§ 308). Zunächst jedoch sollen die einzelnen Wörter nach Gruppen geordnet besprochen werden:

1. *Substantive*

§ 261. *acus*

665 (anap.)   nec Maeonia distinguit acu

---

[1] Hinzuweisen ist hier vor allem auf F. Leo, Observationes criticae (Berlin 1878) 48-74; W. C. Summers, The Authorship of the Hercules Oetaeus, CR 19 (1905) 40-54; W. H. Friedrich, Sprache und Stil des Hercules Oetaeus, Hermes 82 (1954) 51-84 (= Senecas Tragödien, hrsg. von E. Lefèvre [Darmstadt 1972] 500-544); H. Gygli, Hercules Oetaeus (Diss. Basel [mschr.] 1958); B. Axelson, Korruptelenkult (Lund 1967) und O. Zwierlein, Kritischer Kommentar zu den Tragödien Senecas (Wiesbaden 1986) 313-444.

[2] Dies bei einer Gesamtzahl von 8680 Versen der echten Seneca-Tragödien; in der Octavia (982 Verse) verzeichnen wir einen Restteil von 58 Wörtern.

[3] Die Octavia zeigt folgende Verteilung: Verben (22), Substantive (22), Adjektive (8), Adverbien (5) und Interjektionen (1).

Der Dichtersprache zugehörig, verbindet sich *acus* als Instrument des Stickens gewöhnlich mit *pingere* (Verg. Aen. 9,582; 11,777; Ov. met. 6,23) oder *scribere* (Sil. 14,660; Mart. 9,12,4). Da metrische Bequemlichkeit hier eine dreisilbige Verbform erforderte, weicht der Dichter auf den entsprechenden Begriff aus dem verwandten Handwerk der Metallbearbeitung aus, *distinguit aurum* (Med. 574), *distincto ... auro* (Phae. 321).

§ 262. *aemulus*

843   natum reposcit Iuppiter, Iuno aemulum
883f.   aemuli, Iuno, tui
       mortem occupavi

Häufiger bei den Dichtern ist das Adjektiv (Verg. 4:0, Hor. 4:1, Ov. 7:0, Luc. 2:0, Val. Fl. 2:0, Stat. 9:1, Sil. 8:1); als Substantiv gebraucht Seneca das Wort 3mal in der Prosa, während er in den Tragödien ein singuläres *rivalis* (Phoe. 134) bei den Elegikern anleiht.

§ 263. *clangor*

1389-91   hinc feris clangoribus
       aetheria me Stymphalis, hinc taurus minax
       cervice tota pulset

Dass *clangor* in der Poesie das Vogelgeschrei bezeichnet, ist nichts Aussergewöhnliches (z.B. Stat. Theb. 5,13; 8,204; 12,517; Sil. 4,118). Allerdings überträgt Vergil in der Beschreibung der Harpyien das Wort auf den Flügelschlag (Aen. 3,225f.). Bedrohlich für Hercules sind die Stymphalischen Vögel weniger durch ihr Geschrei als durch ihre Federn, die sie wie Pfeile abschiessen (Hyg. fab. 20. 30,6). Dass auch der Oetaeus-Dichter hier mit *clangor* eher an den klirrenden Flügelschlag der Bestien denkt, wird durch das zeugmatische *pulset* nahegelegt.[4]

§ 264. *commodum*

170f.   commoda cladibus / magnis magna patent

An der mangelnden Stilhöhe von *commoda magna* (»grosses äusseres Glück«) hatte Friedrich (Sprache und Stil 523f.) Anstoss genommen. Sprachlich vergleichbar ist Ov. met. 11,283f. *media quoque commoda plebi*

---

[4] Vergleichen wir ferner, was an beiden Stellen unmittelbar vorausgeht, so ist Assoziation mit den Harpyien in Vergils Beschreibung nicht auszuschliessen, Aen. 3,225 *horrifico lapsu de montibus adsunt*, 227 *diripiuntque dapes* und HO 1388f. *decurrant ferae / pariterque lacerent*.

/ *nostra patent*; gedanklich imitiert wird jedoch Ag. 97 *corpora morbis maiora patent.*[5]

§ 265. *cuneus*

1626f.   gemit illa [sc. quercus] multo vulnere impresso minax
               frangitque cuneos

Vgl. Val. Fl. 3,164 *silva labat cuneisque gemit grave robur adactis.* Auch Vergil erwähnt die Pflöcke beim Fällungsvorgang (Aen. 6,181; 11,137). Dass die fallende Eiche sogar die Keile zerbricht, dient natürlich der *auctio.*

§ 266. *effigies*

265f.   commoda effigiem mihi / parem dolori

Seneca verwendet in den Tragödien nur *imago* (4mal), ein Wort, das seinerseits im Oetaeus fehlt. An gleicher Versstelle findet sich *effigies* hingegen in der Octavia (794), dort auch 1mal *imago* (684).

§ 267. *exemplar*

1852f.   matribus miseris adhuc
               exemplar ingens derat: Alcmene dabo

Denselben rhetorischen Effekt erstrebt der Dichter in Vers 948 *vacat una Danais: has ego explebo vices,* das seinerseits HF 500 *dest una numero Danais: explebo nefas* nachgebildet ist. Im Gegensatz zu *exemplum* gehört *exemplar* vornehmlich der Prosa an (39mal bei Seneca). So fehlt es u.a. bei Vergil, Ovid, Statius; Horaz verwendet es nur in den Episteln. Mit der leicht philosophischen Färbung, welche dem Wort oft eignet (»Beispiel moralischen Verhaltens«, hier sarkastisch in sein Gegenteil verkehrt), begegnet *exemplar* vereinzelt in der stoisierenden Epik, so im 9. Buch Lucans, 562f. *durae saltem virtutis amator / quaere quid est virtus et posce exemplar honesti,* 832f. *exemplarque sui spectans miserabile leti / stat tutus pereunte manu,* und bei Silius (in der Rede der Voluptas) 15,57 *exemplar lenis mortalibus aevi.*[6]

§ 268. *ferculum*

110 (asclep. min.)   nec pompae veniet nobile ferculum

In der engeren Bedeutung »Kriegsbeute« ist *ferculum* dichterisch sonst nur noch bei Valerius Flaccus belegt, 3,538-40 *vidisti roseis haec per loca Bacchus*

---

[5] Gygli ad loc. fasst *cladibus magnis* irrigerweise als Abl. auf (»durch grosse Niederlagen ergeben sich grosse Vorteile«).
[6] Zum stoischen Kolorit der ganzen Passage s. meine Ausführungen in ANRW II 32.5, 3138-40.

habenis / cum domitas acies et eoi fercula (Pius, *percula* codd.) *regni / duceret.*
Hier variiert der Dichter Tro. 150f. *non Argolici praeda triumphi / subiecta feret colla tropaeis.*

§ 269. *fistula*

128-30 (asclep. min.)   illo Thessalicus pastor in oppido
                            indocta referens carmina fistula
                            cantu nostra canet tempora flebili

Die Rohrpfeife hat ihren festen Platz in der Hirtenwelt (z.B. Verg. ecl.
6mal, Calp. Sic. 2mal; vgl. auch Hor. carm. 1,17,10; 4,12,10). Das
Attribut *indocta* (vgl. Ov. met. 8,191 *rustica*) entspricht dem Zusammenhang, der die einstige städtische Pracht Oechalias der jetzigen Verödung
gegenüberstellt.[7]

§ 270. *fragmen*

115 (asclep. min.)   non puppis lacerae fragmina conligit

Die Junktur *puppis fragmina* ist bei Ovid in der Form von *fragmina navigii*
(met. 11,561) und *ratis fragmina* (met. 14,563) vorgegeben.

§ 271. *iugerum*

134 (asclep. min.)   nec ieiuna soli iugera Thessali

Der Ausdruck *nec ieiuna soli iugera* erinnert an Ov. fast. 3,192 *iugeraque
inculti pauca tenere soli*, wo möglicherweise eine Reminiszenz an Tib. 1,1,1
et teneat culti iugera multa soli vorliegt. Das Attribut *ieiuna* scheint freilich
der Fachsprache zu entstammen (Varro, rust. 1,9,6; Colum. 3,5,1;
5,5,1).

---

[7]   123-27   stamus, nec patriis moenibus heu locus
                   at silvis dabitur, lapsaque sordidae
                   fient templa casae; iam gelidus Dolops
                   hac ducet pecudes qua tepet obrutus
                   stratae qui superest Oechaliae cinis.

123 *nec* codd. : *sed* Gronovius dubitanter   *patriis* E : *patriae* A
moenibus A : *messibus* E   124 *at* Scaliger : *sed* recc. : *et* codd.

Der beabsichtigte Kontrast zwischen Stadt und Wildnis (*oppidum* und *silva*; vgl. Phae. 485
quae relictis moenibus silvas amat, Thy. 404ff.) wird empfindlich gestört, wenn wir mit
Zwierlein in 123f. *stamus, sed patriae messibus heu locus / et silvis dabitur* lesen. *Messibus,* ein
Zeichen der Prosperität (vgl. 133f.) und *silvis* gehen in keiner Weise zusammen; vielmehr
bilden *moenibus* und *silvis* ein Gegensatzpaar wie *templa* und *sordidae casae.* Dass es sich hier
also nicht um den Topos 'einst Stadt — jetzt Ackerland' (so jedoch Zwierlein) handelt,
zeigt die Fortsetzung: Wo einst Stadt war, werden Hirten ihr Vieh durch armselige
Waldgegend treiben. Die Verbindung *patriis moenibus* ist in Phoe. 540 vorgebildet.

§ 272. *lana*

663f. (anap.)   nec Sidonio mollis aeno
                   repetita bibit lana rubores

Vgl. Ov. ars 3,187 *lana ... sucos bibit.* Fachsprache steht offenbar hinter
repetita und *bibit,* Sen. epist. 71,31 *lana quosdam colores semel ducit, quosdam
nisi saepius macerata et recocta non perbibit,* Plin. nat. 8,193; 35,44.

§ 273. *maga*

523f.   hoc ... magae
                   dixere amorem posse defigi malo
526   unam inter omnis Luna quam sequitur magas

Auf die seltene adjektivische Kurzform *magus* (467; dazu s. § 289) statt
magicus (452) hat schon Friedrich (Sprache und Stil 539 Anm. 44) hingewiesen. Auffälliger noch ist die substantivische Form *maga,* die im
Gegensatz zu *magus* vor dem HO überhaupt nicht belegt ist, nachher sich
erst wieder bei Apuleius (met. 2,5) findet. Dass wir *maga* beim Oetaeus-
Dichter antreffen, überrascht weniger, wenn wir seine Vorliebe für sub-
stantivierte Adjektive bedenken: *aemulus* (843, 883; dazu § 262), *celsi*
(412), *degeneres* (1836), *dites* (648, 1560), *fortes* (1836).

§ 274. *mensura*

400f.   nuribus Argolicis fui / mensura voti

Bildungen auf *-ura* gibt es in Senecas Tragödien nur zwei, *flexura* (Thy.
796) und *natura,* das auch der Oetaeus-Dichter 3mal verwendet.[8] Dem
Ausdruck *mensura voti* am nächsten stehen Lucans Wendungen *mensura ...
iuris* (1,175) und *mensura timoris* (3,100); vgl. auch Ov. fast. 1,603 *Magne,
tuum nomen rerum est mensura tuarum.*

§ 275. *myrrha*

376   hirtam Sabaea marcidus myrrha comam

Vorgeschwebt haben dürften die ovidischen Phrasen, met. 3,555 *sed
madidus murra crinis* und 5,53 *madidos murra ... capillos.* Tatsächlich ist auch
in den Tragödien Senecas *madidus/madere* der gewöhnliche Ausdruck in

---

[8] HO 46, 631 und 1919. In Vers 1505 *materque* (Leo, *natumque* E, *natura* A, Zwierlein)
me concepit in laudes Iovis gibt *natura* keinen befriedigenden Sinn. Hercules bleibt, auch bei
ungeklärter Vaterschaft, der leibliche Sohn Alcmenes (daher *concepit,* vgl. 346). Den
Wechsel von der direkten Anrede (1498 *o clara genetrix*) zur 3. Person hier nimmt der Ausdruck *materna culpa cesset* (1503) vorweg.

diesem Zusammenhang, Thy. 780 *nitet fluente madidus unguento comam*, 948
pingui madidus crinis amomo, und HF 468f. (das gedankliche Vorbild unserer Stelle) [*Herculis*] *horrentes comae / maduere nardo*. Dass der Oetaeus-Dichter nicht wie erwartet *madidus* wählt, sondern *marcidus* (vgl. Med.
69), hat metrische Gründe.

§ 276. *naufragium*

> 118 (asclep. min.)   solus non poterit naufragium pati

Der HO teilt das Wort mit der Octavia, die relativ zahlreiche Abstrakta
auf *-ium* aufweist (vgl. § 311). In den Tragödien verwendet Seneca nur
naufragus, das auch bei den Daktylikern gegenüber *naufragium* im allgemeinen überwiegt (Ovid. 10:23, Lucan 5:6, Val. Flaccus 0:2, Silius 4:4).

§ 277. *pacator*

> 1989f. (anap.)   sed tu, domitor magne ferarum
> orbisque simul pacator, ades

Obwohl der politische Euphemismus *pacare* wohl schon von Cicero auf
Hercules und seine Befriedung der Welt übertragen worden war (carm.
frg. 34,38 Bü.),[9] findet sich das zugehörige Nomen agentis *pacator* nicht
vor Seneca, benef. 1,13,3 *Hercules terrarum marisque pacator*. Nachgewirkt
hat der Ausdruck sowohl hier im HO als auch bei Silius (2,483 *Nemeae
pacator*). Zur Bezeichnung des Hercules als *domitor* vgl. HF 619 *domitor
orbis*.

§ 278. *phaselus*

> 694-96 (anap.)   stringat tenuis litora puppis
> nec magna meas aura phaselos
> iubeat medium scindere pontum

Vorlage ist Ag. 105-7 (anap.) *aura stringit litora tuta / timidusque mari credere
cumbam / remo terras propiore legit*. Das Wort dient der Variatio, *puppis*
(694), *rates* (698), *sipara* (699).

§ 279. *remigium*

> 1072-74 (glycon.)   audis tu quoque, navita:
> inferni ratis aequoris
> nullo remigio venit

---

[9] Vgl. ferner Verg. Aen. 6,803; Prop. 3,11,19; Ov. epist. 9,13; Sen. HF 442, 890;
HO 794.

Sprachlich vergleichbar ist Verg. Aen. 5,280 *tali remigio navis se tarda movebat*; im HO steigert die Synekdoche (*remigium* schliesst natürlich den Ruderer Charon ein) die Vorstellung vom Zauber, welche Orpheus' Musik auch auf das Schiff ausübt.[10]

§ 280. *spina*

504f.   meque iam dorso ferens[11]
         qua iungit hominem spina deficiens equo

Bezeichnet wird der Kentaur gewöhnlich als *biformis* (Verg. Aen. 6,286; Ov. met. 2,664; 9,121; 12,456; am. 2,12,19) oder *semivir* (Ov. epist. 9,141); vgl. auch Ov. fast. 5,379f. *Chiron / semivir et flavi corpore mixtus equi.* Die anatomische Bedeutung von *spina* findet sich poetisch bereits bei Vergil (georg. 3,87) und Ovid (met. 8,806).

§ 281. *tepor*

380f.   ut alta silvas forma vernantes habet,[12]
         quas nemore nudo primus investit tepor

Tepor hat stärker prosaischen Klang. Bei Vergil und Tibull fehlt es; je einmal findet es sich bei Horaz (epist. 1,18,93), Ovid (met. 2,811), Lucan (8,365) und Silius (6,99). Häufiger in der Poesie begegnen Verb und Adjektiv. Möglich ist, dass der Oetaeus-Dichter sich durch die Formel *vere tepenti* (HO 1576, Ov. ars 3,185) inspirieren liess; vgl. auch *Zephyro tepenti* (Thy. 849, Ov. fast. 2,220).

§ 282. Abschliessend bleibt noch auf ein Substantiv hinzuweisen, dessen Vorkommen im HO nicht eindeutig verbürgt ist:

---

[10] Dass diese Versabfolge nicht von 1070f. *increvit Tityi iecur, / dum cantu* (E, -us A, Zwierlein) *volucres tenet* getrennt werden darf (so jedoch Zwierlein, der nach 1071 die Verse 1075-78, 1081-82 einschiebt), ergibt sich aus der assoziativen Überleitung *cantu volucres tenet* (sc. Orpheus); *audis tu quoque, navita*; darüber richtig Axelson, Korruptelenkult 67f.

[11] Die Ablativverbindung *dorso ferens* sollte freilich nicht dazu verleiten, in 512f. *meque complexus* (E, -am A) *ferens / gressum citabat* einen Ablativ *complexu* hineinzukonjizieren (so jedoch Reeve apud Zwierlein), der sich bestenfalls mit *tenens* verträge. In 512 hat *ferens* aber die Bedeutung *auferens*, wobei *complexus* sowohl Deianiras Entführung als auch die beabsichtigte Vergewaltigung durch Nessus prägnant zum Ausdruck bringt (511 '*tu praeda nobis*' inquit '*et coniunx eris*').

[12] Warum *alta ... forma* anstössig sein sollte (*laeta* Bentley, gefolgt von Zwierlein; s. dazu Krit. Komm. 359f.), will nicht einleuchten. Der üppige Laubschmuck der Bäume wird zur Genüge mit diesem Attribut bedacht, Verg. georg. 2,55 *altae frondes*, 305, Aen. 4,444; Ov. met. 10,91 und 11,108. Der Ausdruck *laetos ... ramos* (Thy. 652f.) beweist für unsere Stelle nichts, da dort Obstbäume gemeint sind.

225-27 (anap.)   quid regna tui clara parentis
                 proavosque (A, casusque E) tuos respicis amens?
                 fugiat vultus fortuna prior.

Axelson (Korruptelenkult 96), gefolgt von Zwierlein, verteidigte die A-
Lesart mit dem Hinweis, dass *casus*, obwohl an sich verständlich, weniger
gut zwischen *regna ... clara parentis* und *fortuna prior* hineinpasse. Zudem
sei die Passage nahe verwandt mit Tro. 710-14 (Andromacha zu Astyanax) *nec turpe puta quidquid miseros / Fortuna iubet. / pone ex animo reges atavos
/ magnique senis iura per omnis / incluta terras.* Freilich lässt sich ebensogut
für die Variante *casusque* (E) argumentieren. Ioles Klagelied kreist in
erster Linie um das Los ihres Vaters und ihr eigenes Schicksal. Diese beiden Punkte greift der Chor mit *regna tui clara parentis* und *casus ... tuos* auf,
während *proavosque* einen Aspekt hineinbringt, der im ganzen Lied Ioles
sonst nirgends aufscheint. Da die Bedeutung von *casus* (Wechselfall,
Umsturz) durchaus den früheren glücklichen Zustand umgreift, verbindet sich das Wort leicht mit Fortuna, die das Geschick der Menschen
lenkt, Phae. 1123-25 *quanti casus, heu, magna rotant! / minor in parvis Fortuna
furit / leviusque ferit leviora deus,* Ag. 71f. *ut praecipites regum casus / Fortuna
rotat.* Zur allgemeineren Bedeutung von *casus* (Geschick, Los, Leben) vgl.
Oct. 81f. *non vota meos tua nunc casus, / sed fata regunt.*

§ 283. Fassen wir zusammen: die Substantive, welche der Oetaeus-
Dichter neu gegenüber den Tragödien Senecas einbringt, decken sich im
allgemeinen mit dem poetischen Wortschatz von Vergil bis Silius (insbesondere mit jenem Ovids). Möglichen Einfluss aus Senecas Prosa
zeigen *exemplar* und *pacator*.

2. *Adjektive*

§ 284. Adjektive auf *-fer.* Wie Seneca und die Epiker liebt der Verfasser
des HO die Bildungen auf *-fer.* Neben *gemmifer* (622, 661) und *ignifer*
(1362, 1748), die er mit Seneca teilt (s. § 77), bringt er 4 Adjektive neu
ein, darunter 2 Hapax legomena, nämlich:

a) *montifer*

    1212 (anap.)   et montiferum Titana pati

Die Richtigkeit von *montiferum* (A) gegenüber trivialisierendem *mortiferum*
(E) ergibt sich aus der Verbindung mit den Titanen, vgl. 1139f. und
besonders 1309f. *Titanas, in me qui manu Pindum ferant / Ossaque qui in
monte proiecto opprimant.*

b) *solifer*

159 (asclep. min.)   aut qui soliferae suppositus plagae

Die Bezeichnung des Ostens als *solifera plaga* dürfte durch *plaga igniferi poli* (1362) angeregt worden sein. Das syntaktische Muster erkennen wir in 41 *Indus ... Phoebo subditus* und 666 *Phoebeis subditus euris*.

c) *letifer*

208 (anap.)   ... letifero stipite pulsus

Das Adjektiv hat seinen festen Platz im epischen Wortschatz: Vergil (2), Ovid (5), Lucan (8), Valerius Flaccus (4), Statius (6), Silius (9). Seneca hingegen verwendet *mortifer* (6mal) und *letificus* (1mal), einen Kompositionstypus, den der Verfasser des HO (wie übrigens auch der Dichter der Octavia) gänzlich vermeidet.

d) *spicifer*

598f. (anap.)   et spiciferae concessa deae
                     Attica mystas cludit Eleusin

Als Epitheton von Ceres (oder der ihr nahestehenden Astraea/Virgo) erscheint *spicifer* bei den astronomischen Dichtern, Manil. 2,442 und Germ. Arat. frg. 4,152; in erweiterter Anwendung auf den fruchtbaren Nil sowie auf die kornreiche Erde Baeticas gebrauchen es Martial (10,74,9) und Silius (3,403). Derselben Vorstellungswelt entstammt das Attribut *frugifer* (Phoe. 219 *solum, frugifera quo surgit Ceres*), welches der Oetaeus-Dichter hier variiert.

§ 285. Bildungen auf *-ger* sind im allgemeinen weniger häufig als jene auf *-fer* und dementsprechend auch im HO seltener (dazu s. § 80). Mit Seneca teilt der Oetaeus-Dichter *stelliger* (1344, 1907); neu bildet er das Hapax

eliger

543   timende matri teliger saevae puer

Dass die A-Klasse mit *teliger* gegenüber dem metrisch und stilistisch anstössigen *te aliger* (E) das Richtige bewahrte, hat bereits Axelson (Korruptelenkult 17) überzeugend dargelegt. Der Zusammenhang (540 *tela*, 544 *spiculum*, 545 *sagittis*, 547 *telo*) dürfte die Bildung *teliger* suggeriert haben, wie in der gedanklich verwandten Passage Ovids (met. 10,519ff.) *pharetratus ... puer* (525) sich aus *pharetras* (518) ergab.[13]

---

[13] Wie nahe solche Neubildungen auf *-ger* lagen, erhellt deutlich aus dem einmaligen *pharetriger* bei Silius (14,286).

§ 286. Zum Suffix -*sonus*. Zusammengesetzte Adjektive auf -*sonus* erscheinen in der Dichtersprache seit Naevius (trag. 23 R² *suavisonum* Scaliger, *suave summum* codd.) und Ennius (*altisonus* trag. 88, 188 J; ann. 586 Sk.); beliebt sind sie bei den Epikern, besonders den flavischen, Verg. (2), Ov. (2), Val. Fl. (5), Stat. (6), Sil. (6).¹⁴ Seneca verwendet nur *altisonus* (Phae. 1134, Ag. 582; dazu vgl. § 55), dies auch der Oetaeus-Dichter (530). Neu dazu kommt bei ihm

fluctisonus

> 836 fluctisona quaerit litora et pontum occupat

Belegt ist das Wort sonst nur bei Silius, als Attribut des Meeres, *insula fluctisono circumvallata profundo* (12,355). Vom wellenumbrausten Gestade spricht jedoch Catull, *fluentisono litore* (64,52). Einen gedanklichen Ausgangspunkt für *fluctisonus* bilden Ausdrücke wie *sonuere fluctus* (Med. 765) und *sonuit per litora fluctus* (Sil. 2,545).¹⁵

§ 287. Adjektive mit privativem *in*- Praefix. PPP Bildungen mit privativem *in*- sind in den Seneca-Tragödien häufig (s. §§ 51 und 20 Anm. 8). Nicht weniger beliebt sind diese Komposita beim Oetaeus-Dichter, der gegenüber Seneca die folgenden 2 Formen neu einbringt:

a) *incogitatus*

> 296f.   quaere supplicia horrida,
> incogitata, infanda

Im Sinn von *inauditus* ist *incogitatus* nur hier belegt. Ein ähnlich abundantes (verbales) Tricolon findet sich kurz zuvor, 253 *queritur implorat gemit*. Die Alliteration unterstreicht die Reihung noch, so auch in Sen. epist. 57,6 *alacritas rediit incogitata et iniussa* (= *improvisa*).

b) *inconcussus*

> 1741 immotus, inconcussus, in neutrum latus

---

¹⁴ Gebräuchlich sind *aerisonus*, *armisonus*, *horrisonus* und *undisonus*. Zur Bildung und Verbreitung des Kompositionstypus s. ferner Tränkle, Die Sprachkunst des Properz 57f.

¹⁵ Die Tatsache, dass *fluctisonus* sonst nur in den Punica vorkommt, ist natürlich noch kein Beweis, dass der Oetaeus-Dichter das Wort bei Silius angeliehen hat (so jedoch Zwierlein, Krit. Komm. 334). Neben *undas* — *unda* (835) lag die Variation *fluctisonus* für geläufigeres *undisonus* (Val. Fl. 1,364; 4,44; Stat. Ach. 1,198. 408) sozusagen auf der Hand.

Auch dafür bietet Senecas Prosa Vergleichbares, epist. 45,9 *certus iudicii, inconcussus, intrepidus,* und besonders dial. 2,5,4 *inviolabilis, inmota, inconcussa.*[16]

§ 288. Die Beliebtheit des privativen *in-* zeigt sich auch sonst bei den Adjektiven:

a) *incredulus*

1979   ... misera mens incredula est

Vor dem HO ist das Wort nur einmal, bei Horaz (ars 188) belegt, wird aber geläufig in der christlichen Latinität. Dass wir aus der Verwendung von *incredulus* hier jedoch nicht auf eine späte Abfassungszeit des HO schliessen dürfen (wie Gygli ad loc. es tut), ergibt sich aus 965 *pro nimis mens credula.* Ähnlich ad hoc gebildet ist Senecas *inobsequens* (Phae. 1068) zu *obsequens* (Phae. 132); dazu vgl. § 87.

b) *innubis*

238   et fulsit Iole qualis innubis dies

Das Hapax ist eine metrisch bedingte Kurzform von *innubilus;* vgl. Lucr. 3,19/21 *nubila / innubilus* (welches homerisches ἀνέφελος) wiedergibt. Verkürzungen wagt der Oetaeus-Dichter auch sonst, *magus* aus *magicus* (s. § 289).

c) *inpavidus*

63	inpavidum genus[17]
645	inpavidos ... somnos
1056	inpavidum pecus

Seneca verwendet nur *intrepidus* (5mal; HO 4mal), doch ist *inpavidus* in der Dichtersprache gut vertreten; zu HO 1056 vgl. besonders Verg. Aen. 12,8 (*leo*), Ov. met. 15,100 (*lepus*) und mit HO 645 vgl. Sil. 13,257 (*sopor*).

---

[16] Im Licht dieser Stilfigur erklärt sich die Überlieferung von 1721 *ignave iners inermis;* freilich hat schon Bentley das Zitat (Thy. 176) erkannt und *inermis* zu *enervis* korrigiert.

In HO 313f. *aderit noverca quae manus nostras regat / nec invocata* hingegen handelt es sich nicht um ein privatives *in-* Kompositum (so jedoch in Oldfathers Index und ThLL VII 2, 254,15f.), sondern um die PPP Form von *invocare* (»beistehen wird mir seine Stiefmutter ... und zwar nicht angerufen«, d.h. ungerufen, also von sich selbst); vgl. 1293-95 *inter infernos lacus / possessus atra nocte cum Fato steti / nec invocavi,* ferner Phae. 423 *ades invocata,* 944 *invocata ... Styge.*

§ 289. Andere Adjektivbildungen.

australis   1104 *australis polus*. Dieselbe Verbindung begegnet
              bei Ovid, met. 2,132.

caelestis   Während Seneca nur substantiviertes *caelestes*
              gebraucht (HF 516, 597), begegnet im HO neben
              einmaligem Substantiv (733) häufiger das
              Adjektiv:
              441   *caelestis ira*
              893   *auras ... caelestes*
              1436f. *sonus ... caelestis*
              1975   *caelestem plagam*; vgl. Ov. met. 12,40 und
                     Stat. Theb. 10,635f. (jeweils im Plural).

furvus   559 *furva nigri sceptra gestantem poli*
              1964 *puppis umbras furva transvexit meas*
              Unterweltsdinge werden in der Dichtung gern als
              furvus bezeichnet, z.B. Hor. carm. 2,13,21; Stat.
              Theb. 8,10; silv. 5,1,155.[18]

magus   467f. *carmine in terras mago / descendat ... Luna*
              Die Kurzform *magus* statt *magicus* begegnet sonst
              nur bei Ovid, am. 1,8,5 *illa magas artes Aeaeaque car-*
              mina novit, und medic. 35f. *herbis / quas maga terribili*
              subsecat arte manus; vgl. aber HO 452 *artibus magicis*.
              Verkürzte Wortbildung zeigt auch *innubis* (§ 288
              b).

navus   567 *in tempore ipso navus occurrit Lichas*
              Bevorzugt wird das Wort von Silius (6mal); Verg.
              (0), Hor. (2), Ov. (1), Luc. (0), Val. Fl. (0), Stat.
              (1).

neuter   1741f. *in neutrum latus / correpta torquens membra*
              Das Adjektiv ist in der Dichtersprache nicht eben
              häufig, Hor. (1), Ov. (4), Luc. (4), Stat. (2), Sil.
              (2); dass die Gründe in der unsicheren Messung
              des Wortes (‿‿‿) zu suchen sind, vermutet Lyne
              (ad Ciris 68).

praeclarus 397 *praeclara ... coniunx eram*
              410 *hic quem ... praeclarum vides*

---

[17] Zur Verwendung von *genus* im Sinn von *genus humanum* (so auch 760, 1810, 1862)
s. Friedrich, Sprache und Stil 530f.
[18] Unnötig ist jedoch, in HF 693 *Funus* mit Wilamowitz in *furvus* zu ändern; dazu s.
meinen Komm. ad loc.

Die Stilhöhen in der poet. Anwendung des Wortes
sind gemischt, Verg. (Aen. 4, georg. 1), Hor. (0),
Ov. (0), Luc. (0), Val. Fl. (1), Stat. (Theb. 3, silv.
2), Sil. (0); s. ferner Axelson, Unp. Wörter 60.

torridus   136   *dumeta iugis horrida torridis*
Vgl. Sil. 12,372 [*terra*] *saxoso torrida dorso.*

tremibundus   810   *complexus aras ille tremibunda manu*
Bemerkenswert ist die Verbreitung des Wortes bei
den flavischen Epikern, Val. Fl. (2), Stat. (3), Sil.
(8); Verg. (1), Hor. (0), Ov. (1), Luc. (0).

§ 290. Fassen wir zusammen: wie schon bei den Substantiven stimmt der
Oetaeus-Dichter in der Wahl der Adjektive im grossen und ganzen mit
der Dichtersprache von Vergil bis Silius überein. Mit Seneca teilt er die
Vorliebe für Komposita auf -*fer* und -*ger* (darunter 3 Hapax legomena)
und die Bildungen mit privativem *in*-; Adjektive auf -*ficus* fehlen hingegen im HO (dies gilt auch für die Octavia, s. Helm [§ 310 A. 1] 314).

3. *Adverbien und Interjektionen*

§ 291. Adverbien.

a) *brevi*

1858-60   una funeri tanto sat est
grandaeva anus defecta, quod totus brevi
iam quaeret orbis?

In der Dichtung gewöhnlicher ist *mox*; vgl. jedoch Catull. 61,204; Hor.
epist. 1,3,9; Sil. 11,107; 14,91. Zweimal findet sich *brevi* auch in der
Octavia (520, 565); dazu s. § 311 Anm. 5.

b) *eminus*

1650-52   his iacent Stymphalides
et quidquid aliud eminus vici manu[19]
victrice

Dass es sich um Ungeheuer handelt, die Hercules durch *Pfeilschuss* er-
ledigte, ergibt sich aus dem Zusammenhang. Im Epos charakterisiert
eminus häufig den Schuss mit der Lanze, Verg. (5), Luc. (1), Stat. (1),
Sil. (6).

---

[19] *manu* Rossbach, *malum* codd.; s. dazu Zwierlein, Krit. Komm. 424f.

c) *hauddum*

79f.   si post feras, post bella, post Stygium canem
                       hauddum astra merui

Das archaisierend anmutende Adverb, das zuerst bei Livius (7mal)
begegnet, fehlt bei Seneca, der stets (36mal) *nondum* verwendet, so
gewöhnlich auch der Dichter des HO (7mal). Hier dient *hauddum* (am
Versanfang) der starken Hervorhebung, wie *haud* in HO 886 und 917.[20]
Dasselbe gilt offensichtlich für die Verwendung von *hauddum* bei Silius,
der es 3mal an den Versanfang (2,332; 8,15; 12,505) und 1mal an den
Satzanfang (12,651) setzt.[21]

d) *obiter*

1048f. (glycon.) abrumpit scopulos Athos
                   Centauros obiter ferens

Ausser beim Mimendichter Laberius (158 R[2]) ist das Wort nur in der
Prosa belegt; 5mal erscheint es bei Petron (davon 2mal in den vulgären
Partien) und rund 30mal beim älteren Plinius, nie jedoch bei Seneca.[22]

e) *quamquam*

1506f.   quin ipse, quamquam Iuppiter, credi meus
                       pater esse gaudet

---

[20] Hingegen hat in 1166 die Überlieferung mit *aut* (*haut* recc., Zwierlein) das
Ursprüngliche bewahrt:

1165-69   morior nec ullus per meum stridet latus
           transmissus ensis, aut meae telum necis
           [saxum est nec instar montis abruptis latus]
           est totus Othrys, non truci rictu gigas
           Pindo cadaver obruit toto meum

1167, nur in A überliefert, ist offensichtlich interpoliert, um das fehlende Glied zu *aut*
(A) *totus Othrys* in 1168 zu ergänzen. In E dagegen blieb die Abfolge ungestört: *nec ...
stridet ... ensis aut ... telum necis est totus Othrys, non ... gigas obruit*. Die Richtigkeit von *aut*
(1166) ergibt sich jedoch nicht bloss aus dem Zusammenhang, sondern wird zusätzlich
noch bestätigt durch den verstechnischen Gebrauch von *haud* in den Seneca-Tragödien:
von 37 sicher überlieferten *haud/haut* im iamb. Trimeter stehen 11 in Versanfangsposition
(sind also prosodisch ohne Bedeutung). Prosodische Funktion hat *haud/haut* hingegen im
Versinnern. So steht es 17mal nach einer obligaten Kürze (d.h. verhindert Positions-
länge) und bildet 8mal Synaloephe. Einzige Ausnahme ist Ag. 302 *exilia mihi sunt haud
nova; assuevi malis*; hier wurde *haud* um der Litotes willen gewählt. Verstechnisch wäre *haut*
in HO 1166 also ungewöhnlich; in Aufzählungen ist zudem der Wechsel *non/nec* das
Gewöhnliche, z.B. Tro. 148-51 *non ... nec ... non ... non*; s. Canter, Rhetorical Elements
156. Ähnlichen Gebrauch von *aut* (mit Subjektswechsel bei Weiterführung des negativen
Satzsinnes) zeigen HO 156-59 und 250f.

[21] Über *haud* handelt Axelson, Unp. Wörter 91f.; zu seiner Verbreitung s. besonders
Tränkle, Die Sprachkunst des Properz 45f.

[22] Weiteres zum Wortgebrauch s. Petersmann, Petrons urbane Prosa 153f.

1860f.   expedi in planctus tamen
               defessa quamquam bracchia

Die Vorliebe der flavischen Epiker für *quamquam* gegenüber *quamvis* ist bekannt, Val. Fl. (15:5), Stat. (39:15), Sil. (26:7).[23] Dass *quamquam* wohl im HO vorkommt, nicht aber in den Seneca-Tragödien, wurde schon früher hervorgehoben (Leo, Observationes 62; Summers 44); gebraucht wird das Wort aber auch in der Octavia (354 *bracchia quamvis lenta trahentem*).

Fassen wir zusammen: in der Wahl von Adverbien rückt der Oetaeus-Dichter nur 1mal (*obiter*) vom Wortschatz ab, der sich auch für die flavischen Epiker (bes. Silius) nachweisen lässt.[24]

§ 292. Die Interjektion *ei mihi* findet sich im HO insgesamt 5mal:

in Versendstellung	1024	fugit attonita, ei mihi
	1172	impendo, ei mihi
	1205	perdidi mortem, ei mihi
nach der Penthemimeres	1402	ei mihi, sensum quoque[25]
in gesperrter Endstellung	1784	ei miserae mihi

Die Wendung *ei mihi*, oft in der erweiterten Form *ei misero (-ae) mihi*, gehört zur Komödiensprache, begegnet aber auch 1mal (in Versendstellung) bei Accius (351 R²). Die Epiker benutzen sie (gewöhnlich in Versanfangstellung) seit Ennius (ann. 442 Sk.), dann Verg. (3), Ov. (5mal in der met.; häufig in der Elegie), Val. Fl. (5), Stat. (12), Sil. (2).[26]

---

[23] Dazu s. Axelson, Unp. Wörter 123f.

[24] Aus dem Rahmen fällt *dolose cecidit*, wie Richter in 1459 für *ceci dolores* A, *recte dolor es* E konjizierte (gefolgt von Zwierlein; dazu s. Krit. Komm. 408f.). Das Adverb *dolose* ist vor dem Spätlatein nur spärlich bezeugt, Plautus (Pseud. 959, Truc. 461), Lucilius (1232 Marx) und Cicero (off. 3,61). Bedenken weckt die Konjektur aber auch inhaltlich. Der Begriff der List und des Trugs passt wohl zu der Art und Weise, wie Deianira ihrem Gatten das tödliche Gewand bereitete (vgl. 438, 966, 1352f., 1468), nicht jedoch zu ihrem beabsichtigten Selbstmord, durch welchen sie demonstrativ den unbeabsichtigt verschuldeten Tod an ihrem Gatten sühnen will (vgl. 982ff.). Dass überliefertes *dolores* nicht angetastet werden darf, ergibt sich aus der Antwort des Hyllus, der die Seelenqual seiner Mutter den Leiden seines Vaters gegenüberstellt, 1464 *plus misera laeso doluit*, 1465f. *occidit dextra sua, / tuo dolore*. Hercules freilich sieht sich um die Rache für seine *Schmerzen* gebracht — ein Gedanke, den Grotius mit *cassi dolores* treffend paraphrasierte. Geheilt ist die Stelle damit allerdings noch nicht.

[25] Im Licht von Sen. epist. 78,8 *umor ... ipse se elidit et iis quae nimis implevit excutit sensum*, empfielt sich der Singular *sensum* (E) gegen den Plural *sensus* (A, Zwierlein).

[26] Zu *ei mihi* (vgl. Oct. 150) als Indiz gegen die Echtheit des HO s. Leo, Observationes 67-69.

4. *Verben*

§ 293. Von den 58 Verben, welche im Hercules Oetaeus allein vorkommen, stellen die Komposita den grössten Teil. Dass bei der Wahl eines Wortes oft metrische Bequemlichkeit und verstechnische Bedürfnisse den Ausschlag gaben, zeigt sich besonders bei den Bildungen mit *ad-*, *con-*, *de-*, und *in-* Praefix.

§ 294. Komposita mit *ad-* Praefix.

a) *accommodo*

1660   accommoda ignes et facem extremam mihi

Gewöhnlich ist der Imperativ des einfachen Verbs, nach der Penthemimeres: 265f. *commoda effigiem mihi / parem dolori* und 1305f. *commoda nato manum / properante morte.* Vorbild ist Oed. 1032f. *commoda matri manum, / si parricida es.* In der Bedeutung von *dare* begegnet *accommodare* zuerst bei Ovid (met. 4,398 *purpura fulgorem pictis accommodat uvis*).

b) *adhortor*

1742   correpta torquens membra adhortatur, monet

Gleiche Versstellung hat das Simplex in Med. 129 *scelera te hortentur tua.* In der Dichtung verwenden das Kompositum nur noch Catull (63,85) und Statius (Theb. 4,40); grundsätzlich gehört das Verb der Prosa an, vgl. besonders Liv. 22,60,10 *non destitit monere, adhortari eos,* und Sen. epist. 94,25 *admonere genus adhortandi est.*

c) *admisceo*

452f.   artibus magicis fere
                coniugia nuptae precibus admixtis ligant

Viermal belegt bei Seneca das Simplex den gleichen Platz im Vers, davon 3mal nach Monosyllabum (Phae. 526 *quos mixtos deis,* Thy. 413 *et mixtam feris,* 980 *nunc mixti meis*).

§ 295. Molossische Formen nach der Hephthemimeres. Bei Trimeterausgängen auf drei- + zweisilbiges Wort (--- + ∪≍) kommen molossische Formen von *con-* Komposita den metrischen Bedürfnissen entgegen — eine Bequemlichkeit, die sich auch Seneca zunutze machte:

HF 272   confringit[27] manu

---

[27] E : *confregit* A, Zwierlein; s. meinen Komm. ad loc.

Med. 973   conscendam domus
Phae. 122   conclusit domo

In allen drei Fällen ist das Kompositum einmalig, das Simplex in den
Seneca-Tragödien jeweils das Gewöhnliche. Ähnlich verfährt der
Oetaeus-Dichter, der molossische, insbesondere PPP Formen von *con*-
Komposita nach der Hephthemimeres liebt:

a) *configo*

903f.   confixam suis / stravit sagittis

Vgl. aber die versbeginnenden Ausdrücke *confossa telis* (Tro. 559), *ictus
sagittis* (HO 1469).

b) *conlabor*

1229   conlapsa fluunt

Das Kompositum findet sich noch 1mal im anap. Dimeter (174), nicht
aber bei Seneca, der bloss das Simplex verwendet, auch vor zweisilbigem
Trimeterschluss, *lapsae domus* (HF 1250, Tro. 766), *lapsos premes* (Tro.
696).

c) *consaepio*

415   consaepto iacet

Dazu s. Axelson, Korruptelenkult 53f.

d) *conterreo*

1705   conterrent Iovis

Obwohl häufig bei den neronisch-flavischen Epikern gebraucht, tritt das
einmalige Kompositum im HO deutlich hinter dem Simplex (5mal)
zurück.

§ 296. Analog behandelt werden *de*- Komposita:

a) *deludo*

944   deludat sitim

Vgl. Ov. met. 8,826 *cibo delusum guttur inani*; hingegen begnügt sich
Seneca mit dem Simplex, Phae. 1232 *me ludat amnis ora vicina alluens*.

b) *detero*

1009f.   detritis gerit / ... umeris

In gleicher Versstellung erscheint das Kompositum auch bei Phaedrus
3,7,15f. *aspicit / lupus a catena collum detritum cani*; vgl. hingegen Phae. 34
(anap.) *fortia trito vincula collo*.

c) *detrecto*

1307   detrectat nefas

Im Zusammenhang *si piget manusque detrectat nefas* nähert sich das Verb der
Bedeutung von *evitare*, Phae. 913 *ferae quoque ipsae Veneris evitant nefas*.

§ 297. Bevorzugte Stellung nach der Hephthemimeres zeigen *in-* Komposita nicht nur in den Tragödien Senecas (§ 107), sondern auch im
Oetaeus:

a) *imploro*

253   queritur implorat gemit

Das Tricolon variiert dial. 7,15,6 *quisquis autem queritur et plorat et gemit*
sowie Tro. 615 *maeret illacrimat gemit*; vgl. auch Med. 390 *aestuat queritur
gemit*. Das Kompositum *implorare* ist in der Dichtung häufig; im HO
erscheint es noch einmal am Versanfang in 1329 *imploret orbis*.

b) *inlucesco*

60   nec ulla nobis segnis illuxit dies

Dieselbe Formel findet sich, in Sperrung, in Oct. 669f. Gedankliches
Vorbild ist HF 207f. *nulla lux umquam mihi / secura fulsit*. Der Ausdruck,
seit Plautus belegt, fand als Infinitivkonstruktion auch Eingang bei
Vergil (georg. 2,337) und wurde von Ovid (met. 7,431) nachgeahmt.

c) *intorqueo*

373   intorquens manu

Gewöhnlicher, selbst in gleicher Versstellung, ist das Simplex (808, 938,
946, 1170, 1276).

d) *investio*

381   investit tepor

Möglicherweise bildete der Oetaeus-Dichter das Kompositum ad hoc statt *vestire* (§ 305), das zwar in den Tragödien Senecas fehlt, hingegen in der silbernen Latinität gut vertreten ist. *Investire* findet sich sonst nur bei Ennius (trag. 113 J) und in einem Fragment des Maecenas (Sen. epist. 114,5), dessen gezierte Ausdrucksweise für den Verfasser des HO kaum vorbildlich gewesen sein dürfte.

§ 298. Kretische Formen von *de-* (und *in-*) Komposita stehen vorzugsweise nach der Penthemimeres, z.B. *degravet* (Phae. 1230), *denegat* (Oed. 49), desgleichen:

a) *defero*

1237   astris ab ipsis detulit Stymphalidas

Gemodelt ist der Vers nach HF 244 *petit ab ipsis nubibus Stymphalidas*.

b) *ingemo*

1785   quicumque caesos ingemunt nati patres

Hingegen steht in 1687 *ingemit* (synaloephebildend) am Versausgang, analog zu *gemit* (HO 253, HF 687, Tro. 615. 1161, Thy. 1001).

§ 299. Die Formen $--\smile$ von *de-* Komposita eignen sich für den Trimeteranfang: *deducit* (HO 1442), *dediscit* (Tro. 633), *despectat* (Thy. 656), analog dazu auch:

a) *deperdo*

386   deperdit aliquid

Die Epiker vermeiden das Verb, vgl. jedoch Ov. met. 5,562. Horaz verwendet es nur in den Satiren (2mal), 1mal auch Tibull; fremd ist es dem gesamten Schrifttum Senecas.

b) *deplango*

1851   deplanxit una

Vor dem HO begegnet das Verb nur bei Ovid (met. 4,546; 14,580), dessen Einfluss auf die ganze Passage sich auch aus *deriguit* (s. § 300) ablesen lässt.

§ 300. Ebenfalls am Anfang des Trimeters stehen metrisch gleichwertige Perfekt-Formen ($-\smile\smile\smile$) von Inchoativkomposita:

a) *derigesco*

1849   deriguit aliqua mater

wie Gronovius mit grösster Wahrscheinlichkeit aus *deflevit* (codd.) herstellte; dazu s. Axelson, Korruptelenkult 116. Gemeint ist natürlich Niobe, wie Ovid sie in met. 6,301ff. beschreibt.

b) *incalesco*

1278   incaluit ardor

Ovidisches Vorbild fassen wir auch hier, met. 9,161f. *incaluit vis illa mali resolutaque flammis / Herculeos abiit late dilapsa per artus.*

c) *ingemisco*

1667   ingemuit omnis

Vgl. jedoch 1732 *tantum ingemiscit*, in gleicher Versstellung wie gleichwertige Inchoativformen (––∪–⏑), HO 1349 *partum erubescis*, HF 472 *non erubescit*, Thy. 40 *fratrem expavescat*, Med. 529 *alta extimesco*. In der Dichtung geläufig sind von *ingemiscere* nur die Perfektformen; das Praesens verwendet Seneca 5mal in seinen Prosaschriften.

§ 301. Inchoativverben der Form ∪––– erscheinen vor zweisilbigem Trimeterausgang, so Phoe. 231 *recrudescit nefas* sowie

inardesco

251   inardescunt genae

Das Verb variiert das Simplex, Phae. 1263 *arentes genae*, Oed. 958 *ardent minaces igne truculento genae*; vgl. ferner HF 767 *lucent genae*, Tro. 1138 *fulgent genae*. Inhaltliches Vorbild für die Beschreibung der vor Eifersucht rasenden Deianira ist das Porträt der Medea, bes. Med. 858 *flagrant genae rubentes*; dazu s. Friedrich, Sprache und Stil 500-512.

§ 302. Prosodische Erfordernisse mögen auch bei der Wahl der folgenden Komposita den Ausschlag gegeben haben:

a) *adhibeo*

1078 (glycon.)   nec pomis adhibet manus

Bei Seneca gebräuchlicher ist die Wendung *manus admovere*, Tro. 641, 693 (*dextram*), 947, Thy. 690; vgl. Thy. 166 *manus ... protulit.* In der Dichtung ist *adhibere* sonst eher selten; als metrische Alternative dient das Verb aber auch Ovid, met. 9,216 *dicentem genibusque manus adhibere parantem.*

b) *enascor*

> 641f. (anap.)   quos felices Cynthia vidit,
>   vidit miseros enata dies

In der Verbindung mit *dies* geläufiger ist das Simplex (HO 335f., Verg. georg. 1,434; Manil. 4,588; Sil. 3,670) oder *renasci* (HO 861, Tro. 10). *Enasci* wird, vor allem in der landwirtschaftlichen Fachsprache, fast nur im eigentlichen Sinn gebraucht. Dichterisch verwenden es Lukrez (1,170) sowie, im übertragenen Sinn, Manilius (4,27 *Roma casis enata*).

c) *eneco*

> 916   serpentis illi virus enectae autumas

Poetisch verwendet wird nur das PPP, Hor. (epist. 1,7,87) und Ov. (met. 4,243). Aus klauseltechnischen Gründen gebraucht es Seneca 1mal in seiner Prosa, ep. 94,31 *non infecit nec enecuit* ($-\cup-\cup\cup\times$). Ähnlich das einmalige *enatare* in epist. 22,12 *cum sarcinis enatat* ($-\cup--\cup\times$).

§ 303. Komposita mit *per-* und *prae-* Praefix.

Zu den 6 *per-* Komposita, welche der Oetaeus-Dichter mit Seneca teilt (*perago, percurro, pererro, perfero, permitto, persequor*), bringt er noch die folgenden 3 ein:

a) *perbibo*

> 556f.   faces, / extingue totas, perbibat formam mei[28]

Kretische Formen von *per-* Komposita stehen gewöhnlich nach der Penthemimeres, so *perculit* (Tro. 184), *perdidit* (HO 1460). Häufig ist *perbibere* in der Dichtung nicht, Ovid (2), Aetna (1); hingegen verwendet es Seneca 4mal in den Prosaschriften.

b) *persono*

> 1873 (anap.)   totus, totus personet orbis

Der Vers widerspiegelt HF 1108 *resonet maesto clamore chaos.* Gewöhnlich im HO sind *sonare* (184, 188, 200, 254, 692, 803, 1595, 1634, 1885, 1895)

---

[28] Genitiv statt Possessivpronomen am Versausgang ist eine Spracheigentümlichkeit des HO (vgl. auch 954, 1217, 1242, 1502), die allerdings auch dem Prosaiker Seneca nicht fremd ist; s. Axelson, Neue Senecastudien 69f.

und *resonare* (195, 1545, 1568, 1582); das einmalige *personare* entspricht eher den metrischen Bedürfnissen als dem Sprachgebrauch, der eine Ablativkonstruktion erwarten lässt, vgl. Hor. sat. 2,6,114f. *domus* ... / *personuit canibus*, Val. Fl. 3,527f. *tellus pede plausa sororum* / *personat*. Dem Schrifttum Senecas ist das Kompositum fremd.

c) *pervolo*

> 1045 (glycon.)   aut si qua aera pervolat

Im Ausgang des Glyconeus bildet die Form einen willkommenen Kretikus. Stilistische und rhythmische Rücksichten empfahlen das einmalige *pervolat* wohl auch in Sen. nat. 2,54,3 (*aut rumpit nubes aut pervolat*). Zwar findet sich das Kompositum bei Lukrez (2), Vergil (1), Ovid (2) und Lucan (1), doch fehlt es bei den flavischen Epikern.

§ 304. Von den 7 *prae*- Komposita im HO kommen 5 auch bei Seneca vor (*praecedo, praecludo, praefero, praeripio, praesagio*); neu sind:

a) *praegredior*

> 897 NUT.   virum sequeris
>   DEI.   praegredi castae solent

Das Vers dürfte aus Phae. 1240f. *gnatum sequor* — *ne metue qui manes regis*: / *casti venimus* herausgesponnen sein. In den Tragödien üblich ist *praecedere* (Phoe. 64, Ag. 1004; HO 773); *praegredi* erscheint in der Dichtung sonst nicht vor Statius und Silius (meist in PPP Form).

b) *praemoneo*

> 721   hic ipse fraudes esse praemonuit dolus

Obwohl eher in der Elegie (Tib. 2mal, Ov. 4mal) als im Epos (Ov. 1mal, Luc. 1mal) zuhause, empfiehlt sich das Kompositum durch die Versstellung, vgl. 287 (*praeripiet toros*), 745 (*praesagit malum*), ferner HF 65, 1148.

§ 305. Der Einfluss der Dichtersprache. Wie beim nominalen Wortschatz schöpft der Verfasser des Oetaeus auch beim verbalen Stock in erster Linie aus der Dichtersprache, und so ist es oft nur Zufall, wenn das Wort in den Tragödien Senecas fehlt:

> *afflo*   1442f. *ora Phoebeus modo* / *afflabat axis*; vgl. bes. Val.
>   Fl. 3,213 *trepidam Phaethon adflavit ab alto* / *Tisipho-*
>   *nen*, ferner Sil. 1,578; 4,481. Seneca gebraucht das
>   Verbalabstraktum *afflatus* (Oed. 37, Ag. 433).

aresco	1368 *omnis arescet latex.* Vergleichbar ist Ov. met. 9,657; vgl. ferner Stat. Theb. 8,203 und silv. 5,3,9.
assero	1302f. *non minus caelum mihi / asserere potui.* Als Begriff der Rechtssprache (= *vindicare*) begegnet das Verb hauptsächlich in der Prosa; vgl. aber Manil. 2,815 (neben *vindicare*). 922.
circumspicio	482 *circumspice agedum, ne quis arcana occupet,* variiert in 483 *partemque in omnem vultus inquirens eat*; vgl. 1138 *nunc partem in omnem ... specta.* Das Kompositum ist in der Dichtung nicht ungewöhnlich, aber meist transitiv oder auch absolut konstruiert. Für indirekten Fragesatz vgl. jedoch Ov. met. 1,605 und rem. 89.
consuesco	1267 *lacrimas ... praebere consuetus.* Zur Konstruktion von *consuetus* + Inf. vgl. Lucan. 3,199f.; Sil. 12,295.
contego	1933f. *fulva pellis contecta iuba / laevos operit dira lacertos.* Das Kompositum ist bei den Epikern nicht ungewöhnlich, Verg. (1), Ov. (1), Lucan. (2), Val. Fl. (4), Sil. (2).
defugio	675f. *quisquis medium defugit iter / stabili numquam tramite curret.* Vorbild ist Oed. 909f. *quidquid excessit modum / pendet instabili loco.* Zur poet. Verwendung von *defugere* vgl. Ov. am. 3,9,28 (auch im übertrag. Sinn); Germ. 606; Sil. 9,427.
displiceo	304 *iam displicemus, capta praelata est mihi.* Offenbar ist das Verb, dem Zusammenhang entsprechend, der Liebessprache entlehnt, Tib. 1,8,75; [Tib.] 3,19,6; Prop. 4,5,49; Ov. epist. 13,46.
dissuadeo	929f. *quicumque misero forte dissuadet mori, / crudelis ille est.* Vorbild des ganzen Raisonnement 929-31 ist Phoe. 98-102 (dazu s. § 242).[29] Unter den Augusteern nur von Ovid gebraucht (3mal) und später von Statius (1mal), eignet dem Verb eher prosaischer Klang; vgl. jedoch bes. met. 1,618f. *pudor est, qui suadeat illinc, / hinc dissuadet amor.*

---

[29] Der Gedankengang verbietet, in 930f. *interim poena est mori, / sed saepe donum*; *pluribus veniae fuit* in die Überlieferung einzugreifen und *venia obfuit* zu konjizieren (so Grotius, Zwierlein). Der Tod — so Deianiras Argumentation — kommt Vergebung gleich, da er dem Schuldigen erlaubt, sein Verbrechen zu sühnen. Obwohl als Tricolon aufgebaut, ist der Satz grundsätzlich antithetisch: Tod ist Strafe (*poena*) oder Gnade (*venia*).

inuro	554-56 *immitte amorem … si quas decor / Ioles inussit pectori Herculeo faces.* Das poetisch sonst wenig verwendete Kompositum (Verg. 1mal, Ov. 1mal, Stat. 1mal) variiert *immittere*, vgl. Thy. 79f. *quisquis immissas faces, / semiustus abigis.*
operio	s. unter *contego.* Seneca verwendet nur PPP Formen (HF 661. 1292; Med. 708, Oed. 623); auch bei den Epikern stehen die finiten Formen hinter dem PPP zurück, z.B. Verg. (2:2), Ov. (8:2), Stat. (12:3), hingegen Sil. (2:7).
prodeo/prosequor	612f. *in populos / prodire paras*; 43f. *nec meos lux prosequi / potuit triumphos.* Beide Verben sind in der Dichtung nicht weniger gebräuchlich als in der Prosa.
redigo	38f. *in tutum meas / laudes redegi*; vgl. 215f. *parentes, / quos in tutum mors aequa tulit*, Sen. epist. 14,3 *in tutum nos reducamus.* Zwar fehlt das Verb nicht bei den Augusteern (Hor. 4mal, Ov. 6mal), doch meiden es offenbar die flavischen Epiker.
resorbeo	1285 *fletum virtus saepe resorbet.* Vgl. Sil. 12,593f. *ire volunt, et pro muris opponere densi / pectora, respectantque suos, fletumque resorbent*, und auch Stat. Theb. 5,654f. *fortior ille malis, lacrimasque insana resorbet / ira patris.*
spondeo	1298 *votum spopondit.* Seneca beschränkt sich auf substantivisches *sponsus* (Med. 19. 106); vgl. hingegen Oct. 751 *spondet*, 925 *spondere.* Infinitiv, Praesens und PPP begegnen auch bei den Epikern; das reduplizierte Perfekt widerstrebt natürlich dem Daktylus.
stipo	607 *cum tot populis stipatus eas.* Die Epiker lieben das Wort, Verg. (7), Ov. (1), Lucan. (4), Val. Fl. (2), Sil. (5), besonders Statius (13).
suffundo	1405f. *igne suffuso genae / scelus minantur*, imitiert Oed. 958 *ardent minaces igne truculento genae.* Häufiger wird *suffundere* persönlich konstruiert, z.B. Verg. Aen. 1,228f. *lacrimis oculos suffusa nitentis / adloquitur Venus*; Ov. met. 1,484; 2,777; Stat. 11,121; Sil. 7,75.
tergeo	907f. *fonte Cinyphio scelus / sub axe Libyco tersit et dex-*

tram abluit.[30] Dahinter steht HF 1323ff., bes. 1326 [*quis*] *abluere dextram poterit?* Dieser Gebrauch von *tergere* (»sühnen«) ist sonst nicht nachzuweisen; am nächsten kommt Mart. 6,1,3 *quem* [sc. *libellum*] *si terseris aure diligenti.*

transfero 66 *transtulit Iuno feras*, 139 (asclep.) *illas ... volucer transferet Inachus.* Das Wort ist in der epischen Sprache heimisch und findet sich auch in der Lyrik des Horaz (carm. 1,30,4).

tremefacio 1574f. *ne tuo vultu tremefacta leges / astra conturbent.* Vgl. Verg. Aen. 9,106 (= 10,115) *totum nutu tremefecit Olympum*, nachgeahmt von Ovid in fast. 2,489; ferner Stat. Theb. 12,651 *tremefecit sidera.*

vario 228-30 *felix quisquis novit famulum / regemque pati vultusque suos / variare potest.* Anschluss an Ovid ist wahrscheinlich, met. 11,241 *variatis ... figuris*, 12,559 *formas variatus in omnes.*

verno 380 *ut alta silvas forma vernantes habet.*[31] Vgl. 1576

---

[30] Missverständnis des Gedankengangs hat jüngst wieder zu textkritischen Erwägungen in 907 geführt (Zwierlein, Krit. Komm. 380f.), weshalb eine kurze Erörterung der Stelle lohnt:

899-908	DE.	Nemo nocens sibi ipse poenas abrogat.
	NUT.	Multis remissa est vita quorum error nocens,
		non dextra fuerat. fata quis damnat sua?
	DE.	Quicumque fata iniqua sortitus fuit.
	NUT.	Hic ipse Megaram nempe confixam suis
		stravit sagittis atque natorum indolem
905		Lernaea figens tela furibunda manu;
		ter parricida factus ignovit tamen
		sibi, non furori: fonte Cinyphio scelus
		sub axe Libyco tersit et dextram abluit.

899 E : *irrogat* A (Zwierlein)   907 E : *sibi nam furoris* A : *sibimet, furoris* coniecerit Zwierlein

In 899 wird die E-Lesart *abrogat* in schönster Weise durch den sprichwortartigen Gedankengang bei Juvenal 13,2f. *prima est haec ultio, quod se / iudice nemo nocens absolvitur* bestätigt.

Das Zwiegespräch zwischen Deianira und der Amme kreist um das Problem von objektiver und subjektiver Schuld. Mord, der im Irrtum begangen wurde, ist noch kein Grund, sich selbst zu richten. Sogar Hercules, den der Wahnsinn zum dreifachen Mörder an seiner eigenen Familie werden liess, nahm es auf sich weiterzuleben. Denn schuldig (*nocens*) war der *furor*, nicht er selbst. Die Antithese *ignovit tamen sibi, non furori* (906/7) variiert den Gedanken *quorum error nocens, non dextra fuerat* (900/1). Die Lesart von E (*non furori*) schwächt also nicht das Argument der Amme (so jedoch Carlsson, Zu Senecas Tragödien 53; Zwierlein, Krit. Komm. 380), sondern hebt *sibi* (in exponierter Versanfangsstellung!) noch stärker hervor. Subjektiv trifft Hercules keine Schuld, ist er gerechtfertigt; für das objektive Verbrechen leistet er Genugtuung, indem er seine blutbefleckte Hand im Cinyphischen Quell entsühnt.

[31] S. oben Anm. 12.

vere dum flores venient tepenti, 1578 *vel comam silvis*
revocabit aestas.[32]
454 *vernare iussi frigore in medio nemus*, vgl. Ov. met.
7,284 *vernat humus, floresque et mollia pabula surgunt*,
Manil. 5,259.

vestio　　　　　213 *nondum teneras vestite genas*; vgl. Verg. Aen.
8,160 *prima genas vestibat flore iuventas*, wohl nach
Lucr. 5,888f.

§ 306. Anzuschliessen sind hier noch drei Verben, bei welchen Herkunft
aus der Prosa wahrscheinlicher ist als Einfluss der Dichtersprache:

conturbo　　　　s. unter *tremefacio*. Das Objekt *leges* verweist auf
den militärisch-politischen Anwendungsbereich,
ThLL IV 807,67ff.

resilio　　　　　153f. *in nudo gladius corpore frangitur / et saxum resilit.*
1627 *resilit incussus chalybs.* Vgl. Sen. dial. 5,5,8 *tela*
a duro resiliunt et cum dolore caedentis solida feriuntur.
Das Verb ist 3mal bei Ovid bezeugt, nicht aber bei
den übrigen Augusteern oder den neronisch-
flavischen Epikern, ausgenommen in der 'Halosis
Troiae', Petr. 89,22 *ictusque resilit* (der Speer prallt
am Trojanischen Pferd ab).

subiaceo　　　　1108 *quidquid subiacet axibus.* Das Verb begegnet in
der Erd- und Bodenbeschreibung, Sen. nat. 4A,
2,20; Col. 2,19,2; Plin. nat. 6,215. Sonst finden
sich beim Oetaeus-Dichter die Ausdrücke *Phoebo*
subditus (41), *Zephyro subdita* (625), *Phoebeis subditus*
euris (666), *soliferae suppositus plagae* (159).

§ 307. Fassen wir zusammen: wie im nominalen Bereich folgt der Verfasser des Oetaeus auch bei den Verben im allgemeinen der Tradition
der Dichtersprache. Offensichtlicher Einfluss der Prosa ist rar; Übereinstimmung mit Ovid und den flavischen Epikern zeigt sich allenthalben.
Die Bildung von *ad-, con-, de-* und *in-* Komposita dient weniger der
Variation als den prosodischen Bedürfnissen und der verstechnischen
Bequemlichkeit.

---

[32] An der überlieferten Reihenfolge der Verse 1576-86 ist nichts zu ändern; s. E.
Dutoit, Le thème de l'adynaton dans la poésie antique (Paris 1936) 129f.

§ 308. Zur Datierung des Hercules Oetaeus

Wie die Untersuchung zeigt, folgt der Oetaeus-Dichter im Wortschatz, der sich nicht mit jenem der Tragödien Senecas deckt, grundsätzlich der Dichtersprache von Vergil bis Silius. Deutlich zum Vorschein kommt der *color poeticus* bei den 37 Wörtern, die dem gesamten Schrifttum Senecas fehlen (s. § 309), und als besonders aufschlussreich mögen *fluctisonus* und *hauddum* gelten, weil der Verfasser des HO sie allein mit Silius teilt. Allein, die Basis von zwei Wörtern ist zu schmal, um ein Abhängigkeitsverhältnis der beiden Dichter voneinander abzuleiten, bzw. einen *terminus post quem* für den Oetaeus zu postulieren.[33] Ebensowenig kann als Indiz für eine Spätdatierung (d.h. später als das 1. Jh.) gelten, was sich bei näherem Hinsehen als sprachliche Unbeholfenheit oder als Konzession an metrische Bequemlichkeit herausstellt.[34] Richtungsweisend für

---

[33] Zu *fluctisonus* s. § 286. *Hauddum* (§ 291 c) verliert etwas von seinem exklusiven Charakter, wenn wir an das Kompositum *haudquaquam* denken; auch dieses Adverb findet sich mehrfach bei Livius und begegnet dann bei Statius (Theb. 12,58; silv. 3,3,112) sowie Silius (11,169).
Dass der Oetaeus-Dichter im Chorlied über Orpheus (1031ff.) seine Motive »durch einen Rekurs auf Silius erweitert« (so Zwierlein, Krit. Komm. 331), ist unwahrscheinlich. In HO 1047 *ales deficiens c a d i t* dient *cadit* der gesteigerten Vorstellung, nicht anders als *a b r u m p i t* im folgenden Kolon (*abrumpit scopulos Athos*). Eine »sklavische Abhängigkeit« des Dichters von Silius' Pestbeschreibung (14,595 *fluxit deficiens penna labente volucris*), kombiniert mit Ov. met. 1,308 (*in mare lassatis volucris vaga decidit alis*) lässt sich daraus schwer ablesen.
In den Versen HO 1054ff. stossen wir auf Topisches (das Vergleichsmaterial gibt Zwierlein, Krit. Komm. 330). Dass in 1056f. *iuxtaque inpavidum pecus / sedit Marmaricus leo* und 1059f. *et serpens latebras fugit / tunc oblita veneni* der Dichter direkt von Sil. 3,300f. *Marmaridae, medicum vulgus, strepuere catervis; / ad quorum cantus serpens oblita veneni* (so Zwierlein, Krit. Komm. 333f.), ergibt sich in keiner Weise. Bei *Marmaricus leo* (im Glykoneus eine metrisch höchst willkommene Phrase) handelt es sich um eine Anleihe aus Ag. 739. Die Verbindung *oblita veneni* (für *oblitus* vgl. 1038) ist dem geläufigen Hexameterschluss *oblit ⏑⏑ | −⏓* nachgebildet, z.B. Ov. met. 2,493; 7,543; 8,140; 14,186; Lucan. 4,212; Stat. Theb. 2,615. 707; 7,547; 9,118; Ach. 1,496; Sil. 5,568; 12,69. Auch stehen *venenum* und seine Formen regelmässig im Hexameterausgang, Ov. (32), Lucan. (30), Stat. (20), Sil. (26). Die Junktur *oblita veneni* ist also viel zu allgemein, als dass daraus auf direkten Einfluss von Sil. 3,301 geschlossen werden dürfte. Gedankliche Nähe zeigt der Oetaeus-Dichter hingegen zu Oed. 145ff. (153 *moritur veneno* im Ausgang des Sapph. Elfsilblers).
[34] Letzteres gilt offensichtlich für *nascente* statt *nata* in 1884. In 1939 *mansurus eris* erweist sich die doppelte Futurbezeichnung (dazu Westman, Das Futurpartizip 75) als verständlich, wenn wir bedenken, dass in der Dichtung Futurum nicht selten in der (pathetischen) Anrede steht; dazu s. Hofmann-Szantyr 310. Dass wir in 969 *caritura Hercule* (A, Zwierlein) zu lesen haben und damit ein im Seneca-Corpus sonst nicht belegtes feminines substantiviertes Futurpartizip in Kauf nehmen müssen, überzeugt nicht; so jedoch Westman 182 (gefolgt von Zwierlein, Krit. Komm. 319), der versteht »für eine Frau, die durch die vorliegenden Umstände bestimmt ist, Hercules zu entbehren, hat das Leben keinen Wert.« Deianiras Anrede an das Leben ist verallgemeinernd, 968f. *recede ... tuque / quae blanda tenes / in luce miseros vita.* Diesem Sinn folgt auch das erklärende Asyndeton *caritura* (E) *Hercule lux vilis ista est* »denn wenn deinem Licht (o Leben) Hercules fehlt, dann hat es keinen Wert«. Inhaltlich wird *vilis* durch *caritura* ausgedeutet. Das Futurpartizip fügt sich also dem üblichen Gebrauch bei Seneca.

einen zeitlichen Ansatz des Stückes sind in erster Linie die Neu- und Analogiebildungen. Die Zunahme an *-fer* und *-ger* Adjektiven (s. §§ 284-285) widerspiegelt die Entwicklung des Kompositionstypus seit Ovid und verrät eine Vorliebe des Dichters, welche er sowohl mit Seneca als auch mit den flavischen Epikern teilt. Ähnliches gilt von den Bildungen mit privativem *in-* sowie den Verbalkomposita mit *ad-*, *con-*, *de-*, *per-* und *prae*-Praefixen, zu welchen der Verfasser, viel stärker noch als Seneca, bei verstechnischen Bedürfnissen Zuflucht nimmt. Anregung zur Variation, sei es im Wortschatz, sei es in der Diktion, fliesst, wie allgemein bei den nachklassischen Dichtern, meist aus Ovid, an dessen sprachlicher Flexibilität sich sowohl Daktyliker als auch Jambiker orientieren konnten.

Der HO, so halten wir abschliessend fest, lässt sich nicht genau datieren. Dass er in die flavische Zeit gehört, ist sehr wahrscheinlich; gegen eine Abfassung vor Silius, der seinerseits die Tragödien Senecas für die Punica fruchtbar machte,[35] spricht nichts.

§ 309. Index der Wörter, welche im Hercules Oetaeus vorkommen, nicht aber in den Tragödien Senecas. Die mit * ausgezeichneten Wörter sind dem gesamten Schrifttum Senecas fremd.

accomodo	enascor	operio
*acus	eneco	
adhibeo	exemplar	pacator
adhortor		perbibo
admisceo	ferculum	*persono
aemulus (subst.)	fistula	pervolo
afflo	*fluctisonus	*phaselus
aresco	*fragmen	praeclarus
assero	*furvus	*praegredior
*australis		*praemoneo
	*hauddum	[proavus] + Oct.
brevi (adv.) + Oct.		prodeo
	*illucesco + Oct.	prosequor
caelestis (adi.) + Oct.	imploro	
circumspicio	*inardesco	quamquam
*clangor	incalesco	
collabor	incogitatus	redigo
commodum (subst.)	inconcussus	*remigium
configo	*incredulus	resilio
consaepio	ingemesco	*resorbeo
consuesco	ingemo	

---

[35] Dazu s. meine Ausführungen in Hermes 111 (1983) 326-38.

contego

contendo

conterreo

conturbo

cuneus

defero

*defugio

deludo

*deperdo

*deplango

*derigesco

detero

detrecto

displiceo

dissuadeo

dolose]

effigies + Oct.

*ei (mihi) + Oct.

*eminus

*innubis

inpavidus

intorqueo

investio

inuro

iugerum

lana

*letifer

*maga

magus

mensura

*montifer

*myrrha

naufragium + Oct.

*navus

neuter

*obiter

*solifer

*spicifer

spina

spondeo + Oct.

stipo

subiaceo

suffundo

*teliger

tepor

*tergeo

*torridus

transfero

*tremefacio

*tremibundus

vario

*verno

vestio

SPRACHLICHE BEOBACHTUNGEN ZUR OCTAVIA

§ 310. Zu Beginn unserer Studie zu Sprache und Stil des Tragikers Seneca vertraten wir die Ansicht, dass man der Diskussion um die Echtheit der Praetexta Octavia auf einen sichereren Boden verhülfe, wenn man den Wortschatz, welcher sich nicht mit jenem der echten Tragödien deckt, einer genaueren Prüfung unterzöge (§ 1). Nicht dass nach den Untersuchungen von Ladek, Nordmeyer, Münscher, Helm, Herington, Carbone, Kragelund und P. L. Schmidt eine Verfasserschaft Senecas überhaupt noch ernsthaft zu erwägen wäre.[1] Allein, manches im Bereich des Sprachlichen bleibt anzumerken und aufzuzeigen, was nicht nur die bisherigen Argumente gegen die Echtheit des Dramas bekräftigt, sondern auch neues Licht auf die Datierungsfrage wirft.

§ 311. Grundlage unserer Untersuchung bilden die 58 Wörter, welche zwar in der Octavia, nicht aber in den Tragödien Senecas vorkommen (s. Index, § 318). Sieben davon teilt die Praetexta mit dem Hercules Oetaeus, nämlich die Substantive *effigies*[2] und *naufragium*, den adjektivischen Gebrauch von *caelestis*, die beiden Verben *illucescere* (in der Formel *illuxit dies*)[3] und *spondere* (in finiter Form)[4] sowie das Adverb *brevi*[5] und

---

[1] F. Ladek, De Octavia Praetexta. Diss. phil. Vindob. 3 (1891); G. Nordmeyer, De Octaviae fabula, Jahrbb. für class. Philol. Suppl. 19 (1893) 255-317; K. Münscher, Bursians Jahresbericht 192 (1922) 189-211; R. Helm, Die Praetexta 'Octavia', SPAW 16 (1934) 283-347; C. J. Herington, Octavia Praetexta: A Survey, CQ n.s. 11 (1961) 18-30; M. E. Carbone, The *Octavia*: Structure, Date, and Authenticity, Phoenix 31 (1977) 48-67; P. Kragelund, Prophecy, Populism, and Propaganda in the 'Octavia' (Kopenhagen 1982); P. L. Schmidt, Die Poetisierung und Mythisierung der Geschichte in der Tragödie 'Octavia', ANRW II 32.2 (1985) 1421-1453 (mit ausführlicher Berücksichtigung und Diskussion der Sekundärliteratur). Als verfehlt muss auch der jüngste Versuch, die Octavia Seneca zuzuschreiben, betrachtet werden, L. Y. Whitman, The Octavia, with Introduction, Text, and Commentary. Noctes Romanae 16 (Bern/Stuttgart 1978).

[2] Oct. 794-97 *quaecumque claro marmore effigies stetit / aut aere fulgens, ora Poppaeae gerens / afflicta vulgi manibus et saevo iacet / eversa ferro*. Vgl. Tac. ann. 14,61,1 *effigies Poppaeae proruunt, Octaviae imagines gestant umeris*. Das gewöhnliche Wort in Senecas Tragödien ist *imago* (4mal; Prosa 110mal, *effigies* 13mal), in Anschluss daran auch Oct. 682-84 *gravis en oculis undique nostris / iam Poppaeae fulget imago / iuncta Neroni!*

[3] Oct. 669, HO 60; formelhaft seit Plaut. Amph. 547, Pers. 712, 779f.; Verg. georg 2,337; Ov. met. 7,431.

[4] Oct. 751 *spondet*, HO 1298 *spopondit*. In den Seneca-Tragödien begegnet 2mal substantivisches *sponsus* (Med. 19. 106).

[5] Oct. 564f. *cadit / brevique vires perdit extinctus suas*. In 519f. *superatus acie puppibus Nilum petit / fugae paratis, ipse periturus brevi* unterscheidet sich *brevi* kaum von *mox*, das der Octavia-Dichter 8mal verwendet, meist in der nachklassischen, bei Tacitus geläufiger Bedeutung 'hernach', 'darauf'; s. Helm (Anm. 1) 315.

die Interjektion *ei mihi* (dazu s. § 292).[6] Das Fehlen dieser Wörter in den echten Senecadramen mag reiner Zufall sein; dies gilt auch für *caenum*, *cometa*,[7] *monumentum*,[8] *proavus*, *udus*, die alle in der Dichtersprache belegt sind, sowie für die Verben *destruere*, *eniti*, *excubare*, *foedare*, *intermittere*, *irrumpere*, *nare*, *praecipere*, *provehere*, *senescere* und *solari*.[9] Immerhin widerspiegelt das zweimalige *naufragium* (128, 602) die Vorliebe des Dichters für Abstrakta, während Seneca nur *naufragus* gebraucht (Tro. 1032, Ag. 557), das seinerseits in der Octavia fehlt.[10] Neu an *-ium* Bildungen sind ferner *discidium*, *obsequium* (zu beiden s. § 317) und *studium* (384).[11]

§ 312. Abstrakta auf *-ia* und *-tas*. Auffällig bei den Nomina ist der relativ hohe Anteil an Abstrakta auf *-ia*. Davon kommen bei Seneca und in der

---

[6] Besonders auffällig ist die Übereinstimmung bei *illuxit dies* sowie *ei mihi* (welches der Oetaeus-Dichter 5mal benutzt, davon 1mal nach der Penthemimeres, so auch Oct. 150); sichere Schlüsse über die relative Chronologie beider Stücke lassen sich daraus freilich nicht ziehen. Dass die Octavia vor dem HO verfasst sein müsse, versucht Zwierlein (Krit. Komm. 320-28) vor allem durch den Vergleich von Oct. 914ff. und HO 178ff. nachzuweisen. Doch hatte zuvor Nordmeyer (Anm. 1) 286f. aufgrund derselben Passagen für die Priorität des HO plädiert. Wie oft bei Prioritätsfragen, erweisen sich die stilistischen Argumente auch hier als umdrehbar (dies gilt ebenso für die möglichen Lucan-Imitationen; dazu Zwierlein, Krit. Komm. 326f.), zumal beide Chorpartien letztlich auf Ag. 667ff. zurückgehen. Ähnlich dürfte die Beschreibung von der Macht Amors in Phae. 186ff. die Nachahmung in HO 541ff. und Oct. 806ff. angeregt haben. Gegen eine Abfassung der Octavia nach dem HO sprechen also weder die sprachlichen noch motivischen Übereinstimmungen der beiden Dramen.

[7] 231f. *vidimus caelo iubar / ardens cometen pandere infaustam facem.* Bei Seneca (nat. quaest.) belegt sind nur der Nom. *-es* (13mal) und Akk. *-en* (12mal). Bei Prudenz, cath. 12,21 hat die Form *cometa* metrische Gründe.

[8] 196 *monumenta exstruit.* Auf welche Denkmäler, die Acte errichtet haben soll, der Dichter anspielt, ist nicht sicher auszumachen. Für unseren Zusammenhang bleibt festzuhalten, dass in der Octavia (wie in den Senecadramen) Heiligtümer gewöhnlich als *templa* (241, 478, 529, 977) oder *delubra* (756) bezeichnet werden.

[9] Weniger eindeutig verhält es sich mit *comprobare* (448). Neben 80 Belegen von *probare* allein im philosophischen Schrifttum Senecas nimmt sich der dreimalige Gebrauch von *comprobare* recht mager aus. Eine genauere Untersuchung der Stellen zeigt denn auch, dass klauseltechnische Gründe die Wahl des Kompositums beeinflusst haben, Doppelkretiker (epist. 66,47) und Doppeltrochäus (benef. 5,11,2; epist. 67,10). Mit grosser Sicherheit auszuschliessen ist der Zufall wohl bei den folgenden drei Verben, die dem ganzen Schrifttum Senecas fremd sind: *ominari* (750) ist sonst in der frühkaiserzeitlichen Prosa nicht ungebräuchlich (Livius 11mal, Curtius 2mal, Plinius d.J. 2mal). *Procreare* (568) fehlt z.B. ebenso in den Pliniusbriefen und bei Tacitus.; beliebt hingegen ist das Verb bei Sueton und Apuleius. Die Verwendung des Kompositums *reticere* für *tacere* (800 ... *factis quae timor reticet meus*) dient wohl metrischer Bequemlichkeit, vgl. Oed. 511 *fari iubes tacere quae suadet metus.*

[10] Auch bei den daktylischen Dichtern sticht das Adjektiv das Abstraktum im allgemeinen aus; s. § 276.

[11] Die Wendung *studia recolenti mea* hat unüberhörbar prosaischen Klang; vgl. Cic. Arch. 13 *ad haec studia recolenda*, ferner Sen. dial. 9,3,6 *si te ad studia revocaveris.* Zudem sei darauf hingewiesen, dass in der Dichtung der Tribrachys *studia* erwartungsgemäss selten ist, Vergil (2), Horaz (1), Ovid (1), Lucan (0), Valerius Flaccus (0), Statius (1), hingegen Silius (4).

Octavia gemeinsam vor die Wörter *divitiae, insidiae, iustitia, laetitia, memoria, miseria* und *patria*; nur in der Praetexta fassen wir die fünf folgenden: *adolescentia* (446 *regenda magis est fervida adolescentia*). Die Dichter (inkl. Seneca) vermeiden im allgemeinen sowohl *adulescens* als auch die Ableitung *adulescentia*; s. Axelson, Unp. Wörter 58f. Doch kommt das Wort in derselben Attributsverbindung im Versausgang bei Phaedrus vor, app. 12,4 *et exercebat fervidam adulescentiam*.

audacia (837 *sed inquieta rapitur hinc audaciā*). Das Nomen ist bei den daktylischen Dichtern selten, ausgenommen Ovid, der es 8mal verwendet. 3mal erscheint es bei Phaedrus, jeweils in Versendstellung, 3,5,9; app. 3,11 (*raperet ... audacia*) und 10,14.

clementia; s. § 316.

dementia (496), in gleicher Versstellung bei Phaedr. 1,14,14; sonst ist das Wort bei den Dichtern rar. Häufig gebraucht es Seneca in seiner Prosa (34mal), doch beschränkt er sich in den Tragödien auf das Adjektiv (12mal; Oct. 4mal).

luxuria (427, 433; *luxus* 562); zwar fehlt die Form *luxuria* bei den Dichtern nicht gänzlich (s. ThLL VII 2,1935,31), aber Seneca lässt in den Dramen nur das gehobenere *luxus* zu (2mal), während in seinen Prosaschriften *luxuria* bei weitem überwiegt (97:7).

Senecas ausgesprochene Vorliebe für Abstrakta auf -*tas* teilt der Dichter der Octavia nur in beschränktem Mass; von den 30 Wörtern in den Tragödien finden sich in der Praetexta bloss *aetas, egestas, impietas, paupertas, pietas, posteritas* und *virginitas*; vgl. § 116. Neu hinzu kommt *probitas* (547, 587).

§ 313. Adverbien. Das bisher untersuchte Vokabular der Octavia unterscheidet sich grundsätzlich also wenig von jenem der Seneca-Tragödien; es zeigt, wie der Verfasser der Praetexta an sein literarisches Vorbild anknüpft und, wo nötig, auf verwandte oder analoge Wortformen ausweicht. Aufschlussreicher für die sprachliche Eigenart der Octavia sind jedoch solche Wörter, die von Senecas poetischer Diktion abweichen und einen möglichen Einfluss der Prosa erkennen lassen. Erste Hinweise geben einige Adverbien.

Eine relative Zunahme der Adverbien gegenüber den augusteischen Dichtern verzeichnen wir bereits bei Seneca; dieselbe Tendenz zeigt der Verfasser der Octavia, der neu im Vergleich mit Seneca Tragicus die Adverbien *confestim, falso, iuste* und *stulte* einbringt. Zwar ist *falso* (274) in der Dichtersprache nicht ganz unbekannt (Catull verwendet es 1mal, [Tib.] 1mal, Ovid 7mal), doch vermeiden es die Vertreter der hohen Dichtung; s. Axelson, Unp. Wörter 63. Ähnlich verhält es sich mit *stulte* (449), das in der Elegie begegnet (Tibull 1mal, Ovid 9mal) und 3mal in

den Episteln des Horaz, aber im Epos fehlt.[12] Von *iuste* (580) bilden die
Dichter allenfalls den Komparativ,[13] und *confestim* (439) verwenden sie
nur äusserst selten (Vergil 1mal, Horaz 1mal). Anzumerken bleibt, dass
letzteres auch in Senecas Prosaschriften nicht mehr als 1mal (benef.
2,5,1) belegt ist und somit den Schwund des Wortes aus der nachklassischen Kunstprosa sinnfällig bestätigt.[14]

§ 314. Erhellend in unserem Zusammenhang sind ferner einige Adjektive, so *singuli*. Eingang in die Poesie fand bloss die Form *singula*. Die einmalige Verwendung des Nom. pl. masc. in Oct. 550 *florem decoris singuli*
carpunt dies entstammt offenbar weniger poetischer Inspiration als der
Anlehnung an Sen. epist. 26,4 *carpimur; singuli dies aliquid subtrahunt*
viribus. Zu einem entsprechenden Schluss führt der Gebrauch von *firmus*,
Oct. 926 *firmum et stabile*. In den Tragödien findet sich nur *stabilis* (5mal),
jedoch bietet epist. 76,13 die Verbindung *stabilis et firma*.

§ 315. Unter den Verben, welche in der Praetexta vorkommen, nicht
aber in den Seneca-Tragödien, verdienen die folgenden besondere Aufmerksamkeit. Die Verbindung *frater ademptus* (Oct. 178) ist traditionell
dichterisch (Catull 3mal, Ovid 3mal), doch fällt auf, dass der Tragiker
Seneca *adimere* nie, der Prosaiker es nur 2mal benutzt. Geläufig in den
Tragödien ist *perimere* (28mal), vereinzelt auch *interimere* (2mal). Dieses
wiederum bevorzugt der Dichter der Octavia (4mal) gegenüber jenem
(1mal).[15] In der Tat lässt der Vergleich von Oct. 178 *ut fratrem ademptum*
mit 606 *perempta ferro* schliessen, dass allein metrische Gründe die Wahl
des abweichenden Kompositums bestimmt haben. Metrische Bequemlichkeit dürfte auch das unpoetische *confirmare* (Axelson, Unp. Wörter 69)
empfohlen haben, Oct. 183 *confirmet animum civium tantus favor*; in Verbindung mit dem gleichen Objekt steht anderorts das Simplex, 929 *animum*
firment exempla tuum, vgl. aber Sen. epist. 24,24 *confirmabis animum*. In dieselbe Kategorie von Wörtern fallen *commendare* (Oct. 491), welches
Seneca dem Simplex *mandare* sowohl in den Tragödien (7mal) als auch
in den Prosaschriften (21:17) vorzieht, und *consecrare* (Oct. 529 *conse-*
cratus), das fünffachem *sacratus* in den Dramen gegenübersteht.

---

[12] Über *stultitia, stultus* und *stulte* s. Axelson, Unp. Wörter 100.
[13] Vgl. jedoch Mart. 7,12,3.
[14] Nur 2mal verwendet es Curtius und 3mal Quintilian; gänzlich fehlt es bei Velleius
Paterculus, dem Rhetor Seneca, Tacitus und dem jüngeren Plinius. Hingegen kommt
es im 2. Jh. wieder auf, so bei Sueton und Apuleius. Seneca beschränkt sich in den
Tragödien auf *statim*; dazu s. § 145.
[15] Ähnliche Beobachtungen machte Helm (Anm. 1) 305, der mit Recht auf den häufigen Gebrauch des bedeutungsgleichen *extinguere* in der Octavia hinweist.
[16] Nützliches darüber bei S. Walter, Interpretationen zum Römischen in Senecas
Tragödien (Diss. Zürich 1975).

§ 316. Ein grösserer Abstand zu den Seneca-Tragödien offenbart sich, dem Sujet der Praetexta entsprechend, in den spezifisch römischen Begriffen *praefectus* (2mal), *princeps* (19mal) und *senatus* (3mal); zu nennen ist hier zudem *augustus*, sei es als Titel bzw. Eigenname (9mal), sei es als Epitheton mit unüberhörbar politischem Klang (168f. *columen augustae domus,* / *Britannice*). Gewiss, Seneca scheute sich nicht, seine Welt des griechischen Mythos mit Römischem zu durchsetzen,[16] aber er verwendet weder *flammeum* (Oct. 702) noch *satelles* (Oct. 366).[17] Geradezu ins Auge springt die Abwesenheit von *clementia.* Denn obwohl Gedanken zur Herrschergestalt und zur Herrschaft, ob sie willkürlich und grausam ausgeübt werde oder milde und gerecht, den ideellen Gehalt der Dramen entscheidend mitprägen, verzichtet Seneca darauf, diesen Kernbegriff in seine Dichtung einzuführen.[18] Sprachliche Gründe können dafür allerdings kaum geltend gemacht werden, gilt doch das Wort weder als unpoetisch (vgl. Catull 64,137; Prop. 2,28,47; Ovid 11mal, Lucan 8,366), noch widerstrebt es dem iambischen Versmass. Ganz anders verfährt der Autor der Octavia. Seine Grausamkeit und Willkür rechtfertigt Nero mit dem Hinweis *corrupta turba nec capit clementiam* (835), und die Sentenz *magnum timoris remedium clementia est* (442) könnte als Definition der Herrschermilde gelten. Auf senecanisches Vorbild verweist der Vers nicht weniger durch seine poetische Diktion (cf. Oed. 515 *iners malorum remedium ignorantia est*) als durch den Gedankengang, clem. 1,11,4 *clementia ergo non tantum honestiores, sed tutiores praestat ornamentumque imperiorum est simul et certissima salus*, sowie 19,6 *salvum regem clementia in aperto praestabit.* Für den Dichter der Octavia lag es geradezu auf der Hand, zur Zeichnung der Nerogestalt Anleihen bei Seneca zu machen, der zwar in den Tragödien den Begriff *clementia* ausspart, in seinem Fürstenspiegel *De clementia* hingegen die Herrschermilde umfänglich abhandelt.

Erwähnung in diesem Zusammenhang verdienen ferner die Wörter *discidium* und *insitivus.* Wo Seneca von Verstossung der Ehegattin spricht, bedient er sich des juristischen Terminus *repudium*, so (im metrisch bedingten Plural) in Med. 52f. *paria narrentur tua* / *repudia thalamis*, und verallgemeinernd in Ag. 282f. *non dant exitum* / *repudia regum.* Darin folgt ihm auch sein Nachahmer HO 431f. *sic coniuges expellit Alcides suas,* / *haec*

---

[17] Obwohl Seneca in der Prosa *satelles* 4mal gebraucht, zieht er in den Dramen den allgemeineren Begriff *comes* vor (HF 896/97 mit Wortspiel; Oed. 780).

[18] Die Herrschermilde wird verschiedentlich umschrieben, z.B. HF 739-42 *placide potens* / *dominusque vitae servat innocuas manus* / *et incruentum mitis imperium regit*, Tro. 258f. *imperia ... moderata durant*, Phoe. 659 *languida regnat manu.* Das Adverb *clementer* (Oed. 281) ist im übertragenen Sinn gebraucht (sanft ansteigend) und in diesem Sinn in der Sprache des 1. Jhs. geläufig (Colum. 2,2,1; Sil. 1,274; Tac. ann. 13,38,3; hist. 3,52,1; Germ. 1,2).

sunt repudia; anders der Autor der Praetexta, 746 *Octaviae discidia planxe-runt*. Dies ist umso bemerkenswerter als *repudium* (die einseitig deklarierte Trennung von einem Ehegatten), das sich zudem hier metrisch fügte, auf die Lage der Heldin zutrifft, während *discidium* (Trennung, Scheidung, Auseinandergehen von Liebenden und Freunden) allgemeiner ist und dadurch auch Eingang in die Dichtersprache fand (Tib. 1,5,1; Prop. 1,11,28; Ov. met. 5,530. 14,79; vgl. ferner Mart. 10,41,8). Als erhellend für unsere Stelle erweist sich der Vergleich mit Tacitus, der den Rechts-begriff *repudium* durchaus kennt (ann. 3,22,1), im Kontext von Octavias Verstossung aber ausschliesslich *discidium* verwendet, ann. 14,1,1 [Poppaea] *sibi matrimonium et discidium Octaviae incolumi Agrippina haud sperans*, und 60,4 [Octavia] *movetur ... primo civilis discidii specie domumque Burri, praedia Plauti infausta dona accipit.*[19]

Auf Tacitus als mögliche sprachliche Vorlage des Octavia-Dichters weist auch der Vers 249 *Nero insitivus, Domitio genitus patre*, in welchem sich der zweigliedrige Ausdruck aus den Annalen *insitus et adoptivus* (13,14,2) widerspiegelt.[20] Dass die Autoren in der Wahl der Wortform auseinandergehen, ist unerheblich; denn so wie bei Tacitus rhythmisch-euphonische Gründe neben *adopt-ivus* zur partizipialen Kurzform *insitus* rieten, entsprach das Adjektiv *insit-ivus* in der Praetexta den metrischen Bedürfnissen.[21]

Nähe zum taciteischen Wortschatz zeigen ferner *probitas* und *obsequium*. Octavia besitzt, wie Seneca im Agon mit Nero zu verstehen gibt, alle Tugenden, welche eine Ehefrau auszeichnen, 547 *probitas fidesque coniugis*, *mores pudor*, 587 *probitas pudor*. Ähnlich charakterisiert sie Tacitus, ann. 13,12,2 *uxore ab Octavia, nobili quidem et probitatis spectatae*. Aufschluss-reicher noch als die Verwendung von *probitas* selbst ist die Tatsache, dass das Wort in den Tragödien nie vorkommt, obwohl Seneca von den ver-wandten moralischen Begriffen ausgiebig Gebrauch macht (*fides* 74mal, *pudor* 32mal).[22] Gedanken über Gehorsam und Gefügsamkeit dem Herr-scher gegenüber durchziehen das Geschichtswerk des Tacitus, und ent-sprechend häufig begegnet in den Historien und Annalen der Begriff *obsequium*. Von ebendieser Vorstellungswelt zehrt der Verfasser der Prae-

---

[19] Sueton spricht von *divortium* (im Gegensatz zu *repudium* bezeichnet der Begriff die gegenseitig vereinbarte Scheidung), Nero 35,2 [*Octaviam*] *dimisit ut sterilem, sed improbante divortium populo relegavit.*

[20] An der Verbesserung *insitivus* (Lipsius) aus *insidivo* (A) ist nicht zu zweifeln. Auf die Bedeutung des Ausdrucks für unsere Fragestellung hat bereits Helm (Anm. 1) 326 auf-merksam gemacht.

[21] Vgl. Oed. 803, Phaedrus 3,3,10.

[22] Zweimal verwendet Seneca das Wort in den Prosaschriften, benef. 4,8,3 *et iustitia, probitas, prudentia, fortitudo, frugalitas unius animi bona sunt*; dial. 6,3,4 *in omni vita servasti morum probitatem et verecundiam.*

texta, der mit sechsmaligem Gebrauch des Nomens (84, 111, 213) oder Verbs (177, 452, 578) die bloss dreimalige Verwendung von *obsequi* in den Seneca-Tragödien weit übertrifft. Nicht weniger deutlich sprechen die Vergleichszahlen bei *praepotens* (Oct. 1mal, Tacitus 8mal, Senecas Prosa 3mal). Aufmerken lässt ferner der Ausdruck *pectore insociabili* (541). Das Adjektiv, zuerst bei Livius (2mal) belegt, ist nicht eben häufig (es fehlt im ganzen Schrifttum Senecas), begegnet aber bei Tacitus allein 3mal, zweimal von Personen (ann. 4,12,4 und 15,68,2) und einmal von der Herrschaft (ann. 13,17,1); verwendet wird es auch von Apuleius (Plat. 2,16,3).[23]

§ 317. Auf die engen Beziehungen zwischen der Praetexta und der Darstellung der Ereignisse bei Tacitus hat bereits Helm hingewiesen, ohne freilich den Schluss zu ziehen, der sich hier aufzudrängen scheint.[24] Ja, Literaturkritiker nicht minder als Historiker scheuen sich, die Abfassung der Octavia viel nach dem Jahr 68 anzusetzen,[25] obwohl keine zwingenden Gründe gegen eine spätere Datierung sprechen.[26] Denn ohne Zweifel wird der Historiograph den Stoff anders angehen als der Dramatiker, dem es in erster Linie auf antagonistische Personenzeichnung ankommt und dramatisch wirksame Motive. An dieser dichterischen Wahrheit schaut daher vorbei, wer das Stück als historische Quelle betrachtet und, wo es von der historiographischen Tradition abweicht, gegen diese ausspielt.[27] Schwerer nämlich als die gattungsbedingten Verschiedenheiten wiegen die Übereinstimmungen, allen voran die sprachlichen.[28] Nähe zu Tacitus verrät der Verfasser der Octavia allenthalben, auch dort, wo er aus seiner historischen Vorlage Begriffe und Ausdrücke übernimmt, die

---

[23] Dass Octavia einen unverträglichen Charakter gehabt hätte, erwähnt Tacitus nirgends, doch weist er auf ihre angelernte Teilnahmslosigkeit hin, ann. 13,16,4 *Octavia quoque, quamvis rudibus annis, dolorem caritatem, omnes adfectus abscondere didicerat.*

[24] Eine Abfassung des Werks unter Domitian hält Helm (Anm. 1) 343-46 aufgrund der sprachlichen Indizien für wahrscheinlich, eine Datierung nach den Annalen des Tacitus scheide wegen Abweichungen von denselben in historischen Einzelheiten aus. Da der Octavia-Dichter hier und da auch mit den Darstellungen bei Josephus, Cassius Dio und Sueton übereinzustimmen scheine, müsse wohl mit einer gemeinsamen, Tacitus voraufliegenden historischen Quelle gerechnet werden. »Nur so finden die Berührungen im Stoff sowie die Abweichungen und Ergänzungen, aber auch die Berührungen im Wortlaut mit ihm [sc. Tacitus] und Sueton, nur so auch die Berührungen mit Josephus und Cassius Dio eine einwandfreie Erklärung« (339).

[25] So Münscher, Herington, Carbone, Kragelund (Anm. 1) und T. D. Barnes, MH 39 (1982) 215-217.

[26] Dies hat Helm (Anm. 1) 346f. richtig erkannt; vgl. auch Herington (Anm. 1) 28.

[27] Darüber handelt ausführlich P. L. Schmidt (Anm. 1), dessen Darlegungen über die Umsetzung historischen Stoffes in ein Drama und die genusbezogenen Eigenheiten der Octavia das Verständnis für den literarischen Wert dieses Werkes fördern.

[28] Dazu besonders Helm (Anm. 1) 44-54.

sich mit Senecas Wortschatz decken; beredter noch, wie die Untersuchung zeigte, sind die Überschneidungen mit Tacitus im ausserisenecanischen Wortmaterial. Dass der Dichter der Praetexta sich gelegentlich mit Tendenzen im Sprachgebrauch des 2. Jahrhunderts, insbesondere von Sueton und Apuleius, trifft (z.B. *procreare, confestim*; vgl. Anm. 9 und 14), verleiht einer Datierung des Stückes nach Tacitus zusätzlichen Nachdruck. Angesichts dessen dramatischer Vorleistung in den entsprechenden Annalenbüchern verwundert es wenig, wenn ein ehrgeiziger Epigone die Leiden Octavias, das tyrannische Gebaren Neros und den schwindenden Einfluss seines Erziehers in einer verrotteten Palastgesellschaft ins Gewand einer senecanischen Tragödie kleidete.

§ 318. Index der Wörter, die nur in der Octavia vorkommen, nicht aber in den Tragödien Senecas. Die mit * ausgezeichneten Wörter sind dem gesamten Schrifttum Senecas fremd.[29]

adimo
adolescentia
audacia
augustus

brevi (adv.) + HO

caelestis (adj.) + HO
caenum
clementia
cometa
commendo
comprobo
confestim
confirmo
consecro
cratis

dementia
destruo
discidium

effigies + HO
*ei (mihi) + HO
enitor

excubo

falso
firmus
*flammeum
foedo

*illucesco + HO
impietas
*insitivus
*insociabilis
intermitto
irrumpo
iuste

luxuria

monumentum

naufragium + HO
no

obsequium
*ominor

praecipio
praefectus
praepotens
princeps
proavus + [HO]
probitas
*procreo
proveho

recolo
*reticeo

satelles
senatus
senesco
singuli
solor
spondeo + HO
studium
stulte

udus

---

[29] Dieser Index berichtigt und ergänzt die bei Herington (Anm. 1) 25 Anm. 4 gegebene Wortliste.

LITERATURVERZEICHNIS

Für ausführliche Bibliographien zu den Seneca-Tragödien sei verwiesen auf jene von B. Seidensticker–D. Armstrong, Seneca tragicus 1878-1978 (with Addenda 1979ff.), und von O. Hiltbrunner, Seneca als Tragödiendichter in der Forschung von 1965-1975, welche beide in Aufstieg und Niedergang der römischen Welt II 32.2 (Berlin/New York 1985) 929-968, 1041-1051 erschienen sind. Das folgende Literaturverzeichnis beschränkt sich auf die hauptsächlich benützten Ausgaben, Kommentare, Hilfsmittel und Werke. Gelegentlich herangezogene Abhandlungen erscheinen mit voller bibliographischer Angabe in den Anmerkungen.

Gesamt- und Einzelausgaben mit Kommentaren

Gronovius, Jac.: L. A. Senecae Tragoediae. Cum notis J. F. Gronovii auctis ex chirographo eius et variis aliorum (Amsterdam 1682).
Baden, T.: L. A. Senecae Tragoediae (Leipzig 1821).
Bothe, F. H.: L. A. Senecae Tragoediae (Halberstadt ²1822).
Leo, F.: L. A. Senecae Tragoediae et Octavia (Berlin 1879).
Peiper, R.–Richter, G.: L. A. Senecae Tragoediae (Leipzig ²1902).
Miller, F. J.: Seneca, Tragedies (London/New York [Loeb] 1917).
Herrmann, L.: Sénèque, Tragédies (Paris [Belles Lettres] 1925/26).
Moricca, U.: L. A. Senecae [Tragoediae] (Torino ²1947).
Thomann, Th.: L. A. Senecae Tragoediae, lat.-dtsch. (Zürich/Stuttgart 1961/69).
Viansino, G.: L. A. Senecae Tragoediae (Torino 1965).
Giardina, G. C.: L. A. Senecae Tragoediae (Bologna 1966).
Zwierlein, O.: L. A. Senecae Tragoediae (Oxford 1986).

Kingery, H. M.: Three Tragedies of Seneca: Hercules Furens, Troades, Medea (New York 1908, Norman 1966).
Sluiter, Th. H.: L. A. Senecae Oedipus (Groningen 1941).
Grimal, P.: Sénèque, Phaedra (Paris 1965).
Wertis, R. L.: L. A. Senecae Troades. Diss. Columbia 1970 (Ann Arbor 1973).
Costa, C. N. D.: Seneca, Medea (Oxford 1973).
Tarrant, R. J.: Seneca, Agamemnon (Cambridge 1976).
Whitman, L. Y.: The Octavia (Bern/Stuttgart) 1978.
Caviglia, F.: L. A. Seneca. Il furore di Ercole (Roma 1979).
——, L. A. Seneca. Le Troiane (Roma 1981).
Fantham, E.: Seneca's *Troades* (Princeton 1982).
Häuptle, B. W.: Seneca, Oedipus (Frauenfeld 1983).
Tarrant, R. J.: Seneca's *Thyestes* (Atlanta 1985).

Hilfsmittel, Werke und Abhandlungen

Anliker, K.: Prologe und Akteinteilung in Senecas Tragödien. Noctes Romanae 9 (Bern/Stuttgart 1960).
Arens, J. C.: -*FER* and -*GER*. Their Extraordinary Preponderance among Compounds in Roman Poetry. Mnemosyne s. IV 3 (1950) 241-262.
Axelson, B.: Senecastudien. Kritische Bemerkungen zu Senecas Naturales Quaestiones (Lund 1933).
——, Neue Senecastudien. Textkritische Beiträge zu Senecas Epistulae Morales (Lund 1939).
——, Unpoetische Wörter. Ein Beitrag zur Kenntnis der lateinischen Dichtersprache (Lund 1945).

——, Korruptelenkult. Studien zur Textkritik der unechten Seneca-Tragödie Hercules Oetaeus (Lund 1967).

Baader, G.: Untersuchungen zum Gebrauch der -tus und -tio Abstrakta im Lateinischen (Diss. Wien [maschinenschr.] 1952).

Bader, F.: La formation des composés nominaux du latin (Paris 1962).

Baecklund, P. S.: Die lateinischen Bildungen auf -fex und -ficus (Uppsala 1914).

Bednara, E.: De sermone dactylicorum Latinorum quaestiones. ALL 14 (1906) 317-360.

——, Aus der Werkstatt der daktylischen Dichter. ALL 15 (1908) 223-232.

Berger, A.: Encyclopedic Dictionary of Roman Law. TAPhS, N.S. 43,2 (Philadelphia 1953).

Bickel, E.: Die Fremdwörter bei dem Philosophen Seneca. ALL 14 (1906) 189-209.

Billerbeck, M.: A Commentary on Seneca, Hercules Furens (D.Phil. Diss. Oxford [maschinenschr.] 1981).

——, Seneca, Hercules Furens. Einleitung, Text und Kommentar (erscheint demnächst).

Bourgery, A.: Sénèque prosateur. Etudes littéraires et grammaticales sur la prose de Sénèque le philosophe (Paris 1922).

Busa, R.–Zampolli, A.: Concordantiae Senecanae (Hildesheim 1975).

Canter, H. V.: Rhetorical Elements in the Tragedies of Seneca (Urbana 1925).

Carlsson, G.: Die Überlieferung der Seneca-Tragödien. Eine textkritische Untersuchung (Lund 1926).

——, Zu Senecas Tragödien. Lesungen und Deutungen. Bull. Soc. Reg. Lett. 1928-29 (Lund 1929) 39-72.

——, Seneca's Tragedies. Notes and Interpretations. C & M 10 (1948) 39-59.

Collin, C.: Zur Geschichte der Nomina actionis im Romanischen. ALL 13 (1904) 453-473.

Cordier, A.: Etudes sur le vocabulaire épique dans l'Enéide (Paris 1939).

Coulter, C. C.: Compound Adjectives in Early Latin Poetry. TAPhA 47 (1916) 153-172.

Delatte, L.–Evrard, E.–Govaerts, S.–Denooz, J.: L. A. Seneca, Opera philosophica. Index verborum. Listes de fréquence, relevés grammaticaux (Hildesheim 1981).

Delhorbe, Ch.: De Senecae tragici substantivis (Diss. Bern 1896).

Denooz, J.: L. A. Seneca, Tragoediae. Index verborum. Relevés lexicaux et grammaticaux (Hildesheim 1980).

Edwards, G.–Wölfflin, E.: Von dem sogen. Genetivus und Ablativus qualitatis. ALL 11 (1900) 197-211, 469-490.

Flinck-Linkomies, E.: De ablativo absoluto quaestiones (Helsinki 1929).

Friedrich, W.-H.: Untersuchungen zu Senecas dramatischer Technik. Diss. Freiburg i.Br. 1931 (Borna-Leipzig 1933).

Gaheis, A.: De troporum in L. A. Senecae Tragoediis generibus potioribus. Diss. Wien (Diss. phil. Vindob. 5, 1895).

Genius, A.: De L. A. Senecae poetae tragici usu praepositionum (Diss. Münster 1893).

Gercke, A.: Seneca-Studien. Jahrbb. für class. Philologie, Suppl. 22 (Leipzig 1895).

Hansen, E.: Die Stellung der Affektrede in den Tragödien des Seneca (Diss. Berlin 1934).

Heldmann, K.: Untersuchungen zu den Tragödien Senecas. Hermes Einzelschriften 31 (Wiesbaden 1974).

Hofmann, J. B.: Lateinische Umgangssprache (Heidelberg ³1951).

Hofmann, J. B.–Szantyr, A.: Lateinische Syntax und Stilistik (München 1965, verb.-Nachdruck 1972).

Janssen, H. H.: De kenmerken der Romeinsche dichtertaal (Nijmegen/Utrecht 1941); ital. Übersetzung in: A. Lunelli, La lingua poetica latina (Bologna 1974) 67-130.

Jocelyn, H. D.: The Tragedies of Ennius (Cambridge 1969).

Kapnukajas, C. K.: Die Nachahmungstechnik Senecas in den Chorliedern des Hercules furens und der Medea (Diss. Leipzig 1930).

Kemmer, E.: Die polare Ausdrucksweise in der griechischen Literatur (Würzburg 1903).

Kenney, E. J.: The Style of the Metamorphoses, in: Ovid. Greek and Latin Studies, ed. J. W. Binns (London 1973) 116-153.

Krebs, J. P.: Antibarbarus der lateinischen Sprache (Basel/Stuttgart [8]1962).

Kroll, W.: Studien zum Verständnis der römischen Literatur (Stuttgart 1924), bes. 247-279 (Die Dichtersprache).

Lebek, W. D.: Verba prisca. Die Anfänge des Archaisierens in der lateinischen Beredsamkeit und Geschichtsschreibung. Hypomnemata 25 (Göttingen 1970).

Leo, Fr.: L. A. Senecae Tragoediae. Observationes criticae (Berlin 1878).

Leumann, M.: Die lateinischen Adjektiva auf *-lis* (Strassburg 1917).

——, Die lateinische Dichtersprache, MH 4 (1947) 116-139 (= Kl. Schriften [Zürich/Stuttgart 1959] 131-156).

——, Lateinische Laut- und Formenlehre (München 1977).

Lindholm, E.: Stilistische Studien zur Erweiterung der Satzglieder im Lateinischen (Lund 1931).

Linse, E.: De P. Ovidio Nasone vocabulorum inventore (Diss. Tübingen 1891).

Löfstedt, E.: Syntactica. Studien und Beiträge zur historischen Syntax des Lateins (Lund [2]1956).

Mannheimer, I.: Sprachliche Beziehungen zwischen Alt- und Spätlatein (Diss. Zürich 1975).

Marx, W.: Funktion und Form der Chorlieder in den Seneca-Tragödien. Diss. Heidelberg 1928 (Köln 1932).

Maurach, G.: Enchiridion Poeticum. Hilfsbuch zur lateinischen Dichtersprache (Darmstadt 1983).

Mazzoli, G.: Seneca e la poesia (Milano 1970).

Müller, Michael: In Senecae Tragoedias quaestiones criticae (Diss. Berlin 1898).

Oldfather, A.–Pease, A. S.–Canter, V.: Index verborum quae in Senecae fabulis necnon in Octavia praetexta reperiuntur (Hildesheim [2]1964).

Perrot, J.: Les dérivés latins en *-MEN* et *-MENTUM* (Paris 1961).

Petersmann, H.: Petrons urbane Prosa. Untersuchungen zu Sprache und Text: Syntax (Wien 1977)

Preising, A.: De L. A. Senecae poetae tragici casum (*sic*) usu ratione potissimum habita Vergilii, Ovidii, Lucani (Diss. Münster 1891).

Ribbeck, O.: Tragicorum Romanorum Fragmenta (Leipzig [2]1871, Nachdruck Hildesheim 1962).

Rossbach, O.: De Senecae philosophi librorum recensione et emendatione (Breslau 1888, Nachdruck Hildesheim 1969).

Schaffner-Rimann, J.: Die lateinischen Adverbien auf *-tim*. Diss. Zürich (Winterthur 1958).

Schmidt, Bernhard: Observationes criticae in L. A, Senecae Tragoedias (Jena 1865).

Seidensticker, B.: Die Gesprächsverdichtung in den Tragödien Senecas (Heidelberg 1969).

Skutsch, O.: The *Annals* of Q. Ennius (Oxford 1985).

Stähli-Peter, M.: Die Arie des Hippolytus. Kommentar zur Eingangsmonodie in der Phaedra (Diss. Zürich 1974).

Steyns, D.: Etude sur les Métaphores et les Comparaisons dans les œuvres en prose de Sénèque le philosophe (Gand 1907).

Stolz, F.: Historische Grammatik der lat. Sprache I 2 (S. 365-706) Stammbildung (Leipzig 1895).

Strzelecki, L.: De Senecae trimetro iambico quaestiones selectae (Kraków 1938).

Syme, R.: Tacitus (Oxford 1958).

Thesaurus Linguae Latinae (Leipzig 1900ff.).

Timpanaro, S.: Un nuovo commento all'*Hercules Furens* di Seneca nel quadro della critica recente. A & R, n.s. 26 (1981) 114-141.

Tränkle, H.: Die Sprachkunst des Properz und die Tradition der lateinischen Dichtersprache. Hermes Einzelschriften 15 (Wiesbaden 1960).

——, Ausdrucksfülle bei Catull. Philologus 111 (1967) 198-211.

——, Beobachtungen und Erwägungen zum Wandel der livianischen Sprache. WS n.F. 2 (1968) 103-152.

Traina, A.: Lo stile »drammatico« del filosofo Seneca (Bologna 1978).

Trillitzsch, W.: Senecas Beweisführung (Berlin 1962).

——, Seneca im literarischen Urteil der Antike (Amsterdam 1971).

Vandvik, E.: Genetivus und Ablativus qualitatis (Oslo 1942).

Voss, B. R.: Der pointierte Stil des Tacitus (Münster ²1980).

Westman, R.: Das Futurpartizip als Ausdrucksmittel bei Seneca (Helsinki 1961).

Williams, G.: Figures of Thought in Roman Poetry (New Haven 1980).

Zintzen, C.: Analytisches Hypomnema zu Senecas Phaedra. Beiträge zur Klassischen Philologie 1 (Meisenheim 1960).

Zwierlein, O.: Die Rezitationsdramen Senecas. Beiträge zur Klassischen Philologie 20 (Meisenheim 1966).

——, Rez. von G. Viansino, L. A. Senecae Tragoediae, in: Gnomon 38 (1966) 679-688.

——, Kritisches und Exegetisches zu den Tragödien Senecas. Philologus 113 (1969) 254-267.

——, Rez. von G. C. Giardina, L. A. Senecae Tragoediae, in: Gnomon 41 (1969) 759-769.

——, Versinterpolationen und Korruptelen in den Tragödien Senecas. WJA, N.F. 2 (1976) 181-217.

——, Weiteres zum Seneca Tragicus (I). WJA, N.F. 3 (1977) 149-177.

——, Weiteres zum Seneca Tragicus (II). WJA, N.F. 4 (1978) 143-160.

——, Weiteres zum Seneca Tragicus (III). WJA, N.F. 5 (1979) 163-187.

——, Weiteres zum Seneca Tragicus (IV). WJA, N.F. 6a (1980) 181-195.

——, Prolegomena zu einer kritischen Ausgabe der Tragödien Senecas (Wiesbaden 1984).

——, Kritischer Kommentar zu den Tragödien Senecas (Wiesbaden 1986).

REGISTER

(Die Zahlenangaben beziehen sich auf die Paragraphen)

1. NAMEN- UND SACHREGISTER

2. WORTREGISTER

imbrifer 77
immanitas 116
immugio 25
imploro 297a
imparatus 51
impendo 8
impexus 17
impio 51
impie 139
impiger 204 A. 199
impos 50
impotens 50
inaccessus 18, 90
inardesco 301
incalesco 300b
incestificus 72
incitatus 111
inconcussus 287b
incogitatus 287a
incredulus 288a
incruentus 111
indo 60a
indigo 8, 191
individuus 180
induo 209-210
indutiae 111
inexpugnabilis 90
inextricabilis 90
inferi 111
inferna 123b
inflammo 8
ingemo 298b
ingemisco 300c
ingruo 8
inhospitalis 28
inlicitus 51, 86
inlucesco 297b, 311
innocens 28
innuba 37
innubis 288b
inobsequens 87
inpavidus 288c
inquietus 28
inquino 51 A. 38
inremeabilis 19, 90
inrepertus 28
insaniendum 87
insepultus 28, 51
insitivus 316
insociabilis 316
integro 8
interim 145 A. 173
intorqueo 297c
intra 146
intrepide 140
intus 208

inuro 305
inusitatum 87
investio 297d
iubatus 181
iugerum 271
iuridicus 82
iuste 313

laetificus 70
lamentatio 114
lana 272
laniatus 83, 115d
laniger 80
letifer 284c
letificus 73
levamen 84
licens 119
lixa 136
lucifer 77
luctifer 78
luctificus 20, 70
luxuria 312

machinatrix 68
mactator 65
maculo 51 A. 38
maenas 93 A. 119
maga 273
magnificus 70
magus 289
maleficus 70
maritalis 38
melior/melius 244-245
membratim 144
membrum 134
memoria 111
mensura 274
militaris 28
miratrix 69
miseria 111
misericors 111
mitra 93
modulatus/modulatio 83, 112, 115e
monitus/monitio 112
monstrifer 79
montifer 284a
montivagus 88, 120
mortifer 77
multo 192
multifidus 39, 87
multiforus 40, 88
multiplex 88
multivagus 88
myrrha 275

naufragium 276, 311
navus 289

sanitas 116
satelles 316
satias/satietas 116 A. 154
saxificus 42, 70
scelestus 28
sceptrifer 35, 77
seco 134
securiger 35, 80
securitas 116
sed 251
sedamen 84
segrex 186
senatus 316
sereno 27
sexus 175
sicine 198
signifer 77
singularis 187
singulus 314
siparum 95
solacium/solamen 100
solamen 84
solifer 284b
sono 303b
sortitor 67, 126
spicifer 284d
spina 280
spolium 241a
spondeo 305
squamifer 77
stabilio 192
stadium 176
statim 145
stellifer 77, 80
stelliger 80, 285
stipo 305
stulte 313
stupeo 224
stuprator 63, 126
subditivus 128
subiaceo 306
subsessor 63
successus/successio 112
suffundo 305
superbificus 75
superstitio 114
syrma 93

tabificus 70
taxo 131

teliger 285
temeritas 116
tepor 281
tero/contero 285
tergeo 305
tergus/tergum 101
terrificus 70
terrigena 34
thalamus 123c
thyas 93 A. 119
thymum 93 A. 119
thyrsiger 48, 80
thyrsus 93
tigris 93 A. 119
torpesco 109
torridus 289
transcendo 168
transfero 305
transfundo 166
transitus/transitio 112
transuo 134 A. 161
transvehor 167
tremefacio 305
truncus 134

ubinam 147
ultio 114
undo 108
undecumque 148

vapulo 196
vario 305
vastitas 116
velamen 84
velifer 77
vena 134
veridicus 82
veritas 116
verno 305
veru 134
vestio 305
vexillum 137
vidua 213d
viscera 134
vociferatio 114
vulnificus 43, 70

zona 93

3. STELLENREGISTER

Accius trag. (Ribbeck²)

32	14
43	155
57	111
95	193
111	118
118	115c
162	155
175	116
212	57
256	93
287	50
292	57, 60d
293	111
299	193
344	54
351	292
373	60c, 111
508	59
533	61 A. 61
534-36	57
545	185
567	106
621	111
praetext. 39	61 A. 61

Aetna (Goodyear)

111	146
289	103
383	108 A. 139
534	146
623	152 A. 179

Afranius (Ribbeck²)

202-203	58
394	114

Alcaeus Messenius,

AP 16,226,1	120

Ammian 24,5,2	181

Anthologia Latina (Shackleton Bailey)

229	30 A. 11

Apollodor (Frazer)

1,6,3	243
epit. 2,14	206c

Apuleius

met. 2,5	273
3,9	66
3,12	50
7,24	66
8,13	66
8,29	208
10,5	182
Plat. 2,16,3	316
Socr. 9,15	123b

Aristoteles,

HA VI 566b3	94

Ausonius (Peiper)

176,18 p. 41	83
211,23 p. 68	15 A. 6
252,1 p. 84	177
298,33 p. 154	115h
300,21 p. 171	116
333,15 p. 27	115b
344,11 p. 162	115h
369,11 p. 96	115a
Mos. 30	115h
167f.	89
175ff.	119

Avien

ora 602	111
687	111

Caesar, Gall. 3,4,1	10

Calpurnius Siculus

ecl. 4,2	89
6,8	92

Carmina epigraphica (Bücheler)

91,6	116
1233,15	71
1237,15	63 A. 65
1549,19	92

Cato, agr. 112,2	166

Catull (Mynors)

14,16	252
17,15	111
21,6	170 A. 183
29,12	111
32,9	145
44,2	56
50,3	111
51,9	109
61,204	291a
63,60	176
63,85	294b
63,93	111
64,52	286
64,231f.	155
65,8	171
68,76	122
76,16	235
90,6	132

Celsus

6,9,3	118 A. 155
6,15,4	134
7,5,3	60c
7,7,8.11	134 A. 161

53	175	543	112
79	70, 76	562	134
86	241b	579	81
95	149b	580	203
106ff.	226a	582	208
140-44	201	582f.	60d
167-69	9	592ff.	221 A. 7
194f.	204	596	107, 140
218	66	598	60c
221	66	606	96
240	81	608f.	141
243f.	66	613f.	213f
253f.	21	625	118
259	190	628f.	97
269	82	632	20, 73 A. 79, 76
276	77 A. 90	645f.	171
280f.	143	649f.	74
281	316 A. 18	656f.	46
293	15	673	190
293f.	52	678f.	255
302	82	763	207
327	60d	765-67	56
337-39	224	768	111
339	45	780	316 A. 17
341	60a, 209c	785	156
369	112	787	197
369f.	132	788	108
370	118 A. 155	789	81 A. 100
373	115a	790	139
383	25	797	210 A. 213
384	70, 76	800	83
395	19 A. 8	803	128, 316 A. 21
403	93 A. 119	812	104 A. 132
404	93	818	111
412-15	236c	821	111
413	93	827	116
414f.	35	843	156
416f.	236c	847	111
421	93, 200 A. 194	850	116
423	93	858f.	60a
436	93 A. 119	909f.	241b, 305
438	93	924	108
440	93	927-34	241b
442	93 A. 119	952	210 A. 213
442f.	11	956	145
452.456.458	93 A. 119	956f.	38
459	91 A. 116	957-79	220
459/61	180	958	301, 305
466	93 A. 119	1023	234
471	35	1032	197, 294a
484	108	1036-39	241b
496	93 A. 119	1040	107
511	311 A. 9	1042	82
515	111, 316	Phae. 34	296b
530-47	221	41	205
537	104 A. 132	52	63 A. 70

4. REGISTER DER KRITISCH BEHANDELTEN STELLEN